乡镇（街道）社工站实务丛书

社工站
怎么建

周金玲 / 著

中国社会出版社

国家一级出版社·全国百佳图书出版单位

图书在版编目（CIP）数据

社工站怎么建 / 周金玲著 . -- 北京 ： 中国社会出版社 ， 2023.10
（乡镇（街道）社工站实务丛书 / 李焱林主编）
ISBN 978-7-5087-6908-0

Ⅰ . ①社… Ⅱ . ①周… Ⅲ . ①社会工作－工作站－建设－研究－中国 Ⅳ . ①D669

中国国家版本馆 CIP 数据核字 (2023) 第 164110 号

社工站怎么建

出 版 人：程　伟
丛书策划：王　前　李焱林
终 审 人：王　前
责任编辑：张　迟
装帧设计：尹　帅
出版发行：中国社会出版社
　　　　　（北京市西城区二龙路甲 33 号　邮编 100032）
印刷装订：河北鑫兆源印刷有限公司
版　　次：2023 年 10 月第 1 版
印　　次：2023 年 10 月第 1 次印刷
开　　本：170mm×240mm　1/16
字　　数：240 千字
印　　张：15.75
定　　价：48.00 元

丛书前言

2006 年 10 月，党的十六届六中全会首次对构建社会主义和谐社会作出全面部署。党的十八大以来，以习近平同志为核心的党中央从党和人民事业发展的角度出发，进一步对社会建设作出了一系列重要论述和重大部署，将社会建设提到了前所未有的高度。社会建设工作是直接服务群众的工作，与群众冷暖息息相关，是我们党人民立场、人民情怀的集中体现。社会建设应坚持服务为先，以保障和改善民生为重点，着力解决人民最关心、最直接、最现实的利益问题。其中，加强和创新社会治理是社会建设的时代课题，是国家治理体系和治理能力现代化的重要内容。

民政部门履行基本民生保障、基层社会治理、基本社会服务等职责。民政工作关系民生、连着民心，是社会建设的兜底性、基础性工作，是国家治理体系和治理能力建设的重要基石。随着社会建设水平的不断提高，民政服务领域不断拓展、民政服务对象持续增加、民政服务诉求日益多元，民政部门迫切需要一支强有力的基层民政服务力量来回应民政服务对象日益增长的美好生活需要。然而，不同于教育、卫健等部门已在基层设立了专门的服务机构、配备了专业技术人员，民政部门长期缺乏专门的基层民政服务专业技术人才和机构。

1987 年，民政部在北京马甸举办"中国社会工作教育发展论证会"（学界称"马甸会议"），邀请原国家教育委员会、原人事部、原劳动部等政府部门，以及社会学与社会工作的专家、学者参与讨论，明确将社会工作专业作为民政工作的学科支撑。随后，民政部大力支持北京大学等高校恢复社会工作专业，并陆续出台社会工作者职业水平评价办法、民政事业单位社会工作专业技术岗位设置办法等系列政策文件，推动社会工作专业力量成为民政工作的专业技术人才。但受限于政府机构改革背景下机构编制和人员编制只减不增的红线，在体制内增设社会工作服务机构和社会工作专业技术岗位的尝试步履维艰。

2017年初，为着力破解基层服务能力不足这一长期制约民政事业高质量发展的痼疾，民政部将加强基层民政工作作为贯穿全年的重点任务，通过抓住和"解剖"乡镇这个"点"，查找乡镇民政工作存在的薄弱环节和突出问题，总结各地在实际工作中创造出的好经验好做法，探索可做到、可推广和可持续的长效机制。为深入贯彻落实民政部关于加强基层民政服务能力的工作部署，广东、湖南等地先后通过政府直聘社会工作者、政府购买社会工作服务等方式，开展乡镇（街道）社工站建设，配备一支专业社会工作人才队伍扎根基层一线提供服务，有力地充实了基层民政服务力量，提升了基层民政服务水平，使基层民政力量薄弱这一老大难问题得到了根本性缓解，为各地提供了示范和参考。

2020年10月，民政部在湖南长沙召开"加强乡镇（街道）社会工作人才队伍建设推进会"。会上，时任民政部党组书记、部长李纪恒高度肯定了广东、湖南等地通过建设乡镇（街道）社工站加强基层民政能力建设的做法，要求各地因地制宜、分类推进，全面开展乡镇（街道）社工站建设。2021年4月，民政部办公厅印发《关于加快乡镇（街道）社工站建设的通知》（民办函〔2021〕20号），进一步要求各地加紧制定政策，将乡镇（街道）社工站建设纳入民政重点工作；加强资金保障，统筹社会救助、养老服务、儿童福利、社区建设、社会事务等领域政府购买服务资金及彩票公益金中用于老年人、残疾人、儿童和社会公益等支出资金，优先用于购买乡镇（街道）社会工作服务；把握推进步骤，抓紧制定时间表和路线图，争取"十四五"期间实现乡镇（街道）社工站全覆盖。在民政部的统一部署下，各地社工站建设全面推进。截至2023年1月，全国已建成社工站2.9万个，7万名社会工作者驻站开展服务，总覆盖率达78%，其中8个省份已实现全覆盖，16个省份覆盖率超80%。

乡镇（街道）社工站迅速成为中央和地方各级各部门推进社会建设的重要抓手。党中央、国务院先后在基层治理、乡村振兴等多项国家发展规划中对社工站建设进行了部署，民政部将社工站建设纳入兜底民生和民政事业改革统筹安排，地方政府将社工站建设纳入党委政府民生实事重点工程。乡镇（街道）社工站建设的重要意义包括但不限于以下三个方面：首先，它为民政部门配备了一支与本部门专业对口、由本部门业务管理的基层社会工作专业技术人才队伍。这支队伍不论在数量上，还是在年龄、学历、综合能力、专业素养和工作热情上，都具备较大的优势，为基层民政服务奠定了坚实的组织和人才基础，为民政事业的转型升级和高质量发展提供了人才支撑。其次，它搭建了一个民生服务综合平台。乡镇（街道）社工站从乡镇（街道）层面对辖区内已有服务阵地进行整合和盘活，对村居的兼职民政工作人员、村医、村小教师等已有服务力量进行增能培力，并通过链接各级民政部门、其他各级政府部门资源以及社会慈善力量，因地制宜推动民生服务系统化、专业化发展。最后，乡镇（街道）社工站以服务特定困难人群为切入点，通过联动各方服务特定困难人群的这一过程，撬动社区内外各类资源，调动社区内外各方力量，激发基层社会治理活力，激活社区内生动力，逐渐形成一套社区自我服务机制，创新和完善了基层治理体系。

实践表明，乡镇（街道）社工站建设是一个从调研论证，到顶层设计、项目动员、政府采购、启动实施、项目监管、专业支持及经验成效总结，循环往复发展的过程。这一过程不仅需要省、市、县、乡四级民政部门上下联动、密切配合，也离不开各级财政、人社、组织、审计等相关部门的通力合作、无缝对接，离不开省级项目办、市级指导中心、县市区社工总站的鼎力协助、专业支持，尤其离不开项目承接机构和站点一线社工的积极投身、倾力建设。建设过程延续，建设主体多元，建设内容多样，加之这是一项创新性的工作，各建设主体的参与意识、能力和经验不一，建设成效参差不齐。从各地实际来看，乡镇（街道）社工站建设中普遍存在体制机制不完善、项目承接机构行政和服务管理经验缺乏、站点一线社工专业知识和技能不足等问题，严重制约着乡镇（街道）社工站作用的进一步发挥。

为此，中国社会出版社组织高校社会工作学者和资深社会工作实务工作者，编写了"乡镇（街道）社工站实务丛书"，以期为乡镇（街道）社工站各建设主体持续深入推进社工站建设提供实操指引。本丛书以先行先试地区的经验和案例为蓝本，从乡镇（街道）社工站建设的宏观、中观和微观层面展开详细论述。其中，宏观层面讨论了如何建立健全乡镇（街道）社工站的体制机制，中观层面讨论了如何开展乡镇（街道）社工站的人才培养、督导支持、项目设计、运营管理，微观层面讨论了乡镇（街道）社工站（点）如何提供社区、社会救助、儿童和老年人社会工作服务。

2023 年 3 月，党和国家机构改革，组建中央社会工作部，负责统筹推进党建引领基层治理，指导社会工作人才队伍建设。2024 年 7 月，党的二十届三中全会审议通过的《中共中央关于进一步全面深化改革 推进中国式现代化的决定》进一步作出部署，要"健全社会工作体制机制，加强党建引领基层治理，加强社会工作者队伍建设"。当前，乡镇（街道）社工站已然成为社会建设的重要抓手，丛书的出版既是对本土社会工作实务经验的阶段性总结，也为进一步做好乡镇（街道）社工站建设提供了指引。丛书在编写过程中得到了各分册撰写团队的大力支持，很多专家、学者及社会工作者对丛书的编写提出了宝贵建议，在此表示衷心感谢。乡镇（街道）社工站建设是一项正处于快速发展过程之中的开创性工作，限于编写人员的能力与水平，书中难免会有一些阐述不到位、不准确的地方，还请各位读者多多批评指正并提出宝贵建议。期待在大家的指导和帮助下，共同助力乡镇（街道）社工站更好更快地建设和发展。

目 录
CONTENTS

第 1 章

乡镇（街道）社工站建设概述

当前，在民政部的统一部署和密集调度下，各地乡镇（街道）社工站①建设如火如荼，呈现出百花齐放、百家争鸣的良好发展态势。因经济社会发展水平、社会工作人才队伍基础、政府购买社会工作服务经验等实际情况的差异，各地在乡镇（街道）社工站建设过程中的具体做法、阶段性问题及应对策略等均有所不同。作为较早开始探索乡镇（街道）社工站建设的省份之一，湖南省乡镇（街道）社工站建设的经验可为各地提供一些参考和借鉴。

从湖南的经验来看，乡镇（街道）社工站建设不是能一次性做到位的工作，也不是仅仅依靠某一主体参与就能做好的。事实上，乡镇（街道）社工站建设是一个从调研论证，到顶层设计、项目动员、政府采购、启动实施、项目监管、专业支持及经验成效总结，循环往复发展的过程。这一过程不仅需要省、市、县、乡四级民政部门上下联动、密切配合，也离不开各级财政、人社、组织、审计等相关部门的通力合作、无缝对接，离不开省级项目办、市级指导中心、县级社工总站②的鼎力协助、专业支持，尤其是离不开项目承接机构③和站点一线社工的积极投身、倾力建设。同时，乡镇（街道）社工站建设的各个环节不是互不相关、彼此割裂的，而是环环相扣、层层递进的；乡镇（街道）社工站建设的各个主体不是各自为政、各

---

① 本书所称社工站均为乡镇（街道）社工站，亦称乡镇（街道）社会工作服务站或基层社工站。湖南省乡镇（街道）社工站建设又称"湖南社工'禾计划'"。

② 省级项目办、市级指导中心、县级社工总站统称为乡镇（街道）社工站指导平台，它们是省、市、县三级民政部门为做好本级乡镇（街道）社工站建设专业支持服务，通过政府购买服务，由第三方民办社会工作服务机构或其他社会组织来建设和运营的。

③ 本书所指项目承接机构均为县市区乡镇（街道）社工站运营项目的承接机构，主要为民办社会工作服务机构，也有少数志愿者协会等其他社会组织，以及个别人力资源公司。

行其是的，而是达成共识、共同行动的。① 这其中主要涉及由民政系统内部、民政部门与同级财政、人社、审计等部门构成的"行政管理体系"，以及由各级乡镇（街道）社工站建设指导平台、项目承接机构和站点一线社工组成的"专业支持与服务体系"。换言之，乡镇（街道）社工站建设是多元主体积极参与并保持良性互动的连续的、动态的和循环往复的过程。

拓展阅读

根据民政部、财政部《关于政府购买社会工作服务的指导意见》（民发〔2012〕196号）规定，社会工作服务是社会工作专业人才运用专业方法为有需要的人群提供的包括困难救助、矛盾调处、人文关怀、心理疏导、行为矫治、关系调适、资源协调、社会功能修复和促进个人与环境适应等在内的专业服务，是现代社会服务体系的重要组成部分。政府购买社会工作服务则是政府利用财政资金，采取市场化、契约化方式，面向具有专业资质的社会组织和企事业单位购买社会工作服务的一项重要制度安排。建立健全政府购买社会工作服务制度，深入推进政府购买社会工作服务，是加强社会工作专业人才队伍建设、促进民办社会工作服务机构发展的内在要求；是创新公共财政投入方式、拓宽公共财政支持范围、提高公共财政投入效益的重要举措；是改进现代社会管理服务方式、丰富现代社会管理服务主体、完善现代社会管理服务体系的客观需要；对于加快政府职能转变、建设服务型政府、有效满足人民群众不断增长的个性化、多样化社会服务需求，具有十分重要的意义。

第一节　建设背景

基层经办服务能力不足是各部门老生常谈的问题，也是民政部门的痼

---

① 周金玲. 政府购买社会工作服务的主体及其关系辨析——以湖南省社工站建设为例［J］. 华东理工大学学报（社会科学版），2023（3）：26-41.

疾。2017 年初，民政部将加强基层民政工作作为贯穿全年的重点任务，抽调 160 多名业务骨干，组成 32 个工作组，对口 31 个省（区、市）和新疆生产建设兵团，采取"蹲点乡、抓住县、联系省"的方式，解剖麻雀、以点带面，通过抓住和"解剖"乡镇这个"点"，查找乡镇民政工作存在的薄弱环节和突出问题，总结各地在实际工作中创造出的好经验好做法，探索可做到、可推广和可持续的长效机制。①

为贯彻落实民政部有关"基层民政能力建设专题调研"的工作部署，湖南省民政厅联合省财政厅、省人社厅、中南大学等相关部门和专家学者，于 2016 年 12 月至 2017 年 4 月，通过统计报表、自评报告、问卷调查及实地调研等多种方式，对全省基层民政能力现状进行全面摸底。调研发现，全省基层民政工作的"人"与"事"之间存在较大张力：一方面，"做事的人"，也即基层民政服务机构和服务人员严重不足，基层普遍存在无专门民政服务机构、无专职民政工作人员等问题，合署办公、人员兼职是常态。且基层民政干部学历不高、年龄偏大、综合能力不足等情况比比皆是，如乡镇民政专干不懂电脑操作，无法自行使用电脑上报民政服务对象数据等。另一方面，随着经济社会不断发展和政府机构改革不断深入，民政部门承担的民生服务工作越来越多，基层民政服务领域不断拓展，服务对象不断扩大，服务诉求也日益多元和复杂②，现有的基层民政工作力量难以应对。加之科层体制下的条块分割，使得民政各个业务口在基层的服务阵地和服务人员分散，无法实现基层民政服务力量的整合和服务资源的最优配置。

为着力突破基层民政能力不足这一制约民政事业转型升级和高质量发展的桎梏，切实加强基层民政服务能力和服务水平，有效回应民政服务对象不断增长的美好生活需要，巩固脱贫攻坚的各项工作成果，探索乡村振兴的民政角色，湖南省民政厅主要负责人及党组成员亲自抓总，调度办公室、规财处、法规处、社会救助管理局、社会组织管理局、社会事务处、基层政权和社区建设处等相关处室，以及市县民政部门社会工作、社会救

---

① 黄树贤．全面加强新形势下的基层民政工作［J］．中国民政，2017（16）：6-8．
② 湖南省民政厅：《湖南省基层民政能力建设情况报告》，2017 年 3 月。

助、规财等业务口分管领导、业务负责人,邀请省委组织部、省财政厅、省人社厅等相关省直单位及省内社会工作高校专家学者、民办社会工作服务机构、一线社工代表,密集开展调研论证,最终确定通过政府购买基层民政领域社会工作服务的形式,全面开展湖南省乡镇(街道)社工站建设,充实一支综合能力强、专业水平高的社会工作人才队伍到民政服务一线,破解基层民政服务能力不足的难题。

历经一年半的精心筹划和充分准备,湖南省乡镇(街道)社工站建设于 2018 年 6 月正式启动,随后逐步实现 14 个市州、122 个县市区、1940 个乡镇(街道)① 全覆盖。相关统计数据显示,截至 2018 年 12 月,全省 14 个市州均已启动乡镇(街道)社工站建设,近 50 个县市区陆续完成了政策创制、经费审批、政府采购、人员招聘和新进人员岗前培训等各项工作②;截至 2019 年 9 月,已有 110 余个县市区完成乡镇(街道)社工站建设工作,累计建成乡镇(街道)社工站 1620 个③;截至 2020 年 10 月,全省 122 个县市区基本实现乡镇(街道)社工站全覆盖,全面建成市州社工站建设指导中心、县市区社工总站和乡镇(街道)社工站 2069 个,配备站点社工近 4000 名。④ 在这支近 4000 人的专职、专业的基层民政服务队伍中,40 岁以下人员占比 90% 以上,大专及以上学历者占 90% 以上⑤,他们年富力强、爱岗敬业、肯学肯干。

湖南省乡镇(街道)社工站建设有力地充实了基层民政服务力量,提升了基层民政服务水平,得到各方认可和好评。据不完全统计,全省乡镇(街道)社工站一线社工累计年均入户调查 240 万余户次、开展物质帮扶

---

① 数据来自湖南省民政厅定期公布的《湖南省行政区划统计表》,其中乡镇(街道)存在动态调整,因此不同时期内全省乡镇(街道)总量可能存在浮动。本书统一使用 1940 个乡镇(街道)这一统计口径。

② 湖南省民政厅人事(社会工作)处:《2018 年工作总结和 2019 年工作计划》,2018 年 12 月。

③ 陈勇,张盈盈,陈娴. 创新"湖南样板":全省推进乡镇(街道)社工站建设纪实(上)[EB/OL]. https://hunan. voc. com. cn/article/201910/201910240820287660. html.

④ 陈勇. 把暖心服务送到群众心坎上:湖南推进基层社工站项目建设纪实 [EB/OL]. https://baijiahao. baidu. com/s? id=1680778340740882214&wfr=spider&for=pc.

⑤ 数据来自湖南省《全省乡镇(街道)社工站项目评估报告(2018—2020)》。

180 万余次，协调解决群众"急难愁盼"问题 4 万余个，提供生活关怀、情绪疏导等服务 140 万余次，举办各类社区活动 5 万余场①，大大缓解了基层民政部门的工作压力，大大提高了基层民政服务的效率和水平，得到各级民政部门，尤其是基层民政部门，以及基层党委政府和民政服务对象的广泛认可。随着乡镇（街道）社工站建设的深入实施，各级民政部门越来越深刻地体会到了这支队伍的重要性，千方百计稳定和壮大这支队伍，不断推进乡镇（街道）社工站服务从"1.0 版本"的事务性服务、"2.0 版本"的半事务性半专业化服务，向"3.0 版本"的专业化服务迈进。

在湖南省乡镇（街道）社工站建设稳步发展的同时，全国各地乡镇（街道）社工站建设也在快速推进。2020 年 10 月，加强乡镇（街道）社会工作人才队伍建设推进会在长沙举行，时任民政部党组书记、部长李纪恒出席会议并讲话，其高度肯定了湖南通过建设乡镇（街道）社工站来加强基层民政能力建设的做法，部署各地要因地制宜、分类推进，全面实施乡镇（街道）社工站建设。2021 年 4 月，民政部办公厅印发《关于加快乡镇（街道）社工站建设的通知》（民办函〔2021〕20 号），要求各地加紧制定政策，将乡镇（街道）社工站建设纳入民政重点工作；加强资金保障，统筹社会救助、养老服务、儿童福利、社区建设、社会事务等领域政府购买服务资金及彩票公益金中用于老年人、残疾人、儿童和社会公益等支出资金，优先用于购买乡镇（街道）社会工作服务；把握推进步骤，抓紧制定时间表和路线图，争取"十四五"期间实现乡镇（街道）社工站全覆盖。在民政部的大力推进下，全国各地社工站建设如火如荼地开展：内蒙古、宁夏将社工站建设写入党代会工作报告，为推动全区社会工作高质量发展作出制度安排；浙江将社工站建设纳入共同富裕示范区行动方案，着力打造集成型乡镇（街道）社工站，将基层社会救助、未成年人保护、慈善组织和社会组织培育孵化等服务统一归集到乡镇（街道）社工站；吉林将乡镇（街道）社工站和村（社区）服

---

① 数据来自民政部在 2020 年 10 月 17 日举办的"加强乡镇（街道）社会工作人才队伍建设推进会"上的经验交流材料《实施"禾计划"激发新动能 推动湖南"五化民政"建设高质量发展》。

务点延伸建设任务纳入 2022 年政府工作报告，列入省政府重点工作目标责任制；山东将社工站建设列入省委 2022 年一号文件，积极推动乡镇（街道）社工站建设全覆盖；湖北将乡镇（街道）社工站建设覆盖率达 80% 纳入 2022 年度省政府对省民政厅的职能目标；海南将乡镇（街道）社工站建设纳入省政府重点工作；河南明确提出"今后福彩公益金支持方向主要就是养老事业和社工站建设"。截至 2023 年 1 月，全国已建成社工站 2.9 万个，7 万名社会工作者驻站开展服务，总覆盖率达 78%，其中 8 个省份已实现全覆盖，16 个省份覆盖率超 80%。①

第二节　建设意义

做好民政工作，离不开一套系统的理论体系和科学的实务方法。社会工作是一个科学助人的职业，其专业理念、目标人群和服务对象与民政工作高度契合，为民政工作提供了有力的学科依据和专业支撑。② 民政部在全国推进乡镇（街道）社工站建设，正是将社会工作理论体系和实务方法应用于基层民政工作的有益尝试，且取得了阶段性的成果：一方面，政府购买的形式契合了国家推进政府职能转变、深化机构改革、加强社会建设和创新社会治理的方针政策，有效激活和充分发挥了社会力量和社会资源在民政服务对象（困难群体）服务中的作用；另一方面，乡镇（街道）社工站建设的项目承接机构和站点一线社工，秉承社会工作专业使命、发挥社会工作的专业优势，"弱势优先""以人为本""助人自助"，有效缓解了基层民政服务"人"与"事"的冲突，有力解决了基层民政服务能力不足、服务水平偏低的问题，做实、做细、做深了各项基层民政服务。具体来说，乡镇（街道）社工站建设在以下几方面发挥着重要作用。

---

① 许娓，徐蕴. 全国志愿服务和社会工作电视电话会议召开，已建成乡镇（街道）社工站 2.9 万个 [EB/OL]. https://www.mca.gov.cn/n152/n166/c48018/content.html.

② 袁华音. 民政工作与社会工作趋合论 [J]. 社会学研究，1993（4）：53-60.

一、建成一支基层民政专业人才队伍

中国特色社会主义进入新时代，我国社会的主要矛盾已经转化为人民日益增长的美好生活需要和不平衡不充分的发展之间的矛盾，传统民政"花花钱，拜拜年"的工作方式，已无法满足民政服务对象不断增长的美好生活需要，推动民政事业高质量发展越来越需要"让专业的人做专业的事"。与卫健、教育等部门早已在基层建立了乡镇卫生院、社区卫生服务中心、村卫生室，或乡镇中心小学、村小等专业服务机构，并配备了医护、教师等专业技术人才不同，民政部门没有一支扎根基层的民政专业技术人才队伍。通过乡镇（街道）社工站建设，民政部门得以在基层建成一支与本部门专业对口、属本部门管理的社会工作专业技术人才队伍。这支队伍不论在数量上，还是在年龄、学历、综合能力、专业素养和工作热情上，都具备较大的优势，为基层民政服务奠定了坚实的组织和人才基础，为民政事业的转型升级和高质量发展提供了人才支撑。

二、搭建一个基层民政综合服务平台

乡镇（街道）社工站建设并不仅仅是民政部门社会工作业务口推动的一项亮点工作，乡镇（街道）社工站的定位是民政部门在基层的综合服务平台，在整合民政系统内部的服务资源和服务力量形成服务合力方面发挥着重要作用，在联动其他相关政府部门形成服务合力上也有很大的作为空间。在原有的工作模式下，受业务范围、服务对象和资源分配等因素影响，民政部门内部各项业务之间联系不紧密，加之科层体系下不同政府部门之间的分隔，使得民政部门在基层的已有服务阵地（如敬老院、居家养老服务中心、儿童之家等）和服务力量（如村支"两委"、民生协理员、儿童福利主任、养老护理员等）分散，未能形成服务合力；基层民政服务力量与其他部门基层服务力量更是各自为政。乡镇（街道）社工站建成后，项目承接机构和站点一线社工在专业督导的协同下，从乡镇（街道）层面对辖区内已有服务阵地进行整合和盘活，对村居的兼职民政工作人员、村医、村小教师等已有服务力量进行增能培力，并通过链接各级民政部门、其他各级政府部门资源，联动社会慈善力量，因地制宜推动民政服务系统化、专业化发展。从这个角度来说，乡镇（街道）社工站不是社会工作业务口的单项工作，而是将社会工作理论视角、理念价值和方式方法与各项民政业务深度融合的有益探索，"是各级民政部门促改革强基础提质量的重点工程，是为基层民政事业服务的综合性平台，是提升基层社会治理和社会服务水平的有效载体"。[①]

三、建立一套基层社区自我服务机制

有别于传统基层民政工作的社会救助审批和一次性帮扶，社会工作强调"助人自助"、"社区互助"和"社会共助"的价值理念与工作目标。乡镇（街道）社工站提供的社会工作专业服务是一系列持续的、系统的介入与服务，旨在提升民政服务对象及其所在家庭和社区解决问题、应对风险的能力。如注重激发服务对象自身能动性，肯定并充分运用其能力、特长和优势，因地制宜地提升服务对象自身能力。如通过社区教育、社区动员和社区组织等方式，培育在地社区骨干（如村支"两委"、村医、村小老师、村民骨干等）和社区自组织（如老年协会、妇女文艺队、志愿者协会等），使其具备自我服务和服务社区的意识和能力。如链接政府部门正式资源，动员辖区内外的医院、学校、企业、社会组织、爱心人士等出资出力，投身社区服务。换言之，乡镇（街道）社工站以服务特定困难人群为切入点，但其最终目标并不止于帮助其走出困境，而在于通过联动各方服务特定困难人群这一过程，撬动社区内外各类资源、调动社区内外各方力量，激发基层社会治理活力，激活社区内生动力，逐渐形成一套服务对象及其所在家庭和社区的自我服务机制。

第三节　建设主体

从全国各地乡镇（街道）社工站建设的整体情况来看，这项工作是在民

---

① 湖南省民政厅：《湖南省基层社会工作服务站项目三年行动方案（2021—2023年）》（湘民发〔2021〕26号），2021年8月20日。

政部的统一部署下，由省级民政部门统筹推进的一项综合民生服务工程。但这并不意味着只有省级民政部门是乡镇（街道）社工站建设的主体，其他各级民政部门只需听从省级民政部门的工作安排、落实各项工作就行。事实上，尽管乡镇（街道）社工站建设是由省级民政部门规划设计和统筹推进的，但其落地实施的重心是在市、县民政部门，特别是县市区民政部门。不仅如此，乡镇（街道）社工站建设需要市级民政局和市级指导中心、县市区民政局和县级社工总站、乡镇（街道）民政站办所和民政服务对象、项目承接机构和站点一线社工，以及各级财政、组织、人社部门等相关各方，充分发挥各自的主观能动性，共同参与，通力合作，方能顺利启动并有序推进。

乡镇（街道）社工站建设是一项创新性的、需要因地制宜推进的工作，没有放之四海而皆准的现成模式可以参考。加之其建设过程的延续性、建设主体的多元性和建设内容的多样性，使得各级民政部门，尤其是省级民政部门做好乡镇（街道）社工站建设的顶层设计，以充分调动相关各方持续而有效地参与，充分发挥相关各方的优势、特长和资源，各司其职，各得其所，显得尤为重要。否则，任何一个环节出纰漏，任何一个参与主体掉链子，整个建设工作的进度和成效将大打折扣，甚至停滞不前。为厘清上述参与主体在乡镇（街道）社工站建设中的角色和职责，本书将乡镇（街道）社工站建设的主体分为"行政管理体系"和"专业支持与服务体系"两类，其中："行政管理体系"主要由省市县乡四级民政部门、其他各级相关政府部门组成，它们主要负责乡镇（街道）社工站建设的行政管理工作，如政策制定、预算编报、政府采购、项目动员和项目监管等；"专业支持与服务体系"主要由乡镇（街道）社工站建设省级项目办、市级指导中心、县市区社工总站、项目承接机构和站点一线社工组成，它们主要负责支持乡镇（街道）社工站开展基层民政领域社会工作服务，如提供社会工作专业培训、督导和评估服务，开展乡镇（街道）社工站建设工作优良县、星级乡镇（街道）社工站创建等。当然，由于各地乡镇（街道）社工站的具体实施方式及其参与主体存在差异，与之相对应的"行政管理体系"和"专业支持与服务体系"，以及二者的内部、二者之间的关系也会存在不同。此处，笔者将广东和湖南两省乡镇（街道）社工站建设的参与主体进行了归纳整理，详见表1-1。

表1-1　广东、湖南乡镇（街道）社工站建设"行政管理体系"和"专业支持与服务体系"比较

级别	模式	广州镇街家庭综合服务中心		粤东西北"双百计划"社工站		广东"双百工程"社工站		湖南乡镇（街道）社工站	
		行政管理	专业支持与服务	行政管理	专业支持与服务	行政管理	专业支持与服务	行政管理	专业支持与服务
省		—	无	省民政厅	项目办 / 地区中心	省民政厅	项目办 / 地区中心	省民政厅	省级指导平台 / 省级督导 培训、评估
市		市民政局	第三方 评估	市民政局		市民政局		市民政局	市级指导平台
县		县市区民政局		县市区民政局	无	县市区民政局	无	县市区民政局	县级社工总站
乡		镇街政府	承接机构 / 一线社工	镇街政府	社工站 / 一线社工	镇街政府	社工站 / 一线社工	镇街民政所	承接机构 / 社工站 / 一线社工

表格中图示说明：

1. 本图由笔者根据广东、湖南两地乡镇（街道）社工站建设的相关政策文件自制而成。广东"双百计划"经历了从粤东西北地区试点到全省全面铺开的发展过程，乡镇（街道）社工站的具体运作方式随之发生了一些变化，故本图中将其分列。此外，广州家庭综合服务中心建设也是在镇街一级建设社工站，故笔者将其纳入乡镇（街道）社工站建设的范畴。

2. 字号加大表示在社工站项目中有实际角色，**字体加粗**表示在社工站项目中发挥了主观能动性。

3. 三角箭头实线———▶表示通过上级行政部门对下级行政部门、政府购买的采购主体对承接主体、合同甲方对合同乙方的控制；三角箭头虚线┄┄┄▶表示在项目设计中双方存在控制关系，但由于体制机制不顺，实际上控制权极弱。

4. 菱形箭头实线———◆表示专业支持关系；菱形箭头虚线┄┄┄◆表示在项目设计中双方存在专业支持关系，但由于体制机制不顺，实际上专业支持极弱。

5. 空心箭头实线———▷表示社工站建设系统而持续的专题调研和需求评估；空心箭头虚线┄┄┄▷表示在项目设计中双方存在专题调研和需求评估关系，但由于体制机制不顺，实际上需求反馈和回应极弱。

6. 灰色底纹表示社工站项目的采购或实施主体；字符加框表示社工站项目的承接主体；字体下画线表示社工站项目配套的培训、评估和督导服务的供给主体。

7. 虚线方框表示框内不同主体组成一个整体，与另一主体构成行政管理或专业支持关系。

第 2 章

如何做好顶层设计

　　乡镇（街道）社工站建设的出发点和落脚点是加强基层民政经办服务能力，不断满足民政服务对象日益增长的美好生活需要。因此，坚持需求导向，紧贴基层一线实际，通过持续的、双向互动的顶层设计充分调动乡镇（街道）社工站建设相关各方工作积极性，切实回应现实需求，有效解决基层工作难题，是乡镇（街道）社工站实现全面覆盖、长效运作的法宝。

　　各级民政部门首先要深刻认识到，乡镇（街道）社工站建设的顶层设计并不仅限于前期的筹备和启动阶段，而应贯穿于乡镇（街道）社工站建设全过程；其次，乡镇（街道）社工站建设的顶层设计也不能只停留在省级民政部门，市级民政局、县市区民政局同样要抓好本级乡镇（街道）社工站建设的顶层设计工作；最后，乡镇（街道）社工站建设的顶层设计不是上级民政部门"自上而下"地要求和指导下级民政部门的工作，而是下级民政部门"自下而上"地反馈需求和问题、上级民政部门"自上而下"地提供指导和支持的双向互动过程。换言之，乡镇（街道）社工站建设的顶层设计不能简单地等同于断点式的政策创制，而是包含了需求调研、方案论证、政策创制、宣传动员、启动实施、监测评估、成效总结等全过程的各项工作，且每个环节和每项工作中，尤其是在启动实施、监测评估中遇到新问题、新情况时，都会引发和开启新的顶层设计。

　　做好乡镇（街道）社工站建设的顶层设计，关键是要解决"怎么做"的问题，尤其是要搞清楚"谁出钱""谁来做""做什么"的问题，即要确定乡镇（街道）社工站建设的资金来源、建设主体及其职责、建设内容。而回答上述问题，又是以充分、持续、反复的调研论证为基础和前提的。

第一节　调研论证

为贯彻落实中共中央办公厅、国务院办公厅《关于加强乡镇政府服务能力建设的意见》和 2017 年全国民政工作会议精神，全面掌握基层民政队伍状况，着力破解基层民政力量不足这一制约民政事业转型升级的突出短板和重大问题，湖南省民政厅联合省财政厅、省人社厅、省编办等相关部门，以及中南大学等高校社会工作专家学者，开展湖南省基层民政能力专题调研，并组织多方研讨，召集多轮论证，最终确定通过政府购买基层民政领域社会工作服务的方式，全面启动乡镇（街道）社工站建设，以有效缓解当前政府机构改革大背景下基层民政服务"人"与"事"的冲突，不断提高基层民政满足民政服务对象日益增长的美好生活需要的能力，助推新时代民政事业高质量发展。

一、全面调研，摸清需求

省、市、县级民政部门在推动本级乡镇（街道）社工站建设时，既要对标上级民政部门的工作方向和工作要求，又要符合本地民政工作实际，还要结合党委、政府的战略方针和中心工作。只有对标上级民政部门要求，才能最大限度地争取上级民政部门的政策、资金等方面的支持，完成上级民政部门对下级民政部门的重点工作评估；只有融入党委、政府的中心工作，才能最大可能地争取本级财政预算和其他支持，完成党委、政府对职能部门的绩效考核；只有符合本地民政工作实际，才能切实解决基层民政工作的实际问题，有效回应重点民政服务对象的真实需求，切实发挥乡镇（街道）社工站的建设实效。为此，科学、精准的需求调研是有理、有力开展乡镇（街道）社工站建设的第一步，也是至关重要的一步。在乡镇（街道）社工站建设的需求调研中，不仅要深入了解基层民政服务中存在的问题和困难，同时要全面盘点可用于回应和解决这些问题和困难的资源和优势；需求调研不仅要发现基层民政能力的问题和不足，还要分析出导致这些问题和不足的原因，对症下药，找出改善现状、解决问题的办法。在湖南省的基层民政能力专题调研中，主要通过统计报表与自评报告、问卷调查、实地座谈等方式，开展了"点面结合"的递进式需求调研。

（一）县市区统计报表与市州自评报告

为落实 2017 年全国民政工作会议精神，深入推进"五化"民政建设，根据湖南省民政工作务虚会议精神，省民政厅人事（社会工作）处[①]于 2017 年 1 月下发《关于提供基层民政力量情况调研报告和基础数据的通知》，要求各市州民政局组织县级民政部门填报《县（市、区）基层民政队伍现状统计表》，并深入开展本市州基层民政力量调研，提交《市（自治州）基层民政能力自评报告》，以推动全省上下着力破解基层民政力量不足这一制约民政事业转型升级的突出短板和重大问题，为民政事业又好又快发展提供人才保障和智力支持。其中《县（市、区）基层民政队伍现状统计表》主要统计基层民政队伍（县市区、乡镇/街道、村/社区三级）情况，具体包括基层民政工作人员配备情况（数量、性别、年龄、学历、是否专职）、基层民政机构设立情况（数量、是否独立办公）、基层民政工作任务情况（本年度民政工作可支配资金量、直接服务对象人数）以及开展培训情况概况（培训场次、培训人次）；《市（自治州）基层民政能力自评报告》则主要围绕基层民政力量（县市区、乡镇/街道、村/社区三级）的实际状况、存在的突出困难和问题、解决问题的建议和措施三个方面的内容撰写自评报告，重点突出基层承担的工作任务与工作力量之间的差距，并就现有政策框架和形势任务下，如何分级负责，推动建立力量足、素质高、能力强的基层民政队伍提出具体建议。[②]

---

① 民政部门分管社会工作业务的具体部门在 2018—2019 年的政府机构改革中发生了变化，改革前一般为人事（社会工作）司/处/科/股，改革之后则为慈善事业促进和社会工作司/处/科/股。民政部、省民政厅、市州民政局、县市区民政局的机构改革时间表不一，且地区之间的机构改革进度也存在前后差异。湖南省民政厅改革的时间节点为 2019 年 3 月。

② 湖南省民政厅人事（社会工作）处：《关于提供基层民政力量情况调研报告和基础数据的通知》，2017 年 1 月。

（二）湘潭市、怀化市全面调研

2017 年 4 月，省民政厅人事（社会工作）处综合汇总各市县民政部门提交的《县（市、区）基层民政队伍现状统计表》和《市（自治州）基层民政能力调研报告》，及其反映的各地基层民政队伍和基层民政能力情况，以及各地经济社会发展状况，从全省 14 个市州中抽取湘潭市（含市本级及其所辖 5 个县市区）和怀化市（含市本级及其所辖 13 个县市区）两地，全面开展"基层民政能力建设专题调研"。此次调研旨在通过"解剖麻雀"的方式，切实找准全省基层民政部门服务能力建设上的短板，全面分析制约基层民政工作发展的原因，为建立健全市、县、乡、村级民政工作保障机制，落实"放管服"改革和事业单位改革精神，推动民政领域供给侧结构性改革，实现群众利益最大化提供有针对性的政策建议。

1. 问卷调查

2017 年 4 月下旬，根据省民政厅人事（社会工作）处开展"基层民政能力建设专题调研"的相关工作要求，湘潭市、怀化市在全域组织开展"基层民政工作问卷调查"。以怀化市为例，怀化市民政局专门下发《关于开展基层民政能力建设专题调研的通知》，要求各县市区民政局组织好、落实好本次问卷调查工作，按时提交加盖填报单位公章的纸质问卷，以保证回收问卷的数量与有效性。怀化市民政局同步下发《基层民政工作问卷调查任务表》《基层（县市区）民政工作调查问卷》《基层（乡镇）民政工作调查问卷》《基层（村/社区）民政工作调查问卷》，对全市 13 个县市区、193 个乡镇、2974 个村/社区进行全面调查，全面摸清县、乡、村级民政机构设置情况（如是否设置有民政站办所，是否有单独办公场所，专职民政工作人员数、兼职民政工作人员数，本年度民政工作可支配资金，本年直接服务对象的人数，工作任务多、适中还是少，工作完成度百分比等）、民政工作人员配备情况（如在编人员行编人数、事编人数，持社工证人数，年龄在 30 岁及以下、31~50 岁、51~60 岁的人数，学历为大学本科及以上、大学专科及以下的人数，临聘人员人数等）、民政机构任务完成情况（城乡低保，农村五保供养，城乡医疗救助，临时救助，敬老院管理，孤儿事务，留守、困境儿童关爱保护，殡葬管理，社会组织管理，拥军优属，优待抚恤，社区建设、村/居委会换届选举，养老工作，社会工作，村级群众事务，减灾防灾工作，其他临时性工作）、工作中常发生的关键事件（事件名称，发生频率，持续时间，工作效果），以及"现有民政工作人员是否能完成民政工作任务""在不增加现有编制的前提下，如何才能有效完成目前的工作任务""如采取政府购买社会服务，哪些工作可交由社会组织去承接""为了卓有成效地开展民政工作，请给出您的建议"等四个开放式问题。

2. 实地调研

2017 年 4 月底，省民政厅人事（社会工作）处会同中南大学社会工作专家学者，赴湘潭市湘潭县、怀化市洪江市实地调研，通过听取汇报、座谈交流、实地考察等方式，广泛听取市县民政及财政、人社等相关部门、基层党委政府、民办社会工作服务机构、一线社工、民政服务对象等各方对基层民政工作的意见和建议。在县民政局座谈会上，县政府分管民政工作领导，县委组织部、编办、人社局、财政局负责同志，县民政局局长、人事社会工作股长、部分乡镇党委书记、乡镇（街道）民政工作人员、社区负责人等参会；在乡镇实地考察中，乡镇党委书记、镇长、分管民政的副镇长、民政所长、民政专干、驻村干部、部分村支部书记、主任和群众代表参与座谈讨论。此轮实地调研重点就基层民政部门当前面临的突出困难和问题（包括各级民政部门在机构编制需求、干部队伍建设、民政经费保障、政府购买服务等方面遇到的困难和问题），民政系统政府购买服务的需求情况（包括哪些职能职责、哪些岗位适合通过政府购买服务的方式委托社会组织、公益性服务机构等社会力量承担，哪些民政公共服务事项适合列入政府购买服务指导性目录，乡镇政府购买服务统一平台建设中的民政工作有哪些需求），以及各地各部门好的经验做法（包括各级政府加强基层民政能力建设的经验做法和意见建议，其他部门加强本系统队伍建设、人员配备和经费保障的经验做法等）展开深入交流。

（三）省民政厅、省编办、省财政厅、省人社厅联合调研

湖南省乡镇（街道）社工站建设由各级民政部门主导推动，但其建设经费的保障、政府采购的开展、社会工作人员队伍的招聘、日常管理和激励、项目资金的监管和绩效评价等各项工作，离不开各级组织、财政、人社等部门的积极参与和大力支持。为联动省直相关单位协同推进乡镇（街道）社工站建设，给市县民政部门推动社工站建设理顺体制机制，确保乡镇（街道）社工站建设顶层设计的合理性、可行性以及实施过程的可操作性，湖南省民政厅于2017年6月发出《关于开展基层民政能力建设和"十三五"民政规划实施情况联合调研的函》（湘民函〔2017〕58号）至邵阳市、常德市、永州市、怀化市人民政府，会同省编办、省财政厅、省人社厅赴常德市津市市、常德市，永州市道县、东安县、冷水滩区、永州市，邵阳市邵阳县、邵阳市，怀化市等地，就全省基层民政能力建设和"十三五"民政规划实施情况开展联合调研。此轮调研的具体内容包括：基层民政部门（含市州、县市区、乡镇/街道、村/社区）承担的民政工作职能职责和机构设置、人员配备、经费保障情况，特别是各级承担的民政服务任务、服务对象和服务资金情况；各地"十三五"民政事业发展规划实施情况，如基层民政部门面临的突出困难和问题（各级民政部门在机构编制需求，干部队伍建设，民政经费保障，政府购买服务等方面遇到的困难和问题），各地各部门的经验做法和政策建议（部分市州、县市区政府加强基层民政能力建设的经验做法和意见建议，其他部门加强本系统队伍建设、人员配备和经费保障的经验做法，各级民政部门在"十三五"民政事业发展规划实施方面的经验做法、办法措施等），民政系统政府购买服务情况（哪些职能职责、哪些岗位适合通过政府购买服务的方式委托社会组织、公益性服务机构等社会力量承担，哪些民政公共服务事项适合列入政府购买服务指导性目录，乡镇政府购买服务统一平台建设中的民政工作有哪些需求）。省直相关部门的全程参与，增进了其对加强基层民政服务力量的必要性和可行性的直观认识，为民政部门后续争取财政预算支持、政策支持等关键性工作奠定了良好基础。

二、反复研讨，确定对策

湖南省基层民政能力专题调研显示，2017 年全省共有基层民政工作人员[①]25850 人，其中乡镇（街道）民政干部 5271 人，村/社区民政员 20579 人。以 2015 年末全省常住人口计算，每 12869 人配备 1 名乡镇（街道）民政干部，每 3296 人配备 1 名村/社区民政员；以 2016 年民政重点服务对象计算，每 2553 名民政重点服务对象配备 1 名乡镇（街道）民政干部，每 654 名民政重点服务对象配备 1 名村/社区民政员[②]，基层民政服务中"人"和"事"的矛盾特别突出：一方面，基层民政服务机构和人员编制不足，如普遍存在无专门民政服务机构、无专职民政工作人员的情况。基层民政工作人员素质也不高，普遍存在学历偏低、年龄偏高、综合能力不足的情况。另一方面，基层民政服务领域不断拓展，服务对象群体不断扩大，服务诉求也日益多元和复杂。加之科层体制下的条块分割，使得民政各个业务口在基层的服务阵地和服务人员分散，无法实现服务力量的整合和服务资源的最优配置。在政府机构改革的大背景之下，民政部门无法通过增加专门的基层民政服务机构编制、基层民政服务人员编制来破解这一困局，政府购买基层民政领域社会工作服务因而作为对策被提出来。

政府购买基层民政领域社会工作服务具有双重优势：一方面，通过政府购买第三方服务，实现"费随事转"，转变政府职能，推进政府机构改革，在不增加基层民政机构编制和人员编制的情况下，配备了一支扎根基层的民政服务队伍，大大充实了基层民政服务力量；另一方面，这支基层民政服务队伍工作热情高、综合素质高、专业能力强，便于各级民政部门尤其是县级民政部门统一调配，有利于拓展、延伸基层民政服务臂力，提升基层民政服务专业化水平。从这个角度来说，乡镇（街道）社工站建设不仅事关民政事业转型升级，也是转变政府职能、加强社会建设、创新社

---

①　这里的基层民政工作人员包括乡镇（街道）民政干部和村/社区民政员。
②　数据根据湖南省民政厅《湖南省基层民政能力建设调研报告》（2017 年）测算。

会治理的有益探索，需要财政、编制、组织、人社等相关部门通力配合；乡镇（街道）社工站建设不是民政部门社会工作业务口的单项业务，而是民政全域在基层的综合服务平台和有力抓手。各级民政部门在政策出台、机制体制建设和具体方案制订时，要充分征求、采纳各级民政部门、其他各级相关部门、项目承接机构、一线社工和民政服务对象等各方意见和建议，以使乡镇（街道）社工站建设契合各方工作实际，利于各方达成一致共识和联合行动。

（一）民政系统内部论证

湖南省乡镇（街道）社工站建设由省民政厅规划设计和统筹实施，为确保乡镇（街道）社工站建设顺利落地并实现可持续发展，省民政厅定期组织厅机关各相关处室、市县民政部门分管领导和社会工作业务负责人，就建设资金来源、建设方式、建设主体及职责、建设内容及服务指标、资金监管与成效监测等事项进行座谈和讨论。以省级乡镇（街道）社工站建设的两个指导性文件①的出台为例，省民政厅在民政系统内部进行了反复论证。

2017年5月，省民政厅厅长办公会专题研究了乡镇（街道）社工站建设问题，厅党组成员以及人事（社会工作）处、规划财务处、社会救助局、办公室、政策法规处等相关处室负责人参与讨论。7月，省民政厅党组中心组专题学习了《湖南省基层民政能力调研报告（2017年）》，再次研究并初步确定了乡镇（街道）社工站建设的目标任务、工作内容、经费投入、职责分工、进度安排和工作要求等事项；随后，厅人事（社会工作）处根据厅党组研究结果草拟了《湖南省乡镇（街道）社会工作服务站建设方案（征求意见稿）》和《湖南省乡镇（街道）社会工作服务站建设三年行动计划（征求意见稿）》，向省直相关部门和市县民政局征求意见和建议；7月底，省民政厅下发《关于召开乡镇（街道）社会工作服务

---

① 即2018年4月印发的《关于推进政府购买服务 加强基层民政经办服务能力的实施意见》（湘民发〔2018〕10号）和2018年5月印发的《湖南省乡镇（街道）社会工作服务站项目实施方案（试行）》（湘民发〔2018〕16号）两个文件。下同。

站建设专题研讨会的通知》，省民政厅主要负责人召集厅人事（社会工作）处、规划财务处、办公室、社会组织管理局、基层政权和社区治理处、监察室、社会救助局，长沙市、邵阳市、岳阳市、常德市、永州市、怀化市、娄底市、湘西自治州民政局相关业务负责人，以及上述市州所辖县市区民政局负责人代表各 1 名，召开专题研讨会，就《湖南省乡镇（街道）社会工作服务站建设方案（征求意见稿）》和《湖南省乡镇（街道）社会工作服务站建设三年行动计划（征求意见稿）》中，有关建设资金来源及持续性、项目实施方式、实施步骤、驻站社工的资质要求与聘用方式、站点阵地建设、驻站社工后勤保障、站点职责，以及相关各方的任务分工等事项进行了详细讨论。在深入对比分析了"县市区民政局直聘""委托各级社会组织孵化基地实施""人力资源公司人事代管""向民办社会工作机构和其他社会组织购买服务"等多种实施方式的利弊之后，敲定了"向民办社会工作机构和其他社会组织购买服务"的实施方式，并进一步明确了乡镇（街道）社工站的建设主体包括省、市、县、乡四级民政部门，其中县级民政部门为组织实施主体。在具体细节上，明确了乡镇（街道）社工站驻站社工的招聘应由第三方承接机构具体负责，县级民政、组织、人社和纪检监察等部门全程指导、监督，从而确保招聘过程公平公正、择优录取等。

（二）相关部门讨论

乡镇（街道）社工站建设涉及项目经费保障、人才激励、岗位开发等方方面面的问题，在顶层设计的时候就应联动财政、组织、人社等相关部门，通过各部门的反复讨论、磨合制订出契合各方实际的实施方案，以便达成统一共识共同推动项目落地。否则，如在后续实施过程中发现问题后再去协调，将影响工作进度和工作成效。以乡镇（街道）社工站建设的实施方式为例，到底是由县级民政部门直聘好，还是政府购买第三方专业服务好？如果是购买服务，由哪一级民政部门作为购买主体好？针对这一问题，编办认为，由县级民政部门直聘等同于政府直接聘用编外人员，实际上是变相扩大了政府机构规模，这与当前政府机构改革的趋势不符；财政部门认为，政府购买第三方服务是转移政府职能、提高资金效益的有效手段。再者来讲，基层已经设置了民政机构编制和人员编制从事日常民政工作，再投入额外的财政预算或部门资金来聘用第三方人员做日常民政工作，也不符合财政性资金绩效评价的要求，除非购买的服务能够延伸、拓展基层民政工作的广度和深度，提升基层民政服务的专业化水平。综合上述考量，湖南省乡镇（街道）社工站建设最终确定以政府购买专业社会工作服务的形式实施，确保了各级相关部门对乡镇（街道）社工站建设的全力支持。

在有关部门间的良性互动和联合推动方面，怀化市洪江市的乡镇（街道）社工站建设有一个非常好的范例。2019 年，财政部综合司调研组实地调研洪江市的政府购买服务改革工作，对洪江市委、市政府率先在全国推行政府购买服务改革工作给予高度评价，其中就包括洪江市民政局组织实施的乡镇（街道）社工站建设项目，该项目当年还获得财政部政府购买服务奖励性资助 20 万元。与此形成鲜明对比，如果在顶层设计时忽略一些关键主体或者关键环节，后续在实施过程中可能会遭遇阻力和障碍。如湖南省乡镇（街道）社工站建设在出台两个省级指导性文件时，未邀请审计部门开展联合调研论证，以致各级审计部门在对社会救助资金进行专项审计时，对是否可提取社会救助资金用于乡镇（街道）社工站建设持有不同意见，部分县市区通过反复沟通对接获得了审计部门的认可，但也有个别县市区最终只能从本级财政预算中拿出资金，填补已经从中央、省级配套的社会救助资金中提取出来的乡镇（街道）社工站建设经费，这些县市区的乡镇（街道）社工站建设在下一政府采购周期的经费由此存在不确定性。

（三）社会工作行业建言

乡镇（街道）社工站建设的项目承接机构和站点一线社工是最基层的政策执行者和服务提供者，他们对于政策文件和体制机制的合理性有着最为灵敏、直观的感受。因此，在开展乡镇（街道）社工站建设的顶层设计时，要充分吸收项目承接机构和站点一线社工的意见和建议。如在湖南乡镇（街道）社工站建设项目启动初期，站点一线社工普遍反映不知道如何撰写个案、小组和社区活动专业文书。对此，省民政厅会同省级乡镇（街道）社工站评估服务承接方编写了《湖南省乡镇（街道）社工站服务文书套表》，用以指导和规范站点一线社工的服务文书。该文书套表在面向项目承接机构和站点一线社工开展第一轮意见征集时，他们反馈该文书套表过于复杂，且与基层民政工作已有的服务表格不相匹配、无法互认，进而大大增加了站点一线社工的文书负担。根据这些反馈意见，省民政厅会同省级乡镇（街道）社工站评估服务承接方全面了解和梳理了基层民政工作的系列服务表格，在此基础上建立两套表格互通互认的衔接机制，同时从乡镇（街道）社工站的工作任务，以及站点一线社工当前的专业水平等实际出发，简化了社工站服务文书套表。在第二轮征求意见中，依然有不少站点一线社工表示，由于之前未从事过专业社会工作服务，套表中的有些模块和内容不知该如何填写。省民政厅会同省级乡镇（街道）社工站评估服务承接方，就套表中的个案、小组和社区活动等专业文书的核心内容提供了填写说明和范例。省民政厅会同省级乡镇（街道）社工站培训服务承接方，在乡镇（街道）社工站一线社工岗前培训中，专门设置了如何设计个案、小组和社区活动，如何撰写个案、小组和社区活动文书的课程。省民政厅还要求省级乡镇（街道）社工站建设评估服务承接方专门录制了乡镇（街道）社工站服务文书套表使用说明的视频课程。

除专门组织的各级各类调研和研讨外，各级民政部门还在每一次的线下会议、培训、评估等集会时，以集体座谈或单个谈话的形式，了解相关各方当前在参与乡镇（街道）社工站建设过程中的情况、感受，面临的困难和问题，以及改进的意见和建议。以省级民政部门为例，全省乡镇（街道）社工站培训服务的课程体系设计和教材编排、督导手册的编写，以及评估指标体系的设定等，都是在各方反复调研论证的基础上形成的，从而确保了省级提供的乡镇（街道）社工站培训、督导和评估等专业服务，可及时回应各方在乡镇（街道）社工站建设过程中遇到的阶段性问题和困难。在省级民政部门的示范带动下，市县民政部门、市级指导中心和县级社工总站在推进本级乡镇（街道）社工站建设时，也始终坚持调研先行，以需求为导向，以实操为落脚点。正是这种常态化、持续性的需求评估和方案论证，有力地扫除了乡镇（街道）社工站建设过程中的阻力和障碍，推动乡镇（街道）社工站建设一步步向前发展。

第二节 谁出钱

"兵马未动，粮草先行。"乡镇（街道）社工站建设首先要解决的核心问题，就是资金来源及其稳定性的问题。湖南省乡镇（街道）社工站建设经费的保障并非一蹴而就，而是经过了长时间的摸索和博弈。早在2017年5月，省民政厅厅长办公会就乡镇（街道）社工站建设进行专题讨论时，便提出按照每个乡镇配备1名社工，每名社工配套4万元经费的标准，从省、市、县三级福彩公益金中按照5∶2∶3的比例落实到位。该资金方案在面向厅机关相关处室和市县民政部门征求意见时，厅规财处和市州民政局普遍反映，受限于部分地区经济社会发展水平相对较低，以及市州民政部门在福彩公益金中提取比例偏低等因素，市州民政局很难从本级福彩公益金中落实乡镇（街道）社工站建设的配套资金。为此，省民政厅在2017年8月拟定的《湖南省乡镇（街道）社会工作服务站建设方案（征求意见稿）》中，改为由省、县两级福彩公益金按照7∶3的比例配套乡镇（街道）社工站建设经费。这一方面是考虑到市州民政部门可支配的福彩公益金有限，难以落实建设资金配套要求，故没有明确要求市州民政部门配套资金，只提出市州民政部门应该根据工作实际配套乡镇（街道）社工站建设经费；另一方面也是由于省级福彩公益金不足以100%承担全省乡镇（街道）社工站建设经费，因而由县级福彩公益金配套的部分继续保留。

尽管这一建设资金方案在当年是可行的，但厅规财处预测，后续由于全国福利彩票产品转型升级，全省可支配福彩公益金总量将大幅缩减，省、县两级福彩公益金也很可能无力支撑乡镇（街道）社工站建设，乡镇（街道）社工站建设资金的可持续性存疑。为全力保障乡镇（街道）社工站建设资金，省民政厅在2017年8月拟定的《湖南省乡镇（街道）社会工作服务站建设方案（征求意见稿）》的基础上，拟定《湖南省乡镇（街道）社会工作服务站建设三年行动计划（征求意见稿）》，将乡镇（街道）社工站建设的周期由1年延长为3年，并明确了建设经费的逐年增长机制：由省、市、县三级资助建设运营乡镇社会工作服务站，资助范围包括人员薪酬福利、培训督导、绩效评价、服务站活动经费等，相关资金从本级福彩公益金中列支；项目一经立项，原则上每个项目资助周期为3年；人员薪酬原则上由省、县两级按7:3的比例分担，并建立薪酬自然增长机制（2018年每名社工4万元/年；2019年4.5万元/年；2020年5万元/年），培训督导和绩效评价等经费（每名社工5000元/年）由省级全额承担，人员招聘费用由市级全额承担；社工站活动经费由县级（每个社工站不少于1万元/年）全额承担。该三年计划同时进一步明确了2018年的具体工作任务：设置1000个专业社会工作岗位，建设500家乡镇社会工作服务站；按每年每名社工4万元薪酬、每名社工5000元培训督导费、每个社工站1万元服务经费的标准计算，省级承担3600万元（其中人员薪酬3100万元、培训督导费500万元），县级承担1400万元（其中人员薪酬900万元、社工站服务经费500万元）；市级人员招聘费用按实际支出计算。①

2017年8月中旬，根据《湖南省乡镇（街道）社会工作服务站建设三年行动计划（征求意见稿）》中省级福彩公益金第一个年度的资金配套计划，省财政厅、省民政厅联合下发《关于下达2017年度省级福利彩票公益金支持开展政府购买服务项目资金的通知》，按每个社工站配备1名社工、配套人员薪酬4万元的标准，从省级福彩公益金中预拨了半年度的资金，即1536个乡镇，每个社工站2万元，总计3072万元。通知要求各地对照指标文件，专款专用，开展乡镇（街道）社工站建设。由于乡镇（街道）社工站2018年6月才正式启动实施，该笔省级福彩公益金多被县市区用于社工站点硬件建设，主要是办公设备购置和场地视觉化建设。省民政厅还配套了省级乡镇（街道）社工站建设培训、督导和评估服务购买经费500万元，省级乡镇（街道）社工站建设培训、督导和评估服务政府采购

---

① 湖南省民政厅：《湖南省乡镇（街道）社会工作服务站三年行动计划（征求意见稿）》，2017年8月，未下发。代之以湖南省民政厅等六部门：《关于推进政府购买服务 加强基层民政经办服务能力的实施意见》（湘民发〔2018〕10号），2018年4月19日。

工作于 2017 年 9 月同步启动。

2017 年 9 月上旬，湖南省民政厅等六部门《关于实施"乡镇社会工作服务站建设三年行动计划"的通知》① 会签完毕，《湖南省民政厅关于印发〈湖南省乡镇（街道）社会工作服务站项目实施方案（试行）〉的通知》② 也走完签发流程，准备正式印发。9 月 15 日，民政部、中央编办、财政部、人力资源社会保障部等四部门联合下发《关于积极推行政府购买服务加强基层社会救助经办服务能力的意见》（民发〔2017〕153 号），该文件为政府购买基层民政社会工作服务，提升基层民政经办能力提供了直接政策依据。湖南省民政厅党组当即决定从社会救助专项经费中提取乡镇（街道）社工站建设经费，以提升基层民政经办能力和专业服务水平。为此，省民政厅暂停发布已经完成签发程序的两个省级乡镇（街道）社工站建设文件，重新筹划从社会救助专项经费中列支乡镇（街道）社工站建设经费事宜，以确保建设经费的可持续性。在省民政厅党组的高度重视和大力推动下，经与省财政厅协商超半年之久，最终双方商定县级民政部门可按照不高于 2%的比例，从当年社会救助专项经费中提取本县市区乡镇（街道）社工站建设经费。③ 至此，湖南省乡镇（街道）社工站建设的主体经费才得到有力保障。

当然，湖南省乡镇（街道）社工站建设经费除社会救助专项经费外，还有其他来源。事实上，经过近 5 年的探索和发展，湖南省乡镇（街道）社工站建设经费已经逐步实现多元化和可持续化。在 2020 年 10 月举行的全国加强乡镇（街道）社会工作人才队伍建设推进会上，湖南省民政厅在典型发言中将乡镇（街道）社工站的建设经费来源概括为"五个一"，即"社会救助专项经费列支一点，福彩公益金补助一点，各级财政预算一点，社会资源链接一点，税收优惠减免一点"。据不完全统计，湖南省乡镇

---

① 即《湖南省乡镇（街道）社会工作服务站建设三年行动计划（征求意见稿）》定稿。

② 即《湖南省乡镇（街道）社会工作服务站建设方案（征求意见稿）》定稿。

③ 湖南省民政厅等六部门：《关于推进政府购买服务 加强基层民政经办服务能力的实施意见》（湘民发〔2018〕10 号），2018 年 4 月 19 日。

（街道）社工站建设每年从社会救助专项经费列支建设资金近 2 亿元，各级福彩公益金补助逾 8000 万元［其中省级福彩公益金每年投入 5000 万元左右，用于县市区乡镇（街道）社工站项目奖励和补助，以及政府购买省本级乡镇（街道）社工站培训、评估和督导服务］，市县财政预算额外安排 2000 余万元，链接其他部门和社会资源 7600 多万元。除此之外，省民政厅还积极协调税务部门，出台乡镇（街道）社工站建设专项税费优惠政策，确保全省乡镇（街道）社工站建设平稳运转和持续发展。

一、社会救助专项经费列支

湖南省乡镇（街道）社工站的建设经费先后经历了从省、市、县三级福彩公益金按照 5：2：3 的比例配套，到省、县两级福彩公益金按照 7：3 的比例配套，再到从社会救助专项资金中按照不高于 2% 的比例列支的规划历程。为全力确保建设经费的总量及其可持续性，湖南省乡镇（街道）社工站建设的启动因此延迟了近一年。主要考虑的是，尽管民政部门有福彩公益金可作为部门自由支配的资金，但相比于财政预算资金来说，各级福彩公益金总量不大，地区之间差距较大，且受市场波动的影响非常大，尤其是在整体经济下行压力较大、福利彩票产品转型的情况下，各级民政部门可支配的福彩资金大幅缩减，存在较大的不稳定性和不确定性。在此情况下，如果以各级福彩公益金作为乡镇（街道）社工站建设的主体资金，不可避免地会出现部分后发展地区无力配备本级社工站建设资金，或者全省各级福彩公益金均难以支撑的局面。因此，全力争取财政预算支持至关重要。

湖南省民政厅在规划乡镇（街道）社工站的建设资金时，一直尝试打开财政预算的口子。因此，在民政部等联合出台《关于积极推行政府购买服务 加强基层社会救助经办服务能力的意见》（民发〔2017〕153 号）后，省民政厅第一时间决定暂停原来的建设资金规划，转而由主要厅领导出面协调，最终打开了社会救助专项资金的口子。事实上，乡镇（街道）社工站的服务对象是全体民政服务对象，重点为低收入家庭和临时生活困难的群体，在后续乡镇（街道）社工站的工作开展中，社会救助社会工作是首要的和最主要的服务工作内容，因而从社会救助专项经费中提取乡镇（街道）社工站经费，确实存在其合理性和可行性。湖南省率先从社会救助专项经费中取得突破，保证乡镇（街道）社工站建设的顺利启动、全面覆盖和持续推进，为其他省份解决乡镇（街道）社工站建设经费提供了参照和依据。不少地区更是在湖南2%的比例基础上取得进一步突破，如四川省民政厅、省委组织部、省财政厅、省人社厅等四部门发布的《四川省社会工作服务体系建设试点工作方案》（川民发〔2021〕44号）明确，可按照"不超过上年度困难群众救助资金支出总额的3%"的标准列支社工站项目经费；海南省在开展乡镇（街道）社工站项目试点中，其实际提取比例甚至达到了5%。

二、福彩公益金补助

湖南省乡镇（街道）社工站建设的主体经费来源于2%的社会救助经费，该笔经费能够覆盖的体量是每个乡镇（街道）社工站点配备1~3名站点一线社工。如要进一步加强驻站社工力量，提供培训、督导和评估等专业支持服务，配套乡镇（街道）社工站服务经费等，则需从各级福彩公益金中进行配套。为确保全省乡镇（街道）社工站项目全面覆盖和整体平稳运行，湖南省民政厅每年从省级福彩公益金中配套近5000万元专项资金，用于资助市、县民政部门建设市级指导中心、县级社工总站，填补县级民政部门在购买乡镇（街道）社工站服务中的经费缺口，奖励乡镇（街道）社工站建设成效显著的县市区，开展乡镇（街道）社工站服务示范创建，购买省级乡镇（街道）社工站培训、督导和培训服务[①]，以及开展省级乡镇（街道）社工站建设专家联点工作。参照省民政厅的做法，市、县民政部门也积极配套本级福彩公益金，用于乡镇（街道）社工站的培训、督导和评估的专业服务，以及本级乡镇（街道）社工站建设专家联点工作等。如怀化市民政局统筹各级福彩公益金，面向全市13个县市区、10个项目承接机构进行全面实地评估，面向392个乡镇（街道）社工站点、500余

---

① 即通常意义上所说的省级项目办所做的工作。

名站点一线社工开展全员培训和督导；怀化市民政局还从本级福彩公益金中列支乡镇（街道）社工站建设专家联点经费，在省级联点的基础上增设市级联点，进一步放大了联点专家效应。

三、各级财政预算

2012 年，中组部等 19 部门联合发布《社会工作专业人才队伍建设中长期规划（2011—2020 年）》（中组发〔2012〕7 号），明确要求各地开展社会工作专业人才队伍建设。随后，不少市县民政部门发布本级社会工作人才队伍建设中长期规划，并以此为契机，从本级财政预算中争取到社会工作专业人才培训经费，组织开展各类社会工作培训，极大地提升了同级组织、财政、人社、教育等部门对社会工作业务的重视和支持，极大地推动了各地社会工作的发展。以怀化市为例，怀化市民政局于 2014 年 12 月、2015 年 12 月先后在中山大学社会学与人类学学院、复旦大学社会发展与公共政策学院举办社会工作高级研修班，市委组织部、市财政局、市人社局、市教育局、团市委、市妇联、市残联等相关市级部门相关负责同志，以及县市区民政局分管社会工作副局长、社会工作业务股长等参与学习，成效明显。如将社会工作专业人才多次纳入全市"紧缺急需创新创业人才引进计划"，在全省市级民政部门中率先引进社会工作硕士研究生，助力全市社会工作在政策创制、实务项目开发和课题研究等多方面取得突破。又如怀化市民政系统所属事业单位在市县人社部门的支持下，顺利完成社会工作专业技术岗位设置和聘用工作。乡镇（街道）社工站项目启动实施后，不少市州民政局将这笔经费用于站点一线社工能力提升培训、社区社工室建设等工作。如益阳市民政局通过市长办公会议形成会议纪要，每年从财政预算中支出社会工作人才队伍建设专项经费，用于开展全市社会工作职业水平考试考前辅导、乡镇（街道）社工站一线社工能力提升培训，以及村（居）委会和乡镇（街道）社工站持证人员持证补贴发放等。

四、社会资源链接

在新一轮的民政部门机构改革后，慈善事业、社会工作和志愿服务合并成为一个业务部门，这为联动慈善资源开展乡镇（街道）社工站建设提供了很好的条件和平台。以长沙市为例，长沙市民政局、长沙市慈善总会通过有效联动社会资源，在全省率先建成乡镇（街道）社工站市级指导中心，面向全市乡镇（街道）社工站建设承接机构、县级社工总站和站点一线社工提供培训、督导和评估等专业支持服务，为全省普及推广市级指导中心建设树立了良好榜样。此外，还配套专项资金开展特色/星级乡镇（街道）社工站创建工作，通过专家联点"一对一"指导乡镇（街道）社工站改进阵地建设、打造服务品牌、提炼经验模式。2022 年 6 月，长沙市慈善总会特别设立长沙市社会工作者关爱发展基金，主要用于关怀慰问全市困难社会工作者，以及支持和激励社会工作者专业成长。

五、税收优惠减免

湖南省启动乡镇（街道）社工站建设之初，承担政府购买社会工作服务项目的民办社会工作服务机构还未列入公益慈善类服务机构税收减免名录。2020 年新冠疫情之下，各级财税部门出台了一系列小微企业税收减免和社会保险减免的政策。但大多数乡镇（街道）社工站项目承接机构因不属于企业，而不能申请税收和社保减免。为此，省民政厅厅长办公会专门进行研讨，由省社会组织管理局牵头，规财处、办公室和慈社处参与，多次与省财政厅、省税务局相关业务部门协调对接，打通民办社会工作服务机构税收减免、社保减免通道。同时，省民政厅还通过组织第三方评估（含专业评估和财务评估）、乡镇（街道）社工站项目整改落实"回头看"，确保民办社会工作服务机构减免的税收和社保费用切实用于站点一线社工的薪酬发放，在减轻了民办社会工作服务机构税费负担的同时，也提高了站点一线社工的工资福利水平，更好地实现了财政预算资金和福彩公益金的效益。

第三节 谁来做

乡镇（街道）社工站建设由省、市、县、乡四级民政部门主导和推进，同时离不开各级组织、财政、人社、编办和教育等部门的大力支持，还可能涉及项目承接机构、站点一线社工的全力参与。要回答"谁来做"的问题，首先要明确乡镇（街道）社工站项目的实施方式。不同的实施方式，其建设的关键主体、其他参与主体以及各方职责随之不同。如采取政府直聘的实施方式，是由省级民政部门、市级民政部门、县级民政部门还是乡镇政府（街道办）① 来直聘？如采取政府购买的实施方式，是向民办社会工作服务机构购买，面向全体社会组织购买，还是向人力资源公司或其他企业购买？实施方式将决定参与社工站建设的主体及其职责。如由乡镇政府（街道办）直聘社工，乡镇政府（街道办）无疑是社工站建设的核心主体，实际上决定着站点一线社工的招聘、任用和管理；如由县级民政部门向民办社工机构购买服务，则县级民政部门和承接项目的民办社工机构成为社工站建设最重要的主体。其次，要制定明确的时间表、路线图，以确保不同市县能够在规定的时间内完成建设任务。

一、明确实施方式

与建设资金的确定一样，湖南省乡镇（街道）社工站建设方式的确定同样经历了一个探索和论证的过程。在最初的《湖南省乡镇（街道）社会工作服务站建设三年行动计划（征求意见稿）》中，采用的是县市区民政局直聘社工的实施方式，其中市州民政局联合人社部门组织本区域内人员招聘工作，县市区民政局负责与所辖乡镇社工站招聘人员统一签订劳动合同，按月发放薪酬并办理"五险一金"等人事管理事项，对社工站及其人

---

① 乡镇（街道）一级民政部门属于基层政府的下属机构，大多无独立的人事和财务管理权限，其人事和财务接受所在乡镇政府、街道办统一管理。

员的工作情况进行业务指导和日常监督管理。这样规划主要基于两方面考量：一是避免由乡镇政府（街道办）直聘所导致的民政部门对乡镇（街道）社工站一线社工失管的局面；二是规避由县市区民政局组织人员招聘面临的关系户多、本地社工人才不足等窘境。① 然而，该行动方案在面向各级财政、人社和编办等部门以及市县民政局征求意见时，各方提出了不同的意见，主要集中在三个方面：一是民政部门直聘社工等同于间接扩大了政府机构规模，不符合当前机构改革的基本要求；二是根据以往政府聘用临聘人员的经验，民政部门直聘社工在后续极有可能面临人事纠纷；三是县级民政部门人手紧张，抽不出专门的部门和人员来负责乡镇（街道）社工站一线社工的劳动合同签订、日常考核、工资发放、社保购买、人员异动管理等工作。

县市区民政局直聘社工的模式被否决后，政府购买服务作为解决方案被提上讨论议程。但是，由谁购买服务，购买的主体是谁？向谁购买服务，购买的客体是谁？这是接续要回答的问题。以购买的客体为例，是当前机关事业单位普遍流行的向人力资源公司购买服务，如物业、保洁、保安等，还是向社会组织或者民办社会工作服务机构购买服务？各方对此持不同意见。部分市县民政部门支持向人力资源公司购买服务，因为人力资源公司抽取的管理费用相对较低，有的甚至是按人头一次性抽取，比较划算。此外，人力资源公司在人员招聘和管理上经验丰富，可避免用工风险。反对者则认为，人力资源公司只做人事代管工作，无法为乡镇（街道）社工站一线社工提供系统化、持续性的专业支持，长远来说这将严重影响社工站的专业服务质量和成效，且作为企业的人力资源公司在组织性质、会计制度等方面，也与乡镇（街道）社工站建设公益慈善类服务的非营利属性相冲突。几经讨论，最终确定向以民办社会工作服务机构为代表的社会组织购买服务：一方面，社会工作是民政工作的学科基础和专业支

---

① 湖南省民政厅：《湖南省乡镇（街道）社会工作服务站三年行动计划（征求意见稿）》，2017 年 8 月，未下发。代之以湖南省民政厅等六部门：《关于推进政府购买服务 加强基层民政经办服务能力的实施意见》（湘民发〔2018〕10 号），2018 年 4 月 19 日。

撑，且扶持和培育以民办社会工作服务机构为代表的社会组织，一直是民政部门的主责主业；另一方面，充分发挥民办社会工作服务机构和专业社会工作人才的专业优势，拓展和延伸基层民政工作的服务对象和服务内容，提高民政服务的专业化水平，才能切实满足民政服务对象不断增长的美好生活需要，助力民政事业转型升级。

（一）购买主体

湖南省乡镇（街道）社工站建设的购买主体为市州、县市区人民政府，由同级民政部门具体负责组织实施。乡镇人民政府和街道办事处在县级民政部门的指导和支持下，同步推进政府购买基层民政服务。[①] 具体来说，乡镇（街道）社工站建设的购买主体为县市区民政部门，部分经济开发区、旅游管理区独立开展社工站建设的，则由管委会作为购买主体。省、市、县级民政部门配套的培训、督导、评估服务，以及省级项目办、市级指导平台、县级社工总站建设等辅助性服务项目的购买主体则为本级民政部门。

（二）承接主体

湖南省乡镇（街道）社工站建设的承接主体为在民政部门依法登记成立或经国务院批准免予登记的社会组织，按事业单位分类改革应划入公益二类或生产经营类的事业单位法人，以及依法在工商管理或行业主管部门登记成立的企业、机构等社会力量。承接主体的资质与条件，由购买主体结合购买服务内容和具体需求确定，原则上应具有独立承担民事责任的能力，具备提供服务所必需的设施、人员和专业技术能力，具有健全的内部治理结构、财务会计和资产管理制度，拥有一支能够熟练掌握和灵活运用社会工作知识、方法和技能的专业团队。[②] 从实际情况来看，湖南省122个县市区的乡镇（街道）社工站建设项目，14个市州的市级指导中心和122个县市区的县级社工总站，由140余家机构承接运营，其中130余家

---

① 湖南省民政厅等六部门：《关于推进政府购买服务 加强基层民政经办服务能力的实施意见》（湘民发〔2018〕10号），2018年4月19日。

② 同①。

为社会组织，极个别为人力资源公司，80%以上为民办社会工作服务机构。[①] 为确保乡镇（街道）社工站建设承接机构的专业服务能力，省民政厅会同省级乡镇（街道）社工站评估服务承接方在制定历年评估指标时，逐年加大了对承接机构专业资质、专业能力和专业服务指标的考评力度。

（三）购买机制

湖南省乡镇（街道）社工站建设启动之初，湖南民政系统尚未大规模开展政府购买服务，各级民政部门开展政府采购的经验十分缺乏。[②] 为此，省民政厅在两个省级乡镇（街道）社工站建设指导性文件中对乡镇（街道）社工站建设的购买机制进行了明确规定和要求：

首先是立项申报与预算编制。购买实施主体按照当地政府部署，根据审核通过的服务需求、部门预算以及本单位实际，合理确定年度政府购买服务计划，报同级财政部门审批。购买计划包括购买方式、服务项目数量和质量标准、项目预算等。购买服务计划及预算经同级财政部门批复同意后，购买实施主体要通过主流媒体、网站主动向社会详细公开需购买的服务项目、数量和质量标准、对承接主体的要求、绩效评价标准等内容，让各类承接主体能够充分了解和参与政府购买基层民政服务。

其次是采购活动的实施。购买实施主体应根据购买内容的市场发育程

---

① 一般来说，一个县市区的乡镇（街道）社工站建设项目打包给一家机构承接，部分行政区域大、人口多的县市区则分 2~3 个标段，由 2~3 家机构承接；也有一些机构承接了多个县市区的社工站建设项目。此外，大部分县市区社工总站的运营由本县市区社工站项目承接机构运营，也有一部分县市区的社工总站由独立的第三方机构运营。

② 从"中国湖南政府采购网"官网中"中标（成交）公告"一栏进入，在"高级搜索"选项框中将"采购人"限定为"湖南省民政厅"，我们会发现，自 2015 年 1 月 1 日以来，湖南省民政厅采购社会服务首次出现在 2017 年 9 月，具体为"省民政厅第三方机构对省农村低保、兜底对象入户核查服务"，11 月的"省民政厅采购全省困难群众救助工作第三方绩效评价服务"、"湖南省民政厅养老孵化基地建设租赁及运营服务选择"以及 12 月的"湖南省民政厅社会组织孵化基地运营"。此后便是 2018 年 2 月的"湖南省民政厅全省乡镇社工站业务培训、督导和评估采购项目"。由此可见，2018 年 6 月全省乡镇（街道）社工站启动之时，湖南省内政府购买社会服务项目并不常见，同时印证了笔者所说的当时民政系统政府购买服务经验缺乏的说法。

度、服务供给特点等因素，对政府集中采购目录以内或采购限额标准以上的项目，按照政府采购的有关规定，采用公开招标、邀请招标、竞争性谈判、竞争性磋商、单一来源采购等方式确定承接主体。选定承接主体时，要以满足服务质量、符合服务标准为前提，并注重考察承接主体的服务价格和服务质量，不能简单以"价低者得"作为选择标准。不属于政府采购范围的项目，应充分引入竞争机制，参照政府采购程序实施采购，严禁转包行为。

再次是项目监督和绩效评价。购买实施主体对项目实施进行全程督导和检查，并在年底组织开展绩效评价。

最后是合同履行。承接主体实施合同约定的服务事项后，购买实施主体应及时组织对合同履约情况进行验收，并按照合同约定，按政府采购资金支付程序实行国库集中支付。[①] 省民政厅还在全省乡镇（街道）社工站建设启动实施前对全省民政系统参与该项目政府采购的相关人员进行了专题轮训。

二、明确参与主体及职责

乡镇（街道）社工站建设包括政策制定、立项审批、预算审批、政府采购、协议签订、人员招聘、站点建设与人员入驻、关系建立、需求调研与方案设计、活动开展、监测评估和反思总结等流程和环节。同一流程和环节中有不同主体的参与，同一主体也可能参与不同流程和环节，如何实现这些主体的有效互动和协同行动，是各级民政部门在开展乡镇（街道）社工站建设顶层设计时要考虑的问题。具体来说，首先要做好民政系统内部的"上下联动"。其次要做好与其他相关部门的"左右衔接"。省级项目办、市州指导中心、县市区社工总站、项目承接机构和站点一线社工同样是乡镇（街道）社工站建设的关键主体，但其角色和职责在后续的项目启动实施、专业支持中更为突出，因而在顶层设计部分，我们重点讨论各级

---

① 湖南省民政厅等六部门：《关于推进政府购买服务 加强基层民政经办服务能力的实施意见》（湘民发〔2018〕10号），2018年4月19日。

民政部门和其他相关部门的角色与职责。

（一）"纵向到底"的内部驱动机制

民政部门作为乡镇（街道）社工站建设的牵头部门，负责对政府购买民政服务工作的统筹规划、组织实施和绩效评价，履行社会工作专业人才队伍建设直接责任：首先，要统筹安排本区域乡镇（街道）社会工作服务项目实施；其次，要督促、指导承接主体严格履行合同义务，按时按质完成乡镇（街道）社工站点设立任务和相应服务指标；最后，要支持、引导承接主体加强自身建设，优化内部管理，提升服务能力和服务水平。①

1. 省级民政部门强力牵引

从各地实际来看，乡镇（街道）社工站建设是在民政部统一部署之下，由省级民政部门统筹规划和组织实施的基层民政领域社会工作服务项目，但服务的实际提供者是项目承接机构和站点一线社工。乡镇（街道）社工站建设是一个由省级民政部门"长距"管理的民生服务项目。为使这种"长距"管理有力、有理、有节，湖南省民政厅充分运用政府职能部门上下级之间的行政管理和业务指导关系，将"省直管乡镇（街道）社工站"的"长距"管理模式，转化成"省民政厅—市州民政局—县市区民政局—乡镇（街道）民政站办所—乡镇（街道）社工站/站点一线社工"的"短距"管理模式。一方面，上级民政部门充分利用工作考核、资金分配、业务指导等行政手段，将乡镇（街道）社工站建设的"压力"逐层向下传导；另一方面，上级民政部门充分考虑下级民政部门的工作实际和现实需要，充分调动下级民政部门的工作积极性，激发其主动参与乡镇（街道）社工站建设的"动力"。省级民政部门对乡镇（街道）社工站建设的强力牵引具体体现在以下几个方面：

首先，省级民政部门应研究制订项目整体实施方案和相关配套工作方案、管理办法和服务标准②，为市县民政部门开展乡镇（街道）社工站建

---

① 湖南省民政厅等六部门：《关于推进政府购买服务 加强基层民政经办服务能力的实施意见》（湘民发〔2018〕10号），2018年4月19日。

② 湖南省民政厅：《湖南省乡镇（街道）社会工作服务站项目实施方案（试行）》（湘民发〔2018〕16号），2018年5月28日。

设提供指引。如湖南省民政厅在周期性调研的基础上，出台了湖南省民政厅等六部门《关于推进政府购买服务 加强基层民政经办服务能力的实施意见》（湘民发〔2018〕10 号）、《湖南省乡镇（街道）社会工作服务站项目实施方案（试行）》（湘民发〔2018〕16 号）两个省级指导性文件，为市县民政部门出台本级实施方案、落实经费、开展采购、启动实施和监管考核提供了政策依据和操作指引。省民政厅还根据不同时期乡镇（街道）社工站建设面临的阶段性任务和问题，配套或更新相关政策文本，如针对乡镇（街道）社工站建设前期市县民政部门提出的，不知道如何建设阵地、确定购买内容的问题，省民政厅专门发布《湖南省乡镇（街道）社工站视觉化设计指引手册》和《湖南省乡镇（街道）社工站服务内容参考》；针对项目启动实施过程中县级民政部门资金监管力度不足的问题，省民政厅制定了《湖南省乡镇（街道）社工站项目资金管理办法》；针对新三年乡镇（街道）社工站提质升级的发展规划，省民政厅出台《湖南省基层社会工作服务站项目三年行动方案（2021—2023 年）》（湘民发〔2021〕26 号），明确具体的工作任务、工作方法、工作内容和工作指标等。这些政策文件的出台及时指导了市县民政部门、项目承接机构和站点一线社工开展各项工作，确保了社工站建设有序推进。

其次，省民政厅从省级福彩公益金中安排专项资金对乡镇（街道）社工站建设进行奖励和补助①，以充分调动市县民政部门的工作积极性，有力保障乡镇（街道）社工站建设的可持续性。如自 2017 年始，湖南省民政厅每年从省级福彩公益金中安排近 5000 万元经费，专项用于乡镇（街道）社工站建设的奖励和补助。具体包括：依据各县市区乡镇（街道）社工站建设成效对 30 个县市区给予的奖励资金 40 万元/县·年；对工作积极性高、工作成效显著但存在资金缺口的县市区，进行差额补助；为 14 个市州民政局配套市级指导中心建设资金，每个市州配套经费 30 万元/市·年；遴选工作基础好的县市区开展乡镇（街道）社工站建设专家连点，每个联

---

① 湖南省民政厅：《湖南省乡镇（街道）社会工作服务站项目实施方案（试行）》（湘民发〔2018〕16 号），2018 年 5 月 28 日。

系点配套经费 10 万元/县·年；为 30 个运营成效好的乡镇（街道）社工站建设承接机构提供示范创建经费 7 万元/个·年；配套省级乡镇（街道）社工站建设培训、督导和评估服务等。

最后，省级民政部门还对乡镇（街道）社工站建设相关人员进行业务培训，提供督导服务，并牵头建立综合性评审机制，对项目实施情况和资金管理情况进行监督检查，开展绩效评估①，通过专业支持不断规范乡镇（街道）社工站建设。如湖南省民政厅自 2018 年起每年配套省级乡镇（街道）社工站培训、督导和评估服务，由三家社会组织分别承接，面向全省乡镇（街道）社工站建设的相关单位和个人提供专业支持服务。据不完全统计，省级乡镇（街道）社工站培训项目已累计面授培训逾 4500 人次，其中 2018—2019 年度 2500 余人次，2019—2020 年度 1000 余人次，2020—2021 年度 1000 余人次；累计对 122 个县市区中的 105 个县市区完成实地评估，其中 2019 年覆盖 14 个市州 50 个县市区，2020 年覆盖 14 个市州 35 个县市区，2021 年覆盖 10 个市州② 20 个县市区。省民政厅还会同省级乡镇（街道）社工站培训服务承接方开发了全省乡镇（街道）社工站培训平台及其微信小程序，会同省级乡镇（街道）社工站评估服务承接方开发了全省乡镇（街道）社工站项目管理系统等线上系统，为站点一线社工、项目承接机构和县市区民政部门提供日常培训、督导和评估。

2. 市州民政部门上传下达

湖南全省辖 14 个市州、122 个县市区、1940 个乡镇（街道）。在最初的制度设计中，乡镇（街道）社工站建设由省民政厅规划设计和统筹推进，由县市区民政局负责建设经费提取、政府采购、资金监管和成效监测，由项目承接机构和乡镇（街道）社工站点具体开展服务，市州民政部门的角色并不突出。但由于县市区和乡镇（街道）数量众多，省民政厅根本无法直接、有力地直管 122 个县市区民政局和 1940 个乡镇（街道）社

---

① 湖南省民政厅：《湖南省乡镇（街道）社会工作服务站项目实施方案（试行）》（湘民发〔2018〕16 号），2018 年 5 月 28 日。

② 其中湘潭市、益阳市、娄底市和张家界市下辖县市区数量较少，已在前两轮省级实地评估中实现了实地评估全覆盖，故第三轮省级实地评估中未涉及。

工站点，市州民政部门是承上启下的关键中间环节。随着乡镇（街道）社工站建设进入启动实施阶段，市州民政部门在乡镇（街道）社工站建设中主动作为的程度，直接影响着该市州所辖县市区的乡镇（街道）社工站建设进度和工作成效：部分市州民政部门积极调度乡镇（街道）社工站建设工作，如建设市级指导平台、配套奖励和补助经费、提供第三方督导和培训、开展过程监测和末期评估等，其辖区内乡镇（街道）社工站建设的步调更加一致，进度更快，成效也更明显；少数市州民政部门在乡镇（街道）社工站建设前期对这些工作的认识不到位，未在第一时间主动推进工作，其所辖县市区的乡镇（街道）社工站建设进度不一，进展缓慢。①

由此可知，省级民政部门必须充分调动和全面加强市州民政局在乡镇（街道）社工站建设中的角色。省级民政部门关于乡镇（街道）社工站建设的各项工作要求，只有经由市州民政局的接力传导，方能有效传递给县、乡两级民政部门和项目承接机构。为此，湖南省民政厅自 2020 年起从省级福彩公益金中配套市州指导中心建设经费，全面支持各市州民政局通过政府购买服务，建成本级指导中心。有了市州指导中心这样一个有力的工作抓手之后，市州民政部门参与乡镇（街道）社工站建设的积极性大大提高。在市州民政局的定期全员培训和实地督查、日常监测之下，县市区民政局和项目承接机构的工作进度、工作成效和资金使用规范性不断提升。省级民政部门在通过资金支持调动市州民政局工作积极性的同时，也在省级乡镇（街道）社工站实地评估、民政重点工作考核中，加强了对市州民政局和市级指导中心的评估、督查，进一步压实了市州民政部门在乡镇（街道）社工站建设中的角色和职责。具体来说，市级民政部门应指导县市区落实省级相关工作要求，从社会救助工作经费或专项经费、福彩公益金、财政资金中安排资金，专项用于支持本区域内乡镇（街道）社工站服务项目实施；对县市区的社工站项目年度实施计划、政府购买服务协议和人员招聘方案进行备案管理；会同同级财政、审计、纪检监察等部门，

---

① 周金玲．乡镇（街道）社工站建设湖南模式探析［J］．中国社会工作，2021（7）：43-45．

以及市州指导中心，对县市区乡镇（街道）社工站建设情况进行季度督查考核。[①]

以长沙市为例，长沙市民政局通过联动公益慈善资源，于2018年率先在全省建成市级指导平台，承担全市所辖县市区乡镇（街道）社工站建设的进度监测、专业督导、行政管理，以及资源链接和其他工作支持。具体来说，进度监测包括定期调度全市乡镇（街道）社工站开展情况，审核各县市区乡镇（街道）社工站月度工作计划，协助各县市区整理工作亮点和不足，为市县民政部门下一步工作提供方向和依据。定期深入乡镇（街道）社工站点服务现场，评估其服务能力和服务水平。通过实地走访和电话访谈，定期了解服务对象满意度，对服务对象满意度低或波动较大的社工站点进行定点监测和深入跟踪指导；专业督导包括聘请符合专业资质的督导，定期对乡镇（街道）社工站一线社工进行面对面督导，及时对社工站点专业文书进行批改和审定。定期组织站点一线社工和项目承接机构开展站点互访交流等；行政管理包括及时传达上级民政部门有关乡镇（街道）社工站建设的工作要求、工作通知。及时将各乡镇（街道）社工站点的运营情况、面临困难和风险，以及应对的策略和建议等上报市州民政部门。表彰乡镇（街道）社工站建设优秀案例、优秀社会工作者等；资源链接和其他工作支持包括链接市级相关部门、统筹协调县市区民政及相关部门资源，动员基金会、社会组织和爱心企业资源，支持社工站点开展民政对象服务。定期组织县市区民政部门相关负责人、项目承接机构和一线社工专题培训。总结各站点服务经验，逐步出台完善社工站各领域服务标准等。

3. 县市区民政部门全力建设

县市区民政部门作为购买主体，是湖南省乡镇（街道）社工站建设的关键一环。将县级民政部门作为购买主体，除前面提到的行政管理"距离"和"体量"上的考量外，同时也考虑到在当前财政"省管县"的模

[①] 湖南省民政厅：《湖南省乡镇（街道）社会工作服务站项目实施方案（试行）》（湘民发〔2018〕16号），2018年5月28日。

式下，由县级民政部门去做经费提取和预算审批工作更为顺畅。再者来说，县市区民政部门长期面临着"上级民政部门任务压头""下级民政部门能力不足"的"夹心"局面，迫切需要一支强有力的基层民政工作队伍来缓解其工作压力。事实上，在 2012 年乡镇机构改革以前，乡镇民政干部主要由县级民政部门垂直管理，改革之后，乡镇民政的人事权、财权等统一划归乡镇政府，民政部门对乡镇民政工作的指导力度被大大削弱。相比于经济发展、信访维稳等中心工作，民政服务被视为"搭头""可做可不做的事"，许多工作布置下去，迟迟得不到落实。不少乡镇民政干部甚至不懂电脑操作，无法独立完成民政系统服务对象数据上报。乡镇（街道）社工站建设派驻了一支综合素质高的年轻人充实到基层民政力量中，有力破解了当前县市区民政局的工作难题和基层民政力量薄弱的痼疾。因此，作为直接与基层民政部门打交道的县级民政部门，在推动社工站建设上的内生动力很足。在省市民政部门政策、经费和专业支持下，县级民政部门全力投入社工站建设工作中。

为确保县级民政部门这关键一环不掉链子，省级民政部门要在顶层设计中做足功课：首先，在调研论证阶段重点全面了解县级民政部门的工作现状和需求，充分吸纳其对加强基层民政能力的意见和建议，确保县级民政部门有参与社工站建设的内生动力；其次，将乡镇（街道）社工站建设的资金分配和人员使用权下放给县市区民政部门，充分调动县级民政部门的工作积极性；最后，将省、市两级乡镇（街道）社工站培训、督导、评估和监测的重心放在县级民政部门，在压实县级民政部门工作职责的同时，为其开展各项工作提供有力支持。为把好、把准县市区民政部门的工作方向和工作进度，省、市两级民政部门对县市区民政部门的宣传动员、培训和监测等工作前置，确保在社工站建设启动时和执行过程中，县市区民政局已经清晰自身的工作任务、工作要求和工作方法。如湖南省民政厅早在 2017 年 12 月的全省社会工作暨标准化建设会上便对社工站建设相关工作进行了部署，随后又在 2018 年 4 月、5 月出台的两个省级指导性文件中，在 2018 年 5 月的全省乡镇（街道）社工站建设视频动员会上，以及2018 年 6 月的全省民政系统乡镇（街道）社工站建设专题培训班上，均对县市区民政部门的各项工作任务、工作要求和工作方法进行了反复强调和详细说明。县级民政部门在项目实施过程中遇到难题，则通过日常工作交流、座谈等方式及时向省、市两级民政部门反馈，省、市两级民政部门则通过提供政策咨询、完善政策依据、提供行政指导和专业支持，以及分管领导带队督查等方式，帮助县级民政部门解答疑惑、扫除障碍。

具体来说，县级民政部门要根据实际工作需要和资金保障情况，制订本县市区乡镇（街道）社工站建设年度实施计划，统筹实施本区域内社工站项目；督促乡镇政府（街道办）、乡镇（街道）民政站办所落实社工站的办公场地和设施设备；依法依规与承接主体签订政府购买服务协议，加强对承接主体的资金监管和服务监管，指导承接机构制订人员招聘方案并报上级民政部门备案，监督承接机构公开、公正、公平组织招聘工作，督促其与驻站社工签订劳动合同、按月发放薪酬并办理"五险"、加强人事档案管理等。[①]

4. 乡镇（街道）民政站办所大力支持

一方面，乡镇（街道）是社工站建设的落点单位，乡镇（街道）社工站各项工作的开展离不开乡镇政府（街道办）和乡镇民政所（街道民政办）的大力支持；另一方面，乡镇（街道）社工站建设充实了基层服务力量，有力分担了乡镇民政所（街道民政办）、乡镇政府（街道办）在兜底基本民生保障、拓展基本社会服务和创新基层社会治理中的工作任务。两者是相辅相成、相互促进的。为确保社工站各项工作的顺利开展，县级民政部门在向乡镇（街道）社工站派驻工作人员之前，应对乡镇政府（街道办）主要负责人、乡镇政府（街道办）分管民政工作领导和民政站办所负责人进行充分动员和系统培训，使其对乡镇（街道）社工站建设的背景、目的、意义、人员性质、工作内容和工作职责等有清楚的认识。首先，基层政府，尤其是基层民政干部要充分认识到，开展乡镇（街道）社工站建设是加强基层民政力量、缓解基层政府工作压力、提升基层民政服务质量

---

① 湖南省民政厅：《湖南省乡镇（街道）社会工作服务站项目实施方案（试行）》（湘民发〔2018〕16 号），2018 年 5 月 28 日。

46

的惠民举措，基层政府，尤其是基层民政干部要在各方面予以支持；其次，乡镇（街道）社工站有其规定的服务内容和服务对象，基层政府不得让社工站人员从事超出民政工作领域的事项。从而在保障乡镇（街道）社工站各项工作条件的同时，避免其他基层政府工作向社工站堆积。

具体来说，基层政府和民政站办所首先要统筹协调辖区内办公场地，为乡镇（街道）社工站点提供办公场所，并在县级民政部门的资助下配置办公设备；其次，应尽力为站点一线社工做好食宿安排，并尽力提供其他乡镇（街道）在编干部职工具有的工作保障，如下乡补助、工会福利等；最后，要提供条件让站点一线社工尽快融入原来的基层民政服务体系，获得相关正式和非正式资源的获取资格，以帮助其顺利开展各项助人服务。民政站办所工作人员基层工作经验丰富，与辖区内村支"两委"、民生协理员、儿童服务主任、养老护理员建立了良好的工作关系，与辖区内乡镇卫生院、村/社区卫生服务中心、学校、企业和其他单位有工作联系。站点一线社工在前期关系建立过程中需要民政站办所同事的引荐，在随后寻找服务场地、链接服务资源、培育社区骨干和社区自组织的过程中，也需要民政站办所工作人员帮助。有条件的乡镇（街道）民政站办所，还应考虑为乡镇（街道）社工站提供服务所需经费。

（二）"横向到边"的外部推动机制

乡镇（街道）社工站建设的高质量、可持续发展不仅需要民政系统内部的"上下一心"，也离不开各级财政、组织和人社等部门的"左右逢源"。首先，乡镇（街道）社工站建设有赖于建设资金的充足性和稳定性。不论乡镇（街道）社工站建设的主体经费来源于财政预算资金，还是民政部门的福彩公益金，都需在财政部门完成立项申报、预算审批之后方可使用。如果是新立项的项目争取财政预算资金，或者在原来财政预算资金的基础上进一步加大资金投入力度，则更需要财政部门的大力支持。其次，乡镇（街道）社工站建设的高质量、可持续发展，还有赖于一支"顶得上、留得下"的高素质社会工作专业人才队伍。在当前社会工作专业人才不足、社会工作行业待遇不高的情况下，如何联动组织部门、人力资源和社会保障部门开展社会工作专业人才队伍建设，提高乡镇（街道）社工站从业人员素质、待遇，提升其职业能力，拓宽其职业发展渠道也是关键。

1. 财政部门保障建设经费

财政部门是乡镇（街道）社工站建设的资金保障方，也是成效评价方，在乡镇（街道）社工站建设过程中扮演着至关重要的角色。具体来说，各级财政部门应加大政府购买社会力量服务力度，会同民政部门建立健全政府购买服务指导性目录，落实政府购买乡镇（街道）社工服务项目资金，加强对资金管理和使用情况的监督。① 以社会救助专项资金的实际提取比例为例，在湖南省乡镇（街道）社工站建设过程中，大部分县市区民政局通过与同级财政部门衔接，最终依据省级文件规定按照 2% 的比例提取社会救助专项经费用于乡镇（街道）社工站建设；但也会发现，部分县市区的实际提取比例超过了 2%，或从本级财政预算中额外配套了乡镇（街道）社工站建设相关经费，这些县市区的社工站配备的人员规模更大、工资福利更高，工作成效也更加明显。也有个别县市区的提取比例只有1.5%，甚至更低，这些县市区的社工站配备的人员受限，工作成效不明显，且在新三年的专业升级中明显后劲不足。

2. 组织部门助力人才队伍建设

组织部门负责人才队伍建设工作，社会工作专业人才为国家认定的六大主体人才队伍之一，需由组织部门履行社会工作专业人才队伍建设牵头抓总的职责，支持做好人才培养、使用和激励保障工作。如在省委组织部的大力支持下，湖南省出台了《关于加强社会工作专业岗位开发与人才激励保障的实施意见》（湘民发〔2020〕15号），该意见明确提出要合理确定社会工作者的薪酬待遇。对聘用到事业单位的正式工作人员，按照国家有关规定确定工资待遇，对以其他形式就业于基层党政机关、群团组织、事业单位、城乡社区、社会组织和企业的社会工作专业人才，由用人单位综合考虑确定薪酬标准，并为其办理社会保险和公积金。对获得社会工作

---

① 湖南省民政厅等六部门：《关于推进政府购买服务 加强基层民政经办服务能力的实施意见》（湘民发〔2018〕10号），2018年4月19日。

职业资格的社区工作者给予职业津贴等。① 这为提升社会工作从业者福利待遇提供了有力依据。又如湘潭市将社会工作专业人才纳入全市"莲城人才行动计划"，怀化市将社会工作专业人才纳入"怀化市创新创业高层次及急需紧缺人才"名录，吸引和留住了一批高素质社会工作专业人才，有力推动了本土社会工作发展。

3. 人力资源和社会保障部门提升职业发展空间

人力资源和社会保障部门既负责社会工作专业人才的职称评定和聘用工作，又关系乡镇（街道）社工站一线社工的劳动权益保护和继续教育等各项工作。具体来说，各级人社部门应着力打通持证社会工作者的社会工作专业技术岗位开发和聘用工作；支持辖区内社会工作从业者的继续教育；还可"将乡镇（街道）社工站人员中的高校毕业生纳入高校毕业生基层成长计划，并享受相关项目的政策待遇"② 等。如在各级人社部门的支持下，全省民政系统所属事业单位，以及其他具有公益服务、社会福利职能的事业单位中，社会工作专业技术岗位设置和聘用通道逐步打通，大大拓展了社工站一线社工的职业晋升渠道；不少市县还将乡镇（街道）社工站一线社工的培训纳入了同级人社部门的专业技术人才"知识更新工程"和"继续教育计划"。

三、画出时间表、制定路线图

因为各地经济社会发展水平、社会工作人才基础和基层民政工作实际的差异，上级民政部门在推动下级民政部门开展乡镇（街道）社工站建设时，要分阶段、分层级有序推进。湖南省乡镇（街道）社工站在建设之初就明确了"从无到有""从有到优"的渐进式推进策略，提出乡镇（街道）社工站建设要从"1.0 版本"的事务性服务，逐步向"2.0 版本"的半事务性半专业化服务过渡，最终实现"3.0 版本"的专业化

---

① 湖南省民政厅等十四部门：《关于加强社会工作专业岗位开发与人才激励保障的实施意见》（湘民发〔2020〕15 号），2020 年 5 月 14 日。

② 湖南省民政厅等六部门：《关于推进政府购买服务 加强基层民政经办服务能力的实施意见》（湘民发〔2018〕10 号），2018 年 4 月 19 日。

服务。在全省乡镇（街道）社工站的第一个"三年行动方案"（2018—2020 年）中，主要任务和目标是逐步推进全省乡镇（街道）社工站全覆盖，培育扶持一批扎根基层的公益慈善类社会组织，带动实施一批民政领域社会工作服务项目，探索形成湖南省政府购买社会工作服务的特色品牌。① 而在新"三年行动方案"（2021—2023 年）中，全省乡镇（街道）社工站建设的阶段性任务转变为在巩固乡镇（街道）社工站点全覆盖成果的基础上，重点支持有条件的市县率先实现乡镇（街道）社工站建设的专业化发展，不仅对乡镇（街道）社工站在岗人员的持证比例提出明确要求，还要在全省打造工作优良县市区、五星级乡镇（街道）社工站和村（社区）社工室等。②

推进乡镇（街道）社工站建设还要因地制宜，鼓励多元发展，尤其是要在以往民政服务基础和社会工作服务成效的基础上接续推进。从某种程度上来说，各地社会工作发展水平和基层民政力量强弱直接影响当地乡镇（街道）社工站的服务内容和专业化程度，要允许各地从自身实际出发推进乡镇（街道）社工站建设。以湖南为例，长沙市天心区、雨花区和株洲市荷塘区等社会工作先发地区，在乡镇（街道）社工站建设启动之前，就依托乡镇政府（街道办）购买了众多社会工作专项服务，因而在乡镇（街道）社工站建设启动后，这些县市区还是沿着原来专业社会工作服务的方向继续推进，直接进入了乡镇（街道）社工站服务的"3.0 版本"；在长沙市望城区、湘潭市雨湖区等基层民政力量和社会工作专业人才储备相对充足，但政府购买社会工作专项服务还比较薄弱的县市区，则从"民政事务性服务+专业服务"开始探索，从乡镇（街道）社工站服务的"2.0 版本"起步建设；而在郴州市、湘西土家族苗族自治州等基层民政力量和社会工作人才储备相对较弱的地区，则以充实基层民政力量为突破口，从乡镇（街道）社工站服务的"1.0 版本"开始发力。在乡镇（街道）社工站

① 湖南省民政厅：《湖南省乡镇（街道）社会工作服务站项目实施方案（试行）》（湘民发〔2018〕16 号），2018 年 5 月 28 日。
② 湖南省民政厅：《湖南省基层社会工作服务站项目三年行动方案（2021—2023 年）》（湘民发〔2021〕26 号），2021 年 8 月 20 日。

的具体内容和对象上，也是紧密结合各地实际，如株洲市荷塘区以社会救助对象为主体，长沙市望城区以困境儿童、留守儿童等为主要服务对象。这就确保了各地能够从实际出发推动本地区乡镇（街道）社工站建设，既不"走回头路"，也不"揠苗助长"。

第四节　做什么

"做什么"是乡镇（街道）社工站建设的另一个核心议题，也是一个相对更加具体和具有可操作性的议题。在本章中，我们特意将"做什么"这一节内容放在了"调研论证""谁出钱""谁来做"之后，原因在于湖南在开展乡镇（街道）社工站建设顶层设计时，正是按照上述先后顺序进行的。即在确定了建设资金来源和体量、实施方式、参与主体及职责等宏观层面的事项，再量体裁衣确定具体服务内容，"有多少钱，做多少事"。此外，湖南鼓励各地根据实际情况，确定重点服务对象和重点服务内容，打造特色服务品牌[1][2]，即综合考量各地党委、政府的中心工作、民政部门重点工作、项目承接机构的经验和能力、站点一线社工的能力和特长，以及服务对象的需求和资产等实际，在各方充分讨论并达成共识的前提下，明确本辖区乡镇（街道）社工站建设的具体服务内容。

尽管很难在乡镇（街道）社工站建设还未启动实施时，就明确和框定乡镇（街道）社工站建设的具体内容，但还是可以在充分调研论证的基础上，从大方向上提供关于乡镇（街道）社工站服务内容的参考。湖南省在2018年4月、5月发布的《关于推进政府购买服务 加强基层民政经办服务能力的实施意见》和《湖南省乡镇（街道）社会工作服务站项目实施方案（试行）》两个省级指导性文件中，对乡镇（街道）社工站的服务内容进

---

① 民政部办公厅：《关于加快乡镇（街道）社工站建设的通知》（民办函〔2021〕20 号），2021 年 4 月 12 日。

② 湖南省民政厅：《湖南省乡镇（街道）社会工作服务站项目实施方案（试行）》（湘民发〔2018〕16 号），2018 年 5 月 28 日。

行了指引,并在 2018 年 9 月发布的《湖南省乡镇(街道)社工站项目服务内容参考(暂行)》中进一步提供了一些具体示例。

大体而言,乡镇(街道)社工站建设的服务内容包括但不限于以下四类服务:一是社会救助领域的社会工作服务。主要包括协助做好最低生活保障、特困人员救助供养、医疗救助、临时救助经办过程中的对象排查、入户调查、政策宣传、绩效评价等工作,对社会救助对象开展照料护理、康复训练、社会融入、能力提升、资源链接等服务。二是农村留守儿童关爱保护领域的社会工作服务。主要包括配合进行农村留守儿童家庭随访和对象核查,对农村留守儿童家庭开展监护法制宣传、安全和心理健康教育、隔代教育能力建设等。三是城乡社区建设领域的社会工作服务。主要包括支持和培育志愿服务组织、社区社会组织等公益性机构,发展、壮大志愿者队伍,推动建立基层"三社联动"机制。四是其他民政领域的社会工作服务。主要包括开展养老服务、优抚对象关爱、防灾减灾等领域社会工作,为老年人、优抚对象、受灾群众等民政服务对象提供情绪疏导、精神抚慰、资源链接、社会支持网络建设等方面的服务。[1][2]

由于本套丛书将出版社工站社会救助、社区工作、儿童服务、老人服务以及社工站项目设计、运营管理、督导和人才培养等专题,本书仅对乡镇(街道)社工站的服务内容作一个简单概述,不详细展开。关于乡镇(街道)社工站建设的服务内容有两个常见的问题,需要特别提出来加以讨论:一是乡镇(街道)社工站工作与基层民政站办所日常工作的关系,二是事务性服务与行政性审批事项的边界。

首先是乡镇(街道)社工站工作与基层民政站办所日常工作的关系。不置可否,乡镇(街道)社工站工作建立在日常民政工作的基础之上,乡镇(街道)社工站工作和服务的开展,要以了解和熟悉民政服务领域和民政服务对象为前提,以民政福利政策和基层民政服务力量、服务阵地和服

① 湖南省民政厅等六部门:《关于推进政府购买服务 加强基层民政经办服务能力的实施意见》(湘民发〔2018〕10 号),2018 年 4 月 19 日。
② 湖南省民政厅:《湖南省乡镇(街道)社会工作服务站项目实施方案(试行)》(湘民发〔2018〕16 号),2018 年 5 月 28 日。

务资源为依托。脱离了这一前提和依托，乡镇（街道）社工站便无法开展各项工作和服务。因此，在规划、设计乡镇（街道）社工站工作和服务内容时，要充分结合上级民政部门重点工作部署、党委政府中心工作安排、县市区民政局重点工作要求、所在镇街民政服务对象需求，以及项目承接机构和站点一线社工的优势、特长和资源来进行综合考量。另外，乡镇（街道）社工站工作不等同于基层民政站办所日常工作，也不能只停留在基层民政站办所日常工作。从财政部门绩效评估的角度来讲，基层民政站办所日常工作已经配备了专门的机构编制和人员编制去完成，无须再额外使用财政性资金购买服务来做重复的事情；从民政事业转型升级的角度来讲，就更需要运用社会工作的专业理论视角、价值理念和实务技巧，为民政服务对象提供专业化服务。乡镇（街道）社工站建设不仅要开展社会救助、留守儿童关爱保护、城乡社区建设、养老服务等基层民政领域社会工作服务，还要通过项目的实施完善社会工作政策创制、人才培养、机构培育、行业支持、平台建设、经验模式总结等各项工作，助力本土社会工作专业人才队伍建设，为本土社会工作和民政事业的持续发展奠定坚实的人才基础。湖南省通过《关于推进政府购买服务 加强基层民政经办服务能力的实施意见》（湘民发〔2018〕10 号）、《湖南省乡镇（街道）社会工作服务站项目实施方案（试行）》（湘民发〔2018〕16 号）、《湖南省乡镇（街道）社工站项目服务内容参考（暂行）》等文件，对乡镇（街道）社工站的工作职责和工作内容进行了明确。

其次是事务性服务与行政性审批事项的边界。乡镇（街道）社工站的属性是社会组织，其主要职责是开展民政领域专业社会工作服务，未经省级民政、财政部门批准，基层不得自行扩大服务范围，增加服务事项①②，更不能承担只能由具备行政审批权力的特定政府部门完成的行政性审批事项。在部分地区，或者在乡镇（街道）社工站建设初期，乡镇（街道）社

① 民政部办公厅：《关于加快乡镇（街道）社工站建设的通知》（民办函〔2021〕20 号），2021 年 4 月 12 日。

② 湖南省民政厅：《湖南省乡镇（街道）社会工作服务站项目实施方案（试行）》（湘民发〔2018〕16 号），2018 年 5 月 28 日。

工站与乡镇人民政府（街道办）驻地、基层民政部门合署办公，或以其他形式部分参与基层民政工作的现象普遍存在。此时，各级民政部门、项目承接机构和站点一线社工尤其要留意区分其中的行政审批事项和事务性服务，乡镇（街道）社工站一线社工属于非政府组织人员，不具备行政执法权，严禁从事行政审批事项。如社会救助领域的低保对象工作，包含接待来访对象、查阅文件、宣传政策、民主评议、处理对象异动信息、慰问困难群众、入户调查、社会救助信息系统管理、对象认定审批、开具相关证明、来访对象信息查询、对象资金发放管理、档案管理、心理疏导、社会融入、能力建设等服务流程和事项。其中对象认定审批、开具相关证明、来访对象信息查询、对象资金发放管理、档案管理属行政审批事项，只能由具备行政执法权的政府工作人员完成。此外，基层政府机构和人员编制紧张，乡镇（街道）社工站一线社工进驻后，基层政府很可能征调站点一线社工从事民政之外的其他工作。对此，民政部门要及时干预处理，严禁因购买服务减少或变相减少乡镇（街道）现有民政工作力量；严禁将不属于乡镇（街道）政府民政职能范围，以及应当由乡镇（街道）政府工作人员直接提供的保密事项、行政行为、管理及服务事项委托给社会力量。湖南省通过《湖南省乡镇（街道）社工站服务清单》，对事务性服务与行政性审批事项进行了厘清。

第 3 章

如何做好项目动员

　　乡镇（街道）社工站建设在湖南乃至全国来说都是一项创新性的工作，且各地实际情况各异，没有现成的模式可以照搬。且当时湖南省各级民政部门在政府购买服务方面的工作经验相对缺乏，其中县级民政部门尤其如此。基于上述事实，湖南省在正式启动乡镇（街道）社工站建设之前，花了近一年半的时间，通过政策文件指引、会议/培训宣教等方式，对乡镇（街道）社工站建设的背景、意义、目标、任务和工作方法进行了反复强调和说明，以确保相关各方充分认识乡镇（街道）社工站建设的重要性和必要性，完全明晰具体的工作任务和推进方法；在乡镇（街道）社工站启动实施和建设的过程中，更是通过密集的文件指引和高频的专题会议/培训，不断坚定各方推进乡镇（街道）社工站建设的信心和决心，持续回应和解决建设过程中存在的各种阶段性问题和风险，确保乡镇（街道）社工站建设顺利推进。如先后发布了乡镇（街道）社工站建设"2+X"系列文件，其中两个省级指导性文件牢牢把握住乡镇（街道）社工站建设的大方向，系列实操文件则为具体的建设工作和建设环节提供指引；又如通过动员会、推进会、反馈会、督导会、专题培训等多种方式，强化对市、县、乡三级民政部门，以及项目承接机构和站点一线社工的行政管理和专业支持。市、县民政部门则根据省民政厅的动员和部署，组织开展辖区内乡镇（街道）社工站建设的进一步动员，并搭建本级乡镇（街道）社工站培训、督导和评估专业支持网络。通过民政系统内部的层层动员和专业支持，各方对乡镇（街道）社工站建设有了较为清晰的认识，能够在关键议题上达成共识和一致行动。

　　随着湖南省乡镇（街道）社工站建设进入稳步发展阶段，各级民政部门会同同级财政、审计和纪检监察等部门，以及本级乡镇（街道）社工站指导服务平台，逐步建立健全了乡镇（街道）社工站建设的奖励和考核机制，进一步调动相关各方工作积极性，进一步压实相关各方工作责任。以省级民政部门为例，省民政厅每年从省级福彩公益金中专项列支近 5000 万元，根据市县乡镇（街道）社工站建设的力度和成效配套专项奖励和补助资金，充分激发市县民政部门和项目承接机构的工作积极性；组织开展乡镇（街道）社工站建设示范县市区、星级社工站、示范服务项目创建，以及优秀案例评选和摄影大赛等评先评优活动，并给予适度的物质奖励，进一步增强了市县民政部门、项目承接机构和一线社工的活力；省民政厅还将乡镇（街道）社工站建设纳入全省民政重点工作、"五化民政"创建工作和"十四五"民政事业发展规划的重点考核内容，定期开展年中工作督查和年末工作评估；省民政厅还通过购买服务第三方专业社会组织服务，组织专家团队对市州、县市区民政局、项目承接机构和社工站点开展实地评估，对工作不到位的市县民政部门、项目承接机构下发整改意见，并通过"回头看"的方式督查整改落实情况。省民政厅同步上线了《湖南省乡镇（街道）社工站线上管理系统》和《湖南省乡镇（街道）社工站建设进度监测表》，实时跟进各市、县社工站点工作推进情况。

第一节　文件指引

乡镇（街道）社工站建设是民政部门系统实施的民生服务工程，作为一项探索性的创新工作，省级民政部门需在充分调研论证的基础上出台省级指导性的文件，以作为市县民政部门与党委政府汇报，以及同级组织、财政、人社、编办等部门对接的根本依据；在乡镇（街道）社工站建设过程中，省、市两级民政部门应根据各县市区乡镇（街道）社工站建设的实际情况和阶段性问题，持续出台、更新面向县市区民政部门、项目承接机构和站点一线社工的操作指引、行为规范和服务标准等。湖南省乡镇（街道）社工站建设出台了"2+X"系列文件，即湖南省民政厅等六部门《关于推进政府购买服务 加强基层民政经办服务能力的实施意见》（湘民发〔2018〕10 号）和《湖南省乡镇（街道）社会工作服务站项目实施方案

（试行）》（湘民发〔2018〕16 号）两个指导性文件，以及后续有关乡镇
（街道）社工站的服务内容、视觉化设计、文书套表、财务管理、服务清
单等具体操作的系列文件。这些政策文件为相关各方，尤其是县市区民政
部门、项目承接机构和站点一线社工参与乡镇（街道）社工站建设提供了
明确指引，及时扫除了建设过程中的障碍，有利于同步推进全省乡镇（街
道）社工站建设进度。

一、指导性文件把方向

乡镇（街道）社工站建设的主体包括两大体系，其中"行政管理体
系"主要由省市县乡四级民政部门、其他各级相关政府部门组成，"专业支
持与服务体系"主要由乡镇（街道）社工站建设省级项目办、市级指导中
心、县市区社工总站、项目承接机构和一线社工组成。省级民政部门首先
要通过省级乡镇（街道）社工站建设指导性文件理顺这两大体系包含的主
体及其职责和分工，以协助各方达成共识、形成合力，共同推进社工站又
快又好建设。为此，早在 2017 年初，湖南省民政厅就联合省财政厅、省人
社厅、省编办等相关部门，以及省内高校社会工作专家学者，面向市县民
政部门、乡镇政府（街道办）、乡镇（街道）民政站办所、民办社会工作
服务机构和一线社工代表等开展"基层民政能力建设专题调研"，探讨加
强基层民政服务能力的可能路径。由此可见，省民政厅在当时就有意识地
联动各方工作力量、切合各方工作实际。历经近一年半的调研论证、沟通
协商，最终于 2018 年 4 月、5 月先后出台《关于推进政府购买服务 加强基
层民政经办服务能力的实施意见》（湘民发〔2018〕10 号）、《湖南省乡镇
（街道）社会工作服务站项目实施方案（试行）》（湘民发〔2018〕16
号）两个指导性文件。进入新三年周期后，省民政厅在前三年全覆盖的基
础上，提出规范化、专业化的发展方向，出台《湖南省基层社会工作服务
站项目三年行动方案（2021—2023 年）》（湘民发〔2021〕26 号）。这些
文件的出台为湖南省乡镇（街道）社工站建设定下了基调，指明了方向。

（一）明确购买经费、购买主体、承接主体和购买机制

推进乡镇（街道）社工站建设，首先要解决的是"谁出钱"和"谁

来做"的问题。湖南省民政厅联合省委组织部、省编办、省教育厅、省财政厅和省人社厅等六部门下发《关于推进政府购买服务 加强基层民政经办服务能力的实施意见》（湘民发〔2018〕10号），对乡镇（街道）社工站建设的行政管理体系进行了统筹协调。该意见首先明确了将乡镇（街道）社工站建设的主体资金列入财政预算，由县级民政部门从当年社会救助专项（困难群众救助资金和城乡医疗救助资金2个专项）资金总量中以不高于2%提取。也就是说，各级财政部门，尤其是县级财政部门应该支持县级民政部门依据文件提取乡镇（街道）社工站建设资金，并同意县级民政部门从本级福彩公益金中安排资金，专项用于政府购买乡镇（街道）社工服务项目，从而解决了制约乡镇（街道）社工站可持续发展的根本性问题。其次，该意见规定了乡镇（街道）社工站的实施方式为政府购买服务，其购买主体为同级民政部门，承接主体为符合资质的社会力量。明确了购买内容、购买方式、购买流程和购买要求等事项，为各级民政、财政、组织、人社等部门开展乡镇（街道）社工站项目的政府采购提供了明确指引，有效预防了政府采购过程中可能出现的各类风险。最后，该意见对各级民政、财政、组织、人社等部门在乡镇（街道）社工站建设中的角色和职责予以明确，建立健全了乡镇（街道）社工站建设的横向衔接机制，为乡镇（街道）社工站建设营造了良好的制度环境。

（二）明确各方工作职责、工作任务和进度安排

推进乡镇（街道）社工站建设，其次要解决"怎么做"的问题，这主要涉及作为牵头部门的民政系统和作为承接主体的项目承接机构。湖南省民政厅于2018年5月下发《湖南省乡镇（街道）社会工作服务站项目实施方案（试行）》（湘民发〔2018〕16号），对相关主体的职责进行了分工。首先，该方案针对市县民政部门提出的实际困难和问题，进一步细化了省、市、县、乡四级民政部门和项目承接机构各自的具体职责，明确上级民政部门对下级民政部门、县级民政部门对项目承接机构的指导、监督责任，以及下级民政部门对上级民政部门、项目承接机构对县级民政部门的行政交代，确保各级民政部门和项目承接机构各司其职，且环环相扣，高效、有序运转。其次，该方案明确了乡镇（街道）社工站的建设标准。

如在硬件设置方面，县级民政部门和乡镇（街道）民政站办所要保障基本的办公场地和办公物品，并尽可能配备个案咨询室、小组活动室等专业功能室；在制度建设方面，项目承接机构要有合理的组织架构和内部责任分工，规范的运行流程和标准以及人员、财务、志愿者、服务场所使用、文书档案管理等制度；在人员配备方面，县级民政部门和项目承接机构应坚守站点一线社工年龄和学历红线等。再次，该方案列明了乡镇（街道）社工站的具体实施步骤，包括由县级民政部门制订年度计划，落实购买经费，实施政府采购，由项目承接机构开展驻站服务，由省民政厅委托第三方评估机构开展绩效评估等5个方面。最后，该方案针对县市区民政局普遍反馈的不知道如何拟定服务协议的问题，特别对服务协议的签订方、服务内容和服务周期进行了说明。

（三）明确专业化发展方向

因各地经济社会发展水平和社会工作人才队伍建设情况的不同，推进乡镇（街道）社工站建设的基础、条件和策略也不同。湖南地处中西部地区，在全面实施乡镇（街道）社工站建设以前，社会工作发展基础相对薄弱。为此，湖南省在一开始推动乡镇（街道）社工站建设时，设立的第一个阶段性目标是乡镇（街道）社工站的全覆盖，即实现"从无到有"的突破。这一阶段性目标基本实现后，全省乡镇（街道）社工站建设的工作重心从落实购买经费、规范政府采购和全面建成社工站点，转向乡镇（街道）社工站服务的专业化发展和品牌打造，即实现"从有到好"的转型。2021年8月，在湖南省乡镇（街道）社工站建设迈入新三年周期之际，省民政厅出台《湖南省基层社会工作服务站项目三年行动方案（2021—2023年）》（湘民发〔2021〕26号），明确了未来三年全省乡镇（街道）社工站建设的专业化发展方向，并提出了具体的目标和任务。该方案将乡镇（街道）社工站在民政系统的角色定位为各级民政部门促改革、强基础、提质量的重点工程，是基层民政事业服务的综合性平台，是提升基层社会治理和社会服务水平的有效载体，明确提出要发挥社会工作贴近基层一线、具有专业方法、善于整合资源等方面的优势，建立"社会工作+慈善事业+志愿服务"协同机制，打造"社会工作+民政业务"服务品牌，并在进一步厘清专业服务、事务性服务与行政性审批事项边界的基础上，对乡镇（街道）社工站具有社会工作专业背景的从业人员占比、专业服务时长占比等提出了具体考核要求。

二、操作性手册抓落实

2018 年 4 月、5 月先后发布两个省级指导性文件后，湖南省于 2018 年 6 月全面启动乡镇（街道）社工站建设。各市县民政部门首先依据省厅两个指导性文件，就本级乡镇（街道）社工站建设事宜向党委政府汇报、与同级财政部门对接，联合相关部门出台本级乡镇（街道）社工站建设实施方案，落实购买经费，随后开展政府采购。自进入政府采购环节后，市县乡三级民政部门和项目承接机构开始遇到一系列可操作性问题，如县级民政部门在招标文件中，应如何科学、合理地设定服务内容和服务指标？乡镇（街道）民政站办所在阵地建设中，应设置哪些功能室（区）？每个功能室（区）应配备哪些设施设备？站点一线社工在开展活动设计和服务过程记录时，应使用何种文书模板？文书的归档应遵循怎样的原则？项目承接机构在使用项目经费时，可列支的经费类别和标准是什么？当大量日常民政事务挤占了站点一线社工的工作时间时，如何厘清基层政府、乡镇（街道）民政站办所与乡镇（街道）社工站的职责和边界，为社工站专业服务提供空间和条件？如此等等。针对乡镇（街道）社工站建设中不断涌现的阶段性实操问题，省民政厅会同省级乡镇（街道）社工站培训、督导和评估服务承接方，制定对应的实操手册，并邀请省内外社会工作专家学者、社工站建设先进市县民政部门相关负责人，以及优秀项目承接机构负责人和站点一线社工代表反复讨论形成定稿，及时解决各方在社工站建设中遇到的可操作性问题，有力推进了社工站的建设进度。

（一）乡镇（街道）社工站服务内容设计参考

随着全省乡镇（街道）社工站建设进入政府采购阶段，作为购买主体的县市区民政局普遍反映，不知如何科学合理地设定招标文件中的"采购需求"和服务协议中的"服务内容和服务指标"等关键内容。为此，省民政厅将两个指导性文件中有关乡镇（街道）社工站服务内容的部分进行了完善和细化，出台《湖南省乡镇（街道）社工站服务内容参考》（2018 年 9 月 5 日），通过详细列明具体服务内容并提供服务范例，手把手指导县级民政部门、项目承接机构和站点一线社工设计社工站服务内容，并开展相应服务。整体而言，通过乡镇（街道）社工站建设，不仅要实现延伸和拓展基层民政服务这一结果目标，更要实现建成一支基层民政服务专业队伍、建设社会工作专业人才队伍的过程目标。具体来说，基层民政社会工作服务板块包含社会救助、儿童福利、社区治理、养老服务四个子领域。以社会救助子领域为例，其工作内容包括对象排查、入户调查、政策宣传、资源链接、增能培力和社会融合，其中资源链接的具体内容包括盘点民政部门和其他相关部门的政策性救助资源（正式资源），盘点可链接到的基金会、社会组织、企业和个人的救助资源（非正式资源），并建立救助资源名册。对于符合民政部门社会救助政策的服务对象，协助申请民政领域对应社会救助；对于符合其他部门社会救助政策的服务对象，协助申请其他部门对应社会救助；对于不符合社会救助政策、实际上贫困的服务对象，协助申请基金会、社会组织、企业和个人的救助资源等。资源链接的具体方包括：链接民政部门低保、五保、医疗救助、临时救助、残疾人补贴、老年补贴、危房改造补助政策；链接其他系统的政策，如住建部门危房改造、人社部门就业技能培训、卫生部门医疗救助、扶贫办建档立卡、教育部门教育救助、工青妇残等群团组织的救助；争取基金会、社会组织、企业和个人助学、助医、助残等项目支持；网络众筹；等等。该操作指引的出台为市县民政部门、项目承接机构和站点社工提供了直观、具体的参考，有助于各方迅速找到工作切入点，开展各项工作和服务。

（二）乡镇（街道）社工站阵地建设的视觉化设计指引

乡镇（街道）社工站完成政府采购、协议签订和人员招聘后，站点一线社工开始进驻乡镇（街道）开展工作。此时，省民政厅发现各个乡镇（街道）社工站的办公场地、办公设备配套情况，以及专业服务场地配备情况不一，社工站标牌、工服等标识更是五花八门，不利于站点一线社工的形象和身份快速被民政服务对象和其他基层服务力量认识。为此，省民政厅联合省级乡镇（街道）社工站建设督导服务承接方，编写了《湖南省乡镇（街道）社工站视觉化设计指引手册》（2018 年 10 月 15 日），对社工站选址，社工站 LOGO、户外标牌、路口指示牌、一站式窗口吊牌、立牌、门牌/去向牌、贴标、旗帜、手提袋、信封、名片、胸章、太阳伞、展架等，社工帽子、马甲、工作牌等，以及社工站室内设计（如基本色调），一站式社工站、两室型社工站的功能分区、办公用品样式及摆放、墙面喷绘与展示等进行了统一规定，对各个标识的样式、大小、材质、字体和色调等提供详细参数，其中突出显示的标识为每个社工站必备，其他标识则由各地根据实际情况和需求制作。考虑到乡镇政府（街道办）驻地办公用房紧张，难以提供社会工作专业服务场地，省民政厅鼓励乡镇（街道）社工站采取"一站多点"的模式，在乡镇政府（街道办）设立社工站办公室的同时，选择辖区内敬老院、福利院、儿童之家、日间照料中心、中小学校等地设立社会工作服务点，以便直接面向民政服务对象开展社会工作服务。

（三）乡镇（街道）社工站文书写作示范

站点一线社工进驻后，在完善社工站办公场地和服务场地，初步了解辖区内民政服务对象基本情况的基础上，开始撰写年度服务计划、专业活动方案并开展各类活动。尽管前期在省民政厅组织实施的一线社工岗前培训中，已对如何设计站点服务，如何开展个案、小组和社区活动进行了培训，但在实际操作中，这些"社工小白"第一步就卡在了专业服务文书的撰写上。站点活动如火如荼、服务文书一片空白是不少站点在建站初期的普遍现象。社会工作专业文书不仅是服务留痕、评估和宣传的重要依据，更是站点一线社工专业价值理念、理论功底、实务能力的综合体现，经由文书写作的训练可逐步培养站点一线社工的专业思考能力，提升其专业服务能力。专业服务文书还是社会工作专业服务区别于一般志愿活动和社区活动的重要文本。为此，省民政厅联合省级乡镇（街道）社工站建设评估服务承接方，编写了《湖南省乡镇（街道）社工站服务文书套表》（2018年9月27日）。通过先期的小范围试点运行，了解站点一线社工的使用体验和完善建议，多次论证修改，最终形成了符合站点一线社工实际的、简化版的、有书写范例的文书套表。该套表不仅为站点一线社工提供了活动设计、开展和记录的样本，也统一了文书的样式和编号、存档的规则，为各级民政部门、财政部门开展绩效评估提供了可横向比较的痕迹资料。

（四）乡镇（街道）社工站项目经费管理细则

随着乡镇（街道）社工站各项工作步入正轨，项目承接机构使用乡镇（街道）社工站项目经费开展各项工作，如站点一线社工工资、绩效和福利的定期发放，站点活动经费、培训和督导经费的支出等。2019 年 7 月，湖南省民政厅会同省级乡镇（街道）社工站建设评估服务承接方，分批抽取部分市县开展实地评估，评估对象为市县民政部门、项目承接机构和乡镇（街道）社工站点，评估内容包括专业服务开展情况和项目经费使用情况。评估发现，部分县市区民政局和项目承接机构由于经验不足，在签订服务协议时并未列明项目经费预算，或虽有经费预算，但其合理性、经济性不足，又或者在项目实施过程中项目承接机构并未严格按照项目预算执行，经费开支与服务活动开展情况不匹配的情况普遍存在。同时，部分县市区民政部门未联合本单位财务、纪检、监察等股室，或协同县级财政、审计等部门，或聘请第三方财务评估机构对项目承接机构的财务行为进行实时、有效监管，项目资金安全存在风险。为此，省民政厅联合省级乡镇（街道）社工站建设评估服务承接方，编制了《湖南省乡镇（街道）社工站项目经费管理指引》（征求意见稿），对乡镇（街道）社工站项目经费的开支范围和标准、预算编制、预算执行管理、资金管理、会计核算、资产管理和处罚规定等内容予以明确，并提供乡镇（街道）社工站项目预算表和项目申请调整预算审批表样表，为县级民政部门项目资金监管和项目承接机构项目资金使用提供明确指引。在编制过程中，该手册几易其稿，多次面向省财政厅，省审计厅，省民政厅规财处、社会组织管理局、社会救助管理局，市县民政部门，项目承接机构和会计师事务所征求意见，最终定稿发布。

（五）乡镇（街道）社工站工作清单

根据《湖南省基层社会工作服务站项目三年行动方案（2021—2023 年）》（湘民发〔2021〕26 号）中提升乡镇（街道）社工站服务专业化水平的具体要求，湖南省民政厅联合省内数家优秀民办社会工作服务机构，编制了《湖南省乡镇（街道）社工站专业服务清单》和《湖南省乡镇（街道）社工站负面工作清单》（2021年12月31日），并赴湘潭市雨湖区、长沙市长沙县等地召开论证会，听取高校专家学者、市县民政部门、项目承接机构、镇街民政站办所、站点一线社工的意见和建议，形成定稿。这两个清单厘清了乡镇（街道）民政站办所与乡镇（街道）社工站的职责边界，逐一列明了站点一线社工在社会救助、养老服务、儿童关爱和社区治理四大领域应承担的各项基础工作、专业服务，以及严禁违规转交给站点一线社工承担的负面工作事项。为确保清单内容得到有效执行，省、市两级民政部门在对县级民政部门和项目承接机构的工作考核、评估和督查中对标对表，对从事负面清单中相关工作的社工站点所在县市区民政局和项目承接机构予以通报批评，并下发整改意见和建议，责令其限期整改到位；同时，省、市两级民政部门鼓励和支持县级民政部门、项目承接机构和站点一线社工结合实际，拓展与其他政府部门、群团组织、社会力量的合作，联合开展社会工作专业服务。该清单为项目承接机构和站点社工争取到了更大的工作自主性和专业服务空间。

（六）星级乡镇（街道）社工站建设指南

在厘清乡镇（街道）社工站服务边界的基础上，湖南省民政厅会同省内社会工作高校、优秀民办社会工作机构编制了《湖南省乡镇（街道）"星级"社工站评审指南》（2022年5月26日）。该指南从提升乡镇（街道）社工站建设的规范化、职业化、信息化、专业化和社会化的角度，对市县民政部门、项目承接机构和乡镇（街道）社工站点的相关工作进行指导，以推进全省乡镇（街道）社工站建设高质量发展。其中规范化建设包括开展乡镇（街道）社工站党建和阵地建设，积极配合省市两级民政部门实地评估等；职业化建设包括开展队伍建设和专业支持等；信息化建设包括使用省级乡镇（街道）社工站信息平台、自主开发传播平台等；专业化建设包括开展专业服务，并得到相关方认可等；社会化建设包括建立"五社联动"机制，争取基层党委支持等。该指南成为下一阶段湖南省乡镇（街道）社工站建设的指挥棒和引路牌，为市县民政部门、项目承接机构和乡镇（街道）社工站点的工作指明了方向，明确了任务。后续，省民政厅将接续出台《湖南省社区（村）"星级"社工室评审指南》《湖南省乡镇（街道）社工站建设优良县评审指南》等乡镇（街道）社工站品牌打造和示范创建指南，不断推进乡镇（街道）社工站建设向纵深发展。

第二节　会议与培训宣教

湖南省乡镇（街道）社工站建设涉及省、市、县、乡四级民政部门，省、市、县级指导平台，以及项目承接机构和站点一线社工等多元主体。据不完全统计，截至 2021 年 12 月，全省 14 个市州，122 个县市区，1940 个乡镇（街道）建成各级社工站 2069 个，其中市级指导中心 14 个，县级社工总站 115 个，乡镇（街道）社工站 1940 个；聘用站点一线社工 4000 余名。要充分动员如此多元而庞大的主体持续参与乡镇（街道）社工站建设这项探索性的民生服务工作，仅仅依靠文件指引还远远不够，还需要定期地、密集地举行乡镇（街道）社工站专题会议和专项培训，来确保相关各方对社工站建设的阶段性工作要求、工作职责和工作任务入脑入心。从湖南省乡镇（街道）社工站建设的经验来说，开好启动前的"吹风会"、启动时的"洗脑会"和建设中的"答疑会"，是持续而有力地做好乡镇（街道）社工站建设动员的又一法宝。

一、启动前的"吹风会"

基层民政能力不足是民政部门的痼疾，各地各级民政部门普遍认识到了这一问题，但对于要不要破解基层民政能力不足的困局，以及如何有效破解这一困局，各地各级民政部门的态度和观点不一。为统一市县民政部门思想认识，在全省范围内同步推进乡镇（街道）社工站建设，湖南省民政厅在 2017 年上半年"基层民政能力建设专题调研"的基础上，逐步明确了通过聘用社会工作专业人员充实到基层民政服务队伍中，提升基层民政服务能力和专业水平的设想。此后，省民政厅持续在各类面向市县民政部门的工作会议上，宣讲乡镇（街道）社工站建设的背景、意义和目标，让市县民政部门主要负责人、分管领导和社会工作业务负责人对这项工作有初步的认识和了解，督促其及时将乡镇（街道）社工站建设纳入本部门、本科（股）室的工作规划。

（一）全省社会工作会议通气

2017年12月，"全省社会工作、志愿服务暨标准化工作推进会"在岳阳召开，市县民政部门分管人事（社会工作）副局长、市州民政局人事（社会工作）科负责人等共计150余人参加了会议。会上，省民政厅分管社会工作副厅长就全省乡镇（街道）社工站建设进行了整体部署，要求各地筹划出台本级乡镇（街道）社工站建设方案，落实购买资金，加强正面宣传。省民政厅人事（社会工作）处处长就全省乡镇（街道）社工站建设的背景、项目性质、政府采购（购买主体、承接主体、服务内容、购买机制、经费保障）、服务协议（协议签订、协议内容、协议周期）、驻点人员（人员招聘、培训与督导）、项目监管与风险防控（加强组织领导、明确职责分工、严格监督管理），以及社会组织培育等事项进行了详细解读和说明。会议期间，省民政厅人事（社会工作）处还专门组织部分市县民政部门参会同志开展乡镇（街道）社工站建设专题座谈。会议明确要求市县民政部门将乡镇（街道）社工站建设作为下年度本级社会工作业务口的重点工作推进。

（二）全省民政系统高级研修班定调

2018年4月下旬，湖南省民政厅下发《关于举办学习贯彻习近平新时代中国特色社会主义思想专题研修班的通知》，于5月上旬组织省民政厅各处室局、直属二级单位负责人，以及市州民政局长和"五化民政"创建县民政局长赴复旦大学学习。研修班上，省民政厅主要负责人专门就全省乡镇（街道）社工站建设工作进行了全面部署，要求各处室局、直属二级单位负责人和市县民政局长按照湖南省民政厅等六部门《关于推进政府购买服务 加强基层民政经办服务能力的实施意见》（湘民发〔2018〕10号），推动本级乡镇（街道）社工站建设，并围绕为什么要通过政府购买服务的方式充实基层民政力量，以及怎样做好政府购买基层民政领域社会工作服务，设计了一系列专题学习和实地参访课程。此次高级研修班首次将乡镇

（街道）社工站建设列入全省民政重点工作，为全面启动全省乡镇（街道）社工站建设定调。

（三） 动员会凝心聚力

在前期工作动员的基础上，为进一步凝心聚力，湖南省民政厅于2018 年 5 月中旬下发《关于举行全省乡镇（街道）社工站建设视频推进会的通知》，吹响乡镇（街道）社工站建设的冲锋号。市县两级民政部门主要负责人、乡镇（街道）社工站建设分管领导，以及社会工作、社会救助、规划财务等相关业务口负责人等共计 600 余人参与会议。会上，省民政厅分管社会救助工作副厅长作动员讲话，要求各级民政部门切实提高政治站位，切实增强责任感、紧迫感，落实《关于推进政府购买服务 加强基层民政经办服务能力的实施意见》（湘民发〔2018〕10 号）的各项工作要求。要充分认识到建设乡镇（街道）社工站是民政部门践行"四个意识"的具体行动，是全面深化民政改革的务实创新，是全面建设"五化民政"的生动实践，是加强基层民政能力的现实所需；要准确把握乡镇（街道）社工站建设的工作任务、工作机制、工作标准，扛实政治责任，切实完成建站任务；要加强组织领导、强化统筹协调、规范资金监管、严明工作纪律，加快推进全省乡镇（街道）社工站建设，全面提升基层民政能力，不断满足群众日益增长的美好生活需求。随后，省民政厅人事（社会工作）处处长再次就乡镇（街道）社工站建设的背景、性质、政府采购、服务协议、驻点人员、项目监管与风险防控等具体事项进行了说明。此次视频推进会的召开，标志着湖南省乡镇（街道）社工站建设的正式启动。

二、启动时的"洗脑会"

乡镇（街道）社工站建设是湖南民政系统首次实施的大型政府购买服务项目。一方面，市县民政部门、项目承接机构对于什么是乡镇（街道）社工站项目，为什么实施乡镇（街道）社工站项目，以及怎样实施乡镇（街道）社工站项目并不清楚，尤其是对如何规范采购程序、如何进行资金监管和绩效评估、如何防范各个环节可能的风险等具体工作缺乏清晰的认识；另一方面，各级财政和审计等相关部门对政府购买资金的绩效考核和审计要求严格，不少市县民政部门因担心无法有效把控和合理规避社工站建设过程中可能出现的各类潜在风险而犹豫不决、踌躇不前。为给市县民政部门吃下一颗定心丸，给项目承接机构戴上一个"金箍"，省民政厅联合省级乡镇（街道）社工站培训服务承接方，于2018年6月分三期对全省14个市州、122个县市区民政部门财务和社工站建设分管领导、财务和社工站建设具体负责人等500余人，开展"全省乡镇（街道）社工站建设民政系统专题轮训"；于2018年11月分三个片区组织各市州民政局分管副局长及业务负责人、县市区民政局分管副局长等150余人，召开全省乡镇（街道）社工站建设片区推进会，进一步明确全面建设乡镇（街道）社工站建设的要求，督促各地加快推进建站进度；于2018年11月至2019年3月分十期对已完成人员招聘的县市区一线社工2500余人，开展"全省乡镇（街道）社工站建设新进社工岗前培训"。湖南省民政厅还提前征集了市县民政部门、项目承接机构和站点一线社工关于乡镇（街道）社工站建设的问题和困惑，由省民政厅人事（社会工作）处，省级乡镇（街道）社工站建设培训、督导和评估服务承接方，以及授课专家现场答疑解惑。几轮培训以"手把手教学"的方式，指导市县民政部门、项目承接机构和一线社工开展社工站启动初期的各项工作。

（一）全省民政系统专题轮训

为切实推进各市县民政部门启动乡镇（街道）社工站建设，省民政厅于2018年6月下发《关于举办全省乡镇（街道）社工站项目专题培训班的通知》，于6月20日至30日，分三批次在长沙对全省14个市州、122个县市区民政系统相关负责同志进行了专题培训。培训内容包括全省乡镇（街道）社工站建设的实施背景和总体要求，由省民政厅社会工作相关处室负责同志授课；政府购买服务的政策规定、工作流程与注意事项，由省财政厅社保处相关负责同志授课；政府购买服务项目的招标文件与服务协议设计，由省民政厅人事（社会工作）处具体负责省本级培训、督导和评估服务采购的同志授课；省本级乡镇（街道）社工站项目业务培训、专业督导与绩效评估服务的基本情况和主要内容，由省本级乡镇（街道）社工站培训、督导和评估服务承接方授课。省民政厅还专门组织乡镇（街道）社工站建设专题座谈会，由省民政厅人事（社会工作）处、省级培训、督导和评估服务承接方、财务专家和先行先试市县民政局主要负责人组成顾问团，逐一解答各级民政部门关于乡镇（街道）社工站建设的疑问，有效消除了各级民政部门的疑虑，提升了各级民政部门建设乡镇（街道）社工站的工作积极性和主动性。专题培训结束后，各市县陆续启动本级乡镇（街道）社工站政府采购程序。

（二）全省乡镇（街道）社工站建设推进会暨市县民政局分管局长培训班

全省乡镇（街道）社工站建设启动近 5 个月后，各市县在工作积极性和建设进度上呈现出明显差异：建设进度较快的市县基本完成本级方案制订、政府采购、阵地建设和人员招聘等工作；但也有部分市县仍然未能落实建设经费，卡在了政府采购环节。为此，省民政厅于 2018 年11 月下发《关于举办乡镇（街道）社工服务站项目推进会议暨县市区民政分管局长培训班的通知》，分片区在长沙市、常德市、衡阳市举办"全省乡镇（街道）社工站建设推进会暨县市区民政局长培训班"，各市州民政局分管副局长及业务负责人、县市区民政局分管副局长参会。此次会议主要针对各地社工站建设积极性有高有低、建设进度有快有慢的情况，重申工作要求，进一步提高市县民政部门对社工站建设的重要性和紧迫性的认识。会上，各市县民政部门分管领导汇报了本地区社工站建设的进度及其过程中遇到的困难与问题，省民政厅对各地建设情况进行了通报，并再次强调了全省社会工作发展形势和思路方向、乡镇（街道）社工站服务项目政策要求和实施思路并在会后向相关市县下发了《全省乡镇（街道）社工站项目推进会情况通报》。此次会议有力推进了市县的乡镇（街道）社工站建设进度。

（三）全省乡镇（街道）社工站建设新进社工岗前培训

2018 年 4 月初，张家界市慈利县率先在全省完成乡镇（街道）社工站建设的政府采购和人员招聘等工作，派驻 29 名站点一线社工进入乡镇

（街道）社工站开展工作，成为第一个"吃螃蟹的人"。① 在 2018 年 6 月全省民政系统专题培训班上，慈利县民政和民族宗教局局长分享了该县推进乡镇（街道）社工站建设的具体做法和工作成效，形成了很好的示范效应。到 2018 年 10 月底，已有相当一部分县市区完成乡镇（街道）社工站建设的政府采购和人员招聘等工作，一群"社工小白"入驻乡镇（街道）社工站，他们迫切需要接受岗前培训和持续的专业支持。为此，省民政厅会同省级乡镇（街道）社工站建设培训服务承接方，自 2018 年 11 月至 2019 年 3 月，陆续开展十期"全省乡镇（街道）社工站服务项目新进社工岗前培训班"，总计 2500 余名站点一线社工受训。培训内容主要包括全省乡镇（街道）社工站建设顶层设计与实施思路，社会工作价值理念与理论视角，基层民政工作领域与具体内容，社会工作实务方法与运用，基层民政领域社会工作服务设计、开展与宣传总结，以及省级乡镇（街道）社工站培训、督导和评估服务内容介绍。此轮一线社工岗前培训不仅邀请到省内外资深社会工作实务工作者分享专业服务开展与文书撰写技巧，还邀请了省民政厅社会救助局、儿童福利处、社会事务处、基层政权和社区建设处相关负责同志就基层民政领域社会工作服务的开展进行专题授课。通过岗前培训，一线社工对乡镇（街道）社工站的工作性质、服务内容、服务方式和工作进度等有了初步认识，能够较快地进入工作角色。

三、建设中的"答疑会"

从 2018 年 9 月开始，省、市两级民政部门先后通过《全省乡镇（街道）社工站建设进度监测表》、"全省乡镇（街道）社工站项目管理系统"，全面了解和实时跟进各市县乡镇（街道）社工站建设情况；省、市两级民政部门会同同级乡镇（街道）社工站建设评估服务承接方/指导平台定期开展实地评估，其中省级评估已进行三轮，累计评估 14 个市州、122 个县市区、146 家项目承接机构中的 14 个市州、102 个县市区、100 家

---

① 宋世秀，张新华，卓芳. 社会工作服务进乡镇——湖南省慈利县乡镇社会工作服务站建设侧记［J］. 中国社会工作，2018（25）：37-38.

项目承接机构，市级评估基本实现每年度全覆盖所辖县市区。通过这些日常监测和实地评估，省、市两级民政部门得以及时掌握全省乡镇（街道）社工站建设情况，及时发现建设过程中存在的阶段性问题和风险，借助省、市两级乡镇（街道）社工站建设评估反馈会、项目推进会、专题培训班等，宣传推广各地各参与主体好的经验和做法，回应和解决阶段性问题，部署安排新的建设任务。

（一）专项培训答疑解惑

针对乡镇（街道）社工站建设实地评估中总结的典型经验、发现的问题和困难，以及潜在的风险，省、市民政部门应会同本级乡镇（街道）社工站建设培训服务承接方，量身定制民政系统专题研修班、项目承接机构负责人项目管理能力提升培训班、项目承接机构财务负责人财务管理能力提升培训班和骨干社工专业服务能力提升培训班，以工作坊、实地参访交流、圆桌会议等多种形式，提升项目承接机构的行政管理和服务管理能力，进一步规范其财务行为；增强骨干社工的综合能力和专业服务能力，提升社工站专业服务水平。

（二）推进会守正创新

乡镇（街道）社工站建设进入平稳运营期后，市县民政部门、项目承接机构和站点一线社工的工作可能出现疲软，或面临瓶颈，难以在现阶段的工作成效和服务水平上取得进一步突破。省级民政部门应持续做好发展规划，不断基于已有工作成果推陈出新，使乡镇（街道）社工站建设能够及时响应党和国家的发展战略、有效回应民政服务对象的美好生活需要。如民政部 2020 年 10 月在长沙举行的"加强乡镇（街道）社会工作人才队伍建设推进会"，大大增强了全省各级各部门对乡镇（街道）社工站建设的认可，进一步坚定了全省民政系统、项目承接机构和站点一线社工对社工站建设的信心，进一步提升了相关各方对社工站建设的重要意义、长远目标、实施思路和发展规划的认识，为湖南省乡镇（街道）社工站建设的高质量发展奠定了坚实的基础。

又如，为推进全省乡镇（街道）社工站建设由"从有到无"向"从有到优"的转型发展，湖南省民政厅 2021 年 8 月下发《湖南省基层社会工作服务站项目三年行动方案（2021—2023 年）》（湘民发〔2021〕26号），对新三年的发展进行规划，并随即召开全省基层社工站项目推进视频会，对该发展规划进行解读，省民政厅党组书记、厅长出席会议并讲话。会议指出，全省各级民政部门要深入学习贯彻习近平总书记关于民政工作和民生工作的重要指示精神，深化思想认识，提高政治站位，深刻认识、准确把握基层社工站项目的重要意义，总结经验、守正创新，巩固深化过去三年全省在社工机构培育、社工人才培养、社工制度完善、社工服务体系建设等方面的实践成果和有益探索，充分发挥基层社工站在基层治理体系和治理能力现代化建设、乡村振兴战略实施和湖南"五化民政""四个先行区"建设中的重要作用；要坚持系统思维、创新思维和专业思维，落实以人民为中心的发展思想，主动为站点一线社工让渡出专业服务时间和空间，综合运用绩效评价、业务培训、专业督导等手段来提升社工队伍的专业水平和服务能力，让专业服务真正沉在基层、落到一线。坚持需求导向，聚焦群众"急难愁盼"问题，推动社会工作和民政业务深度融合，把社工站打造成"民政爱民、民政为民"的重要载体，将社工站培育成基层治理体系和治理能力现代化的重要力量。此次推进会首次将乡镇（街道）社工站明确定位为民政全域在基层的综合服务平台，鼓励各业务口将各类专项服务和创新项目资源归集到乡镇（街道）社工站，为乡镇（街道）社工站建设高质量发展提供了政策依据和资源支持。

总之，由于各级民政部门主要负责人、分管领导、社工站建设业务负责人时有调整，加之随着乡镇（街道）社工站建设的不断推进，其工作要求和工作任务也随之不断变化，常态化、持续性地开展社会工作业务和乡镇（街道）社工站建设专题会议/培训是统一认识、推进工作的重要方式方法。通常来讲，在省民政厅组织会议、培训后，市州、县市区民政部门要根据省民政厅的相关工作安排，同步组织符合当地实际的本级乡镇（街道）社工站会议、培训，确保县乡民政部门、项目承接机构主要负责人和站点社工同步跟进社工站建设情况和工作要求。近两年受新冠疫情影响，不少重要会议和培训都以线上会议、视频会议的形式进行，更多的是统一的、单向的工作报告和任务安排，无法进行深入座谈和个体化互动；省级乡镇（街道）社工站建设培训服务配套的专题培训班也无法如期举行，一再延期，在一定程度上影响了省级民政部门对市县民政部门的及时指导。好在市县两级民政部门面向下级民政部门、项目承接机构主要负责人和全体站点一线社工的各类推进会、评估反馈会、年度工作总结会及专题培训，在做好疫情防控的前提下得以有序开展。省级民政部门也可会同省内社会工作专家学者，通过"送课下市县"的方式补位指导，并将定期的工作调研、实地督导和评估转变为现场"答疑会"，及时帮助市县民政部门、项目承接机构和站点一线社工扫清路障。

第三节　考核机制推动

在社工站建设初期，每逢市县民政局相关负责人员发生变动时，一些县市区在推进乡镇（街道）社工站建设上就会产生畏难情绪，不同业务股室之间相互推诿工作责任，认为"人事（社工）股主要分管人事、党建、宣传这块，对社会工作业务、街道、社区都不熟悉，工作开展起来有很大难度，可否换部门经手此事"，"没有单独的人事股，无法确定哪个部门分管此事"，"区内救助资金不够，又无可争取的福彩公益金，资金问题不好解决"[①]。为有效传导建好乡镇（街道）社工站的压力和推力，省民政厅首先建立了乡镇（街道）社工站建设进度的日常监测和定期通报机制；其次，省民政厅通过政府购买服务，联合省级乡镇（街道）社工站建设评估服务承接方开展实地评估，评估结果直接作为省级乡镇（街道）社工站建设专项奖励、补助资金分配的重要依据；最后，省级民政部门将乡镇（街道）社工站建设纳入重点民政工作考核和"五化民政"专项督查，考核结果直接纳入省民政厅对市州民政局的年终考核和对"五化民政"县市区的绩效评价。市、县民政部门同步将这些考核压力向下传导，有力推动了乡

---

① 摘自 2018 年 8 月底省民政厅联合省级乡镇（街道）社工站建设培训服务承接方，对各市县乡镇（街道）社工站建设情况的电话摸底记录。

镇（街道）社工站建设。

一、社工站建设进度监测

湖南省乡镇（街道）社工站建设于 2018 年 6 月启动后，省民政厅会同省级乡镇（街道）社工站建设培训服务承接方，在当月完成了全省乡镇（街道）社工站民政系统专题培训，并在专题培训后分批开展电话访谈，了解各市、县乡镇（街道）社工站建设的推进情况。自 2018 年 9 月起，省民政厅制定了乡镇（街道）社工站建设进度表，要求各市县民政局每月定期报送本地区乡镇（街道）社工站建设情况。2020 年 6 月起，省民政厅联合省级乡镇（街道）社工站建设评估服务承接方，开发、试运行并正式启用了"全省乡镇（街道）社工站服务项目管理系统"，要求各市县民政局、项目承接机构和社工站点每月定期上报社工站建设进度，并上传当月服务文书等资料。通过常态化的进度监测，得以系统地掌握全省乡镇（街道）社工站建设的进度，及时发现项目实施过程中的困难问题，并重申工作要求，根据实际提供相应的政策支持和指导建议，及时挖掘和推广乡镇（街道）社工站建设的典型案例和先进经验。这些考核情况，也作为省级福彩公益金乡镇（街道）社工站建设专项资金分配的重要依据。

（一）乡镇（街道）社工站建设进度监测

2018 年 9 月，省民政厅下发《关于定期报送乡镇（街道）社工站项目实施进度的通知》，要求各县市区民政局于每月第一个工作日填报《湖南省乡镇（街道）社工站项目实施进度监测表》并报送至市州民政局，各市州民政局于每月第二个工作日汇总本市州进度监测表并报送至省民政厅。考虑到各市县乡镇（街道）社工站的进度不一，进度监测表分为表一和表二。其中：

表一主要统计乡镇（街道）社工站的建站进度，具体包括是否完成统筹协调（党组会上会讨论、市县主要领导汇报、同级财政部门衔接），是否出台本级配套文件（需将文件条目式列明），是否编制购买预算，是否审核购买预算，资金配套具体情况（含省级专项补助，市级财政预算、福彩公益金配套，县级财政预算、福彩公益金配套），开展政府采购情况

（采购方式、采购金额），承接主体情况（承接机构全称，本项目负责人及其联系电话），签订服务协议情况（合同签订日期、服务周期），是否完成人员招聘（发布招聘公告，组织招聘考试，发布聘用公告，签订劳动合同，开展岗前培训，首次发放工资福利），是否完成站点建设 [配备专职社工人数，场地建设情况（含一站式窗口、专门办公室、个案咨询室、小组活动室、社区活动室）]，生活保障情况（是否提供宿舍、餐补和其他补助），以及面临的困难和问题。

表二则主要统计乡镇（街道）社工站的服务开展情况，一般是在完成了前期建站工作的基础上才需要填报。其内容包括是否完成关系建立 [民政站办所，驻点单位，走访村（社区）干部，居民探访，常规活动开展]，是否完成需求评估与服务计划（开展需求调研，撰写社区导向报告，制订年度服务计划），服务开展情况（个案救助，个案咨询，小组活动，社区活动，上门探访，电访，物资链接与其他），宣传总结情况 [活动预告（次），动态推送（次），站点手记（次），优秀案例（个），典型事迹（个），月简报（篇次），季度简报（篇次），年度简报（篇次），中期自评报告（篇次），末期自评报告（篇次），学术文章（篇次），其他]，本土社工人才队伍建设情况 [行业协会培训（人次），督导（人次），协助出台行业标准，培育本土社工团队（个），孵化本土社工机构（个）]，以及面临的问题与困难。

这两份表格直观地呈现了各市县乡镇（街道）社工站建设的进度、力度。一方面，省民政厅每月汇总全省乡镇（街道）社工站建设情况，发布建设情况通告，营造出"不能拖全省后腿"的工作氛围；另一方面，两份进度监测表详细地指引着市县民政部门、项目承接机构和站点一线社工有序推进各项工作。

（二）全省乡镇（街道）社工站项目管理系统

随着全面建站任务的完成和乡镇（街道）社工站服务的大规模开展，进度监测表的监督指导作用越来越有限。为契合乡镇（街道）社工站建设的新目标、新任务，进一步做好乡镇（街道）社工站建设的行政管理和专业支持服务，提升其规范性和专业性，省民政厅联合省级乡镇（街道）社工站建设评估服务承接方，开发了全省乡镇（街道）社工站服务项目管理系统。通过一年的试点运营和多次调试后，省民政厅办公室于2020年6月下发《关于启用全省乡镇（街道）社工站服务项目管理系统的通知》（湘民办函〔2020〕10号），正式启用该管理系统。该系统包括管理端口、机构端口和站点端口，各级民政部门可通过该系统管理端口下发工作通知，指导督促下级民政部门及本辖区项目承接机构、社工站点做好服务记录上传工作；项目承接机构通过该系统机构端口及时上传自项目启动以来的项目年度计划、月度工作总结、中期总结报告、末期总结报告等资料；乡镇（街道）社工站点和站点一线社工通过该系统站点端口上传自站点启动以来的需求调研报告、服务计划书、活动文书等资料；省级乡镇（街道）社工站建设评估服务承接方负责管理系统的日常维护和进度监测。与之对应，省民政厅同步下发了管理系统使用手册（含民政部门、项目承接机构和社工站点三个版本）。该管理系统是对全省乡镇（街道）社工站建设开展过程评估的重要抓手，是提升乡镇（街道）社工站建设规范性和专业性的有效路径和重要载体。

二、乡镇（街道）社工站建设实地评估

不同于进度监测表、工作总结报告等痕迹资料由填报者单方面陈述，实地评估通过田野观察、集体座谈和单个访谈，可以更加细致、深入地了解市县乡三级民政部门、项目承接机构、站点一线社工、民政服务对象等相关主体的互动情况及其对乡镇（街道）社工站建设的理解、参与、感受和思考。自2019年6月起，省民政厅会同省级乡镇（街道）社工站建设评估服务承接方，组建评估专家团队，分批抽取市县开展实地评估。截至2021年12月，三轮评估累计实地评估14个市州、122个县市区、146家项目承接机构中的14个市州、102个县市区、100家项目承接机构。市级民政部门会同市州指导中心或第三方评估机构，对辖区内县市区全面开展实地评估/督查。实地评估会同时也是"现场督导会"，省民政厅具体负责乡镇（街道）社工站建设的同志、社会工作业务评估专家和非营利组织财务评估专家现场答疑解惑，出谋划策，手把手地指导市县民政部门、项目

承接机构和站点一线社工防范和应对项目风险，设计、开展和总结特色亮点服务，以评促建，成效明显。

（一）2019 年度全省乡镇（街道）社工站建设实地评估

在全省乡镇（街道）社工站建设一周年之际，省级实地评估正式启动。① 湖南省民政厅慈善事业促进和社会工作处于 2019 年 6 月下发《关于开展全省乡镇（街道）社会工作服务站项目中期实地评估工作的通知》，于 7 月 1 日至 12 日组织评估团队，对全省 30 个县市区乡镇（街道）社工站项目开展中期评估。9 月，选取另外 20 个县市区乡镇（街道）社工站项目开展末期评估。被评估市县民政部门有关负责人、乡镇（街道）有关人员、项目承接机构负责人、财务人员及站点一线社工代表接受评估。此轮评估重点考察县市区实施方案出台、资金配套、政府采购、阵地建设、人员配备、挂牌启动以及项目资金使用等情况，目的在于发现项目启动实施过程中的难点和问题，推动乡镇（街道）社工站项目全省全覆盖和项目的规范化运作。根据此轮评估的整体情况，省民政厅在 2020 年度的省级乡镇（街道）社工站建设培训服务中，有针对性地开设了民政系统资金监管和服务监测能力、项目承接机构财务管理和服务管理能力、骨干社工专业服务能力提升专题培训班。

（二）2020 年度全省乡镇（街道）社工站实地评估

为持续深入了解乡镇（街道）社工站建设的整体情况，湖南省民政厅于 2020 年 12 月下发《关于开展全省乡镇（街道）社会工作服务站项目 2020 年度第三方评估工作的通知》，委托省级乡镇（街道）社工站建设评估服务承接方组织专业评估团队，于 2020 年 12 月 15 日至 26 日对 35 个县市区开展实地评估。与第一轮评估不同，此轮评估重点考察项目承接机构的服务成效和资金使用情况，以及县市区民政局对服务成效、资金使用的监管情况，目的在于提高乡镇（街道）社工站建设的专业服务成效和资金

---

① 2018 年 6 月，湖南省全面启动乡镇（街道）社工站，到 2018 年 12 月为年度中期评估时间，2019 年 6 月为年度末期评估时间。由于截至 2018 年 12 月完成乡镇（街道）社工站建设的县市区不多，且运营时间均不长，故将实地评估时间分别顺延至 2019 年 6 月和 9 月。

使用规范性。根据此轮评估的整体情况，省民政厅于 2021 年 1 月下发《2020 年度实地评估县市区乡镇（街道）社工站项目财务问题整改督查方案》，针对存在较大财务风险、人事风险或其他法律风险的县市区，向对应的县市区民政局、项目承接机构下发整改通知，要求市县民政部门督促有关部门开展问题核查和财务整改，并提交整改落实情况报告。2021 年 6 月，省民政厅慈善事业促进和社会工作处会同省级乡镇（街道）社工站建设评估服务承接方成立专家组，赴相关市县开展整改"回头看"和财务督导工作。通过存档资料查阅、现场座谈、深度访谈、电话回访等方式，从市县民政部门、项目承接机构两个方面对有关整改事项进行综合评估；评估组还围绕财务风险、法律风险和用工风险三个方面问题，对 14 个县市区民政部门和项目承接机构进行了风险防控的专题督导。① 最后，省民政厅自 2021 年起从省级福彩公益金中给每个市州配套市级指导中心建设资金30 万元，以进一步发挥市州民政部门在乡镇（街道）社工站建设中的"上传下达"作用。在此轮评估的基础上，省民政厅拟定了《湖南省基层社会工作服务站项目三年行动方案（2021—2023 年）》初稿，加快推进全省乡镇（街道）社工站建设从 1.0 版本迈向 2.0 版本、3.0 版本。

（三）2021 年度全省乡镇（街道）社工站建设实地评估

为深入总结全省乡镇（街道）社工站建设近三年的工作成果，做好未来三年的发展规划，2021 年 11 月，湖南省民政厅下发《关于开展湖南省基层社工站项目 2021 年度第三方评估工作的通知》，委托省级乡镇（街道）社工站建设评估服务承接方组织专业评估团队，于 2021 年 11 月 29 日至 12 月 10 日对全省 10 个市级指导中心②进行了全面评估，同时抽取了 20个县市区开展乡镇（街道）社工站建设实地评估。与前两轮评估不同，此轮评估重点考核"市州民政局—市级指导中心""县市区民政局—县市区社工总站"在乡镇（街道）社工站建设的行政管理和专业支持当中发挥的

---

① 湖南省民政厅. 湖南社工站评估：以"回头看"促"向前走"［EB/OL］.（2021-6-15）. http：//mzt. hunan. gov. cn/mzt/xxgk/gzdt/mzyw/202106/t20210615_ 19506916. html.

② 由于湘潭市、益阳市、娄底市和张家界市所辖县市区在前两轮实地评估中已全覆盖，故第三轮评估未涉及。

作用，并以《湖南省基层社会工作服务站项目三年行动方案（2021—2023年）》为蓝本，重点考核了乡镇（街道）社工站建设工作优良县、乡镇（街道）星级社工站、社区（村）星级社工室的创建情况。根据此轮评估的整体情况，重新修订了此前已经过多轮征求意见的《湖南省乡镇（街道）社工站项目经费管理指引》和《湖南省乡镇（街道）社工站专业服务清单》两个文本，随后还出台了《湖南省乡镇（街道）"星级"社工站评审指南》，全力推进全省乡镇（街道）社工站建设。

三、重点民政工作考核

湖南省乡镇（街道）社工站建设启动实施后，自 2019 年开始，湖南省民政系统将乡镇（街道）社工站建设纳入历年全省重点民政工作，作为省民政厅对市州民政局、市州民政局对县市区民政局的一项基础考核内容来抓落实、促推进，考核结果不仅影响市州、县市区在全省、全市的排名，也直接作为省级福彩公益金分配的重要依据，极大地提高了市县民政部门对这项工作的重视程度，有力地推动了乡镇（街道）社工站建设的快速发展。

（一）重点民政工作考核

2019 年 2 月，湖南省民政厅印发《2019 年民政工作要点》（湘民发〔2019〕2 号），这是自 2018 年 6 月湖南省启动乡镇（街道）社工站建设以来，省民政厅首次将乡镇（街道）社工站建设纳入年度重点民政工作，明确要求各市州、县市区民政局，厅机关各处室局、直属各单位合力推进乡镇（街道）社工站全覆盖，确保项目服务成效和可持续发展，不断增强基层民政管理服务能力。探索建立乡镇（街道）社工站+社区社工室、农村留守儿童之家、社区日间照料中心、敬老院、慈善超市等民政服务窗口的"1+N"体系，打造社会救助、儿童福利、养老服务、社区建设等民政领域社会工作发展的湖南模式。此后，乡镇（街道）社工站建设作为一项常规工作被纳入历年省民政厅对市州民政局、市州民政局对县市区民政局绩效考核的重点内容，极大地推动了市县民政部门开展乡镇（街道）社工站建设。

（二）"五化民政"专项考核

在民政工作优良县重点推进"五化民政"① 建设，是实现湖南民政事业高质量发展的基本举措。2019 年 5 月，湖南省民政厅印发《2019 年度五化民政建设评估指标》（湘民函〔2019〕13 号），首次将乡镇（街道）社工站建设纳入"五化民政"建设评估指标，要求"五化民政"创建县市区 100%建成乡镇（街道）社工站。同时要积极开展社会工作专项服务，如聚焦深度贫困县和深度贫困村，探索"1 支驻村扶贫工作队+1 家社工机构+1 个志愿服务团队"的"1+1+1"模式，实现政府力量与社会力量的有效整合，建立社会工作和志愿服务参与脱贫攻坚机制；培育"三社"力量，打造联动平台，建立社会工作及志愿服务参与基层社会治理机制；构建"村（社区）民政协理员+社会工作者+乡镇（街道）民政专干+相关政府部门和公益慈善组织"四级网络，建立"四个精准"体系（对象精准识别、需求精准分析、资源精准对接、项目精准打造），创新乡镇（街道）社工站运行机制，提升基层民政服务能力；引入社会工作者，建立对民政服务对象的主动发现和综合服务体系，构建社会工作介入社会救助（或养老、残疾人权益保护、留守儿童关爱等）机制等。此后，乡镇（街道）社工站建设在"五化民政"建设中的重要性逐年提升，极大地推动了民政工作优良县开展乡镇（街道）社工站创先争优。

第四节　奖励机制牵引

湖南省乡镇（街道）社工站依托"省级指导、市州统筹、县级为主、乡镇配合"的四级联动机制，全力支持市县民政部门作为采购主体，全权监管项目承接机构的资金使用及人员招聘、管理和使用，确保项目承接机构和站点社工紧紧围绕基层民政领域开展社会工作服务，大大缓解了基层

---

① "五化"即人本化、法制化、标准化、信息化、社会化。2021 年改为民本化、法治化、信息化、社会化、专业化。

党委政府"综合治理"与民政部门"专项治理"、项目承接机构"专业服务"之间的张力和冲突。这一"民政部门主建、民政部门主用"格局的形成，除了上级民政部门行政上的外在工作压力，更取决于资源分配权的内部驱动。首先，在体制机制上，将县级民政部门作为购买主体，拥有对乡镇（街道）社工站建设经费的自主使用权和站点人员的管理权，有了财权和人事管理权，县级民政部门的工作积极性充分调动起来。其次，每年从省级福彩公益金中配套近 5000 万元资金，其中一部分用于支持市州民政部门建设市级指导中心、县级民政部门建立社工总站，协助市县民政部门开展乡镇（街道）社工站建设统筹管理和专业支持等各项工作，有力分担了因乡镇（街道）社工站建设而给市县民政部门带来的工作任务；另一部分用于支持工作优良的县市区民政局开展社工站服务示范创建，资金支持力度大，在很多县市区甚至与其本级提取的社会救助资金额度相当，进一步调动了县市区民政部门的工作积极性。

一、工作自主权驱动

湖南省乡镇（街道）社工站建设涉及 14 个市州、122 个县市区、1940 个乡镇（街道），如果由省民政厅或市民政局直管 1940 个社工站建设，一方面体量过大，根本管不过来；另一方面在行政体制上也不顺畅，县一级出现了断层。整体而言，县级民政部门直管乡镇（街道）社工站建设最为合理，一方面，每个县市区管辖的乡镇（街道）数量平均不超过 16 个，最多不超过 40 个，在体量上不大；另一方面，在行政体制里，县级民政部门直接对接乡镇（街道）民政站办所，对后者开展业务指导、进行绩效考核，因而能够直接有力地对乡镇（街道）社工站进行管理。此外，乡镇（街道）社工站的建设也能切实解决县市区民政部门面临的现实问题。2012 年乡镇机构改革以前，乡镇民政干部主要由县民政局垂直管理，改革之后，乡镇民政的人事权和财权等统一划归乡镇政府直接管理，民政部门对乡镇民政工作的指导力度逐渐减弱，许多工作布置下去，迟迟得不到落实。通过政府购买服务开展乡镇（街道）社工站建设，聘用一批综合素质高的年轻人充实到基层民政力量中，有力破解了当前县市区民政局的工作难题和基层民政力量薄弱的痼疾。因此，作为直接与基层民政部门打交道的县级民政部门，推动社工站建设的内生动力很足。

二、资金激励驱动

湖南省乡镇（街道）社工站建设经费来源多元，首先是县级民政部门从社会救助专项经费中按照不高于2%的比例列支的购买经费；其次是省级福彩公益金配套的乡镇（街道）社工站专项资金，这笔资金自2017年开始，每年维持在5000万元左右的水平，以14个市州、122个县市区计算，每个市县平均不低于35万元。自2019年省级乡镇（街道）社工站实地评估启动开始，湖南省改变了前两年各县市区"吃大锅饭"的平均分配模式，省级福彩公益金配套的专项经费重点向工作积极性高、工作成效显著的工作优良县市区倾斜，对工作积极性高、购买力度大的县市区给予补助性资金，对工作成效评估结果优秀的县市区给予40万元奖励性资金，一些购买力度大、评估结果优秀的县市区分配的资金逾百万元，大大激发了市县民政部门的活力。此外，自2021年开始，省民政厅从省级福彩公益金专项经费中给每个市州配套了30万元经费，用于支持市州民政局建设市级指导中心，开展辖区内乡镇（街道）社工站督查指导、培训、督导和评估等各项工作。同时，省民政厅还从省级福彩公益金专项经费中列支资金，陆续开展了乡镇（街道）社会工作服务站创新试点项目和星级乡镇（街道）社工站、村（社区）社工室打造，进一步调动项目承接机构、站点社工和其他社会组织、村（社区）的工作积极性，进一步加大了乡镇（街道）社工站服务的深度和广度，有利于提升专业服务水平、完善基层民政服务体系、创新基层社区治理，并及时总结形成经验，供其他社工站点借鉴参考。

三、评先评优驱动

自2019年起，省民政厅组织开展乡镇（街道）社工站示范县市区创建、优秀服务案例和摄影作品大赛，以及社会工作先进个人和优秀民办社会工作服务机构评选等活动，并在每年举办的全省社会工作主题宣传周上公开进行表彰奖励，颁发省级荣誉证书，给予象征性的物质奖励。与之相匹配，项目承接机构、站点一线社工获奖情况纳入省级乡镇（街道）社工站建设评估指标体系，给予加分奖励；获奖者在同等条件下优先选拔为省级督导培养对象，并推荐至省级乡镇（街道）社工站培训班等平台分享经验。参照省级民政部门做法，市县民政部门每年同步开展乡镇（街道）社工站示范站点、优秀社会工作者和优秀服务案例评选，部分县市区还对通过社会工作者职业水平考试的站点一线社工给予一次性物质奖励。这些评先评优活动大大提高了市县民政部门、项目承接机构和一线社工的工作积极性，营造了创先争优的良好工作氛围。

第 4 章

如何开展政府采购

目前，全国乡镇（街道）社工站主要有政府直聘社会工作者和政府购买社会工作服务两种实施方式，其中广东社工"双百工程"主要采用政府直聘社会工作者的模式，湖南省乡镇（街道）社工站建设则采用政府购买社会工作服务的模式。上述两种乡镇（街道）社工站建设模式都是公共服务供给的常见方式，各有所长，各地各级民政部门可在充分调研论证的基础上选择符合本地本级实际的实施方式。本章中首先将讨论政府购买服务与政府采购的关系，然后以湖南省乡镇（街道）社工站建设政府采购的各个环节为例，讨论各级民政部门作为采购主体，应如何组织实施政府采购，主要包括熟悉政府采购流程及要求、编制政府采购目录与政府采购项目立项，以及购买活动的实施等内容。

第一节 政府购买服务与政府采购

一般认为，政府、市场和慈善组织是公共服务的三大供给主体。当它们各自作为单独主体提供公共服务时，往往因其自身难以克服的缺陷而导致公共服务供给中的失灵现象，如政府部门在提供公共服务时的不计成本及政府工作人员的终身聘用制使其工作效率低下，市场因其唯利是图的逐利性而可能出现偷工减料、损害公共服务公共性的行为，慈善组织则因其业余性、非专业性和慈善资源的不稳定性以致其提供的服务质量不高且稳定性差。在此背景下，为充分发挥政府资源的稳定性、市场运行的高效性和慈善组织的公益性，避免政府工作效率低、市场唯利是图和慈善服务的临时性，政府购买服务作为多元主体共同参与的公共服务供给方式在全球范围内兴起。与之相对应，当前公共服务供给方式主要包括政府直接供给

（机关事业单位编内人员或其直聘编外人员）、市场直接供给、慈善组织直接供给，以及政府购买（社会力量，如符合资质的社会组织、企事业单位）服务等多种方式。政府采购是政府购买服务的重要环节。

一、政府购买服务

政府购买服务并非民政部门创举，也不是社会工作领域独有。早在20世纪90年代，我国便已开始探索政府购买服务的实践。如1995年上海浦东新区率先向"罗山会馆"购买服务，成为第一批"吃螃蟹的人"。[①]2009年，广州市政府试点实施政府购买家庭综合服务，建设家庭综合服务中心，并于2012年在全市180余个乡镇（街道）全面铺开，率先在全国拉开了政府购买社会工作服务的序幕。基于广州的经验，民政部、财政部于2012年11月下发《关于政府购买社会工作服务的指导意见》（民发〔2012〕196号），将政府购买社会工作服务定义为政府利用财政资金，采取市场化、契约化方式，面向具有专业资质的社会组织和企事业单位购买社会工作服务的一项重要制度安排，指出建立健全政府购买社会工作服务制度，深入推进政府购买社会工作服务，是创新公共财政投入方式、拓宽公共财政支持范围、提高公共财政投入效益的重要举措，是改进现代社会管理服务方式、丰富现代社会管理服务主体、完善现代社会管理服务体系的客观需要，对于加快政府职能转变、建设服务型政府、有效满足人民群众不断增长的个性化、多样化社会服务需求，具有十分重要的意义。

2013年9月，国务院办公厅《关于政府向社会力量购买服务的指导意见》（国办发〔2013〕96号）进一步指出，推行政府向社会力量购买服务是创新公共服务提供方式、加快服务业发展、引导有效需求的重要途径，对于深化社会领域改革，推动政府职能转变，整合利用社会资源，增强公众参与意识，激发经济社会活力，增加公共服务供给，提高公共服务水平和效率，都具有重要意义。地方各级人民政府要结合当地经济社会发展状

---

① 句华. 政府购买服务与事业单位改革衔接机制研究［M］. 北京：人民出版社，2017：13.

况和人民群众的实际需求，因地制宜、积极稳妥地推进政府向社会力量购买服务工作，不断创新和完善公共服务供给模式，加快建设服务型政府。该文件的出台标志着政府购买服务的全面推进。[①]

2014 年 12 月，财政部、民政部、工商总局印发《政府购买服务管理办法（暂行）》（财综〔2014〕96 号）。2020 年 1 月，财政部进一步修订该管理办法，印发《政府购买服务管理办法》（中华人民共和国财政部令第 102 号）[②]，以规范政府购买服务行为，促进转变政府职能，改善公共服务供给。该管理办法对政府购买服务的采购主体和承接主体、购买内容和目录、购买活动的实施、合同及履行、监督管理和法律责任等内容进行了规定，为各地各级政府部门购买服务提供了政策依据和操作指引。2016 年6 月，国务院办公厅《关于成立政府购买服务改革工作领导小组的通知》规定，该领导小组的主要职责为统筹协调政府购买服务改革，组织拟订政府购买服务改革重要政策措施，指导各地区、各部门制定改革方案、明确改革目标任务、推进改革工作，研究解决跨部门、跨领域的改革重点难点问题，督促检查重要改革事项落实情况。该领导小组的成立表明政府购买服务已成为近年来行政管理体制创新中最引人注目的改革措施之一。[③]

二、政府采购

政府采购是政府购买服务的一个重要环节，是指各级国家机关、事业单位和团体组织，使用财政性资金采购依法制定的集中采购目录以内的或者采购限额标准以上的货物、工程和服务的行为。政府采购的目的是确保财政性资金的使用效益，维护国家利益和社会公共利益，保护政府采购当事人的合法权益，促进廉政建设。政府采购的内容包括货物、工程和服

[①]　王浦劬，郝秋笛．政府向社会力量购买公共服务发展研究：基于中英经验的分析［M］．北京：北京大学出版社，2016：3.

[②]　《政府购买服务管理办法》于 2020 年 3 月 1 日实施，《政府购买服务管理办法（暂行）》同时废止。

[③]　句华．政府购买服务与事业单位改革衔接机制研究［M］．北京：人民出版社，2017：13.

务，其中：货物是指各种形态和种类的物品，包括原材料、燃料、设备、产品等；工程是指建设工程，包括建筑物和构筑物的新建、改建、扩建、装修、拆除、修缮等；服务是指除货物和工程以外的其他政府采购对象。①②

政府采购分集中采购和分散采购，集中采购是指采购人将列入集中采购目录的项目委托集中采购机构代理采购或者进行部门集中采购的行为；分散采购是指采购人将采购限额标准以上的未列入集中采购目录的项目，自行采购或者委托采购代理机构代理采购的行为。政府采购的方式包括公开招标、邀请招标、竞争性谈判、单一来源采购、询价，以及国务院政府采购监督管理部门认定的其他采购方式，其中公开招标应是政府采购的主要采购方式。政府采购当事人是指在政府采购活动中享有权利和承担义务的各类主体，包括采购主体（采购人）、承接主体（供应商）和采购代理机构等。其中采购代理机构分集中采购机构和集中采购机构以外的采购代理机构，设区的市、自治州以上人民政府根据本级政府采购项目组织集中采购的需要设立集中采购机构，纳入集中采购目录属于通用的政府采购项目的，应当委托集中采购机构代理采购；属于本单位有特殊要求的项目，经省级以上人民政府批准，采购人可以委托集中采购机构以外的采购代理机构，在委托的范围内办理政府采购事宜。③④

以湖南省乡镇（街道）社工站建设为例，其购买资金来源于社会救助专项经费和各级福彩公益金等财政性资金；其购买内容是基层民政领域社会工作服务，如社会救助社会工作、儿童保护社会工作等；其采购当事人包括县市区民政局、招投标代理机构（如项目咨询管理公司）或本级政府

---

① 全国人民代表大会常务委员会：《中华人民共和国政府采购法》（中华人民共和国主席令第 68 号），2002 年 6 月 29 日。

② 国务院：《中华人民共和国政府采购法实施条例》（中华人民共和国国务院令第 658 号），2015 年 1 月 30 日。

③ 全国人民代表大会常务委员会：《中华人民共和国政府采购法》（中华人民共和国主席令第 68 号），2002 年 6 月 29 日。

④ 国务院：《中华人民共和国政府采购法实施条例》（中华人民共和国国务院令第 658 号），2015 年 1 月 30 日。

采购中心/公共资源交易中心、民办社会工作服务机构或其他符合条件的供应商；主要由各县市区民政局以分散采购的方式实施，具体可委托本级政府采购中心/公共资源交易中心（集中采购机构）进行采购，也可自主选择本级政府采购中心以外的采购代理机构（如项目咨询管理公司）开展采购；在采购方式上，原则上要求各地采用公开招标，以确保采购程序的合法性和采购结果的合理性。但公开招标的采购程序相对于其他采购方式更为烦琐，采购周期更长，因而也允许各地在遵守本级财政部门相关采购要求和规定的情况下，因地制宜选择其他合法、科学、合理的采购方式。

通过政府采购环节，不仅确定了各县市区乡镇（街道）社工站建设运营机构（也即本书所称项目承接机构），同时规定了乡镇（街道）社工站的从业人员资质、服务内容和服务指标，以及项目预算等关键事项。由于县级民政部门购买的是中标机构（民办社会工作服务机构或其他符合资质的供应商）未来将要提供的服务，能否通过政府采购评选出最有能力做好乡镇（街道）社工站建设的项目承接机构，将直接影响乡镇（街道）社工站建设的工作进度和服务成效。因此，各级民政部门做好本级政府采购是乡镇（街道）社工站建设中至关重要的一个环节。省、市、县三级民政部门一定要高度重视和认真组织乡镇（街道）社工站建设的政府采购工作，县级民政部门作为采购主体，不仅要对本地采购政策、采购要求、采购流程有基本了解，同时要细致认真做好预算编报、采购代理机构选取、采购文件（尤其是采购需求和评估标准）制作、服务协议拟定等关键工作。省、市两级民政部门一方面要通过本级乡镇（街道）社工站指导平台的采购，了解、熟悉和灵活掌握政府采购的相关知识和操作；另一方面要通过文件指引、会议/培训宣教、评估考核、实地调研指导等多种方式，不断提升县级民政部门的采购能力，把好乡镇（街道）社工站建设的"资金关""机构关"。

第二节　熟悉采购流程及要求

　　民政部门，尤其是县级民政部门作为乡镇（街道）社工站建设的采购主体，在实施政府采购前，要系统了解有关政府采购的流程、要求、要点和注意事项等内容。需特别留意的是，各地有关政府购买（社会工作）服务的具体规定可能存在差异，如各地对于必须采用公开招标的标的金额下限的规定可能不同，经济发达地区规定的公开招标标的金额下限相对较高。各级民政部门在实施政府采购时，可参考其他地区的经验和做法，但不能照搬照抄，应结合本地实际具体实施。民政部门的政府采购一般由规划财务口统筹，由组织实施项目的业务口具体实施采购，但也有一些民政部门是由办公室、法规处或者信息中心等内设机构负责政府采购的统筹工作，或直接由民政部门的规划财务口、办公室、信息中心等实施采购。负责政府采购的相关业务口，一方面要主动搜集和学习国家、省、市有关政府采购的法律法规、政策和操作指引；另一方面可通过咨询请教同级财政部门相关业务口、政府采购中心，以及本单位负责政府采购统筹的处（科、股）室等，了解本地有关政府采购的流程、要求、注意事项等内容。

一、学习了解政府采购相关政策文本

　　政府采购是规范性要求较高的一项工作，涉及众多不同层面的法律法规、部门规章和其他规范性文本。各级民政部门在实施政府采购前，应主动学习这些文本，对政府采购的要求、流程、注意事项等相关内容有一个常识性的了解，以确保在实施采购的过程中能够把握工作主动权，确保采购程序的合法性、采购结果的合理性。本部分罗列了部分当前国家、省级和市级有关政府采购的相关文本，供学习参考。需强调的是，本章只是罗列了其中一部分通用的或参考意义较大的文本，并不是全部的文本，也并不一定完全适用于当地当时项目的政府采购。

（一）国家级相关文本

作为采购主体的民政部门，首先要认真研读和系统了解国家层面有关政府购买的相关法律法规和政策，具体包括《中华人民共和国政府采购法》（中华人民共和国主席令第 68 号）（2014 年 8 月 31 日）、《中华人民共和国政府采购法实施条例》（中华人民共和国国务院令第 658 号）（2015 年 1 月 30 日）、《中华人民共和国招标投标法》（中华人民共和国主席令第 21 号）（1999 年 8 月 30 日）、《中华人民共和国招标投标法实施条例》（中华人民共和国国务院令第 613 号）（2011 年 12 月 20 日）、《政府采购货物和服务招标投标管理办法》（中华人民共和国财政部令第 87 号）（2017 年 7 月 11 日）、《政府购买服务管理办法》（中华人民共和国财政部令第 102 号）（2020 年 1 月 3 日）、《国务院办公厅关于政府向社会力量购买服务的指导意见》（国办发〔2013〕96 号）和《民政部、财政部关于政府购买社会工作服务的指导意见》（民发〔2012〕196 号）等文本。

（二）省级政府采购相关文本

作为采购主体的民政部门，还要学习了解本省有关政府购买的相关法律法规和政策。以湖南省为例，省级层面先后出台了《湖南省人民政府关于推进政府购买服务工作的实施意见》（湘政发〔2014〕20 号）、《湖南省政府购买服务管理实施办法》（湘财综〔2020〕6 号）等政府购买服务文件。具体到乡镇（街道）社工站建设的政府购买，省级民政部门出台的《关于推进政府购买服务 加强基层民政经办服务能力的实施意见》（湘民发〔2018〕10 号）、《湖南省乡镇（街道）社会工作服务站项目实施方案（试行）》（湘民发〔2018〕16 号）、《湖南省乡镇（街道）社工站服务内容参考》、《湖南省乡镇（街道）社工站项目财务管理指引》，以及省级财政部门下发的省级福彩公益金乡镇（街道）社工站建设专项资金指标等文件，都是县级民政部门审批社工站建设资金、制定招标文件和拟定服务协议的重要依据。

（三）市级政府采购相关文本

作为采购主体的民政部门，还可参考学习其他经验丰富的地区出台的有关政府购买社会工作服务的详细操作指引。如广州市作为全国率先推广和普及政府购买社会工作服务的城市，近年来陆续出台了一系列关于政府购买社会工作服务的操作指引，包括《广州市政府采购文件编制指导意见（2021 年修订）》（穗财规字〔2021〕3 号）、《广州市家庭综合服务中心项目招标文件有关文本设定指引（暂行）》（穗民规字〔2017〕11 号）、《广州市社会工作服务条例》（广州市第十五届人民代表大会常务委员会公告第 24 号）、《广州市政府资金支持社会工作发展实施办法》（穗民规字〔2018〕5 号）、《广州市社工服务站（家庭综合服务中心）管理办法》（穗府办规〔2018〕13 号）、《广州市社会工作服务协议（范本）》（穗民〔2019〕199 号）、《广州市社会工作服务指导性规范》（穗民〔2019〕231 号）、《广州市社工服务站服务清单指引（试行）》（穗民〔2019〕314 号）等文本。这些文本为市县民政部门实施政府采购提供了实操指引和范例。

二、咨询请教本级财政、政府采购中心等相关部门

采购主体可学习、参考先进地区政府购买社会工作服务的经验、做法和文本，但实际操作中要以本级财政、政府采购中心等相关部门的具体要求为准。因此，各级民政部门在学习了解政府采购相关政策文本的同时，要咨询请教本级财政部门相关业务口、政府采购中心等部门，进一步了解本地区本级政府购买服务的具体要求。通常来说，民政部门组织实施的政府采购项目会委托专门的采购代理机构来协助完成采购程序，但这并不意味着作为采购主体的民政部门在实施采购前可以对政府采购一无所知，或者在采购过程中当"甩手掌柜"。无论在何种情况下，作为购买主体的民政部门均是乡镇（街道）社工站项目政府采购的主体责任人。

（一）同级财政部门

同级财政部门一般有三个业务口与民政部门的政府采购相关。首先是社会保障处/科/股，其工作职责包括承担民政的部门预算有关工作，会同有关部门分配和管理社会保障资金（基金）支出；会同有关部门研究拟订有关资金（基金）财务管理制度等。其次是政府采购监督服务处/科/股，其主要职责包括依法制定本级政府采购管理规章制度；编制政府采购计

划；政府采购方式变更审批；政府采购合同备案；评审专家库建设与管理；供应商投诉受理、处理；政府采购报表统计分析；政府采购信息公告的管理；政府采购资金结算审核办理；分散采购和部门集中采购管理；定点采购、协议供货采购监督管理；对集中采购机构和社会代理机构的考核检查；对采购人和供应商的执法检查等。最后是绩效评价处/科/股，其主要职责包括研究制定财政支出绩效评价政策、制度和办法，建立财政支出绩效评价指标体系和评价标准；组织实施本级财政支出项目的绩效评价工作；研究绩效评价结果应用，为制定财政政策和分配财政资金提供依据；等等。

（二）政府采购中心与公共资源交易中心

政府采购中心负责组织实施本级政府机关单位纳入政府集中采购目录内的政府采购项目，负责组织实施由财政拨款的专项政府采购项目，负责组织实施其他采购机关委托的采购项目等。公共资源交易中心负责本级公共资源交易平台及信息网络系统建设、运行、管理，依法依规为进入本级公共资源交易平台的各类公共资源交易活动提供场所、设施和服务，为电子交易和监管系统提供对接服务，组织平台内交易活动，维护交易现场秩序，在相关行政部门监督下，承担评标专家抽取有关工作；配合有关部门研究制定各类平台内交易活动的技术标准、交易流程、操作规程和现场管理制度，为有关部门核验公共资源交易主体、从业人员的资质、资格以及平台内交易项目等提供服务；负责收集、存储和发布各类公共资源交易信息，为市场主体提供信息咨询服务，记录、整理、保存交易过程相关资料；为行业监管、行政监察提供平台服务，协助配合行政监督部门、纪检监察机关的执法工作；对参与平台内交易活动的相关人员、机构的活动进行评估，记录、留存违反交易现场管理制度行为的证据资料，及时报告交易活动中的违规违纪行为；等等。

第三节 目录编制与立项审批

政府采购包括编制指导性目录（省级民政部门负责）、预算管理、购买活动的实施（确定采购代理机构、确定采购方式、制作招标文件、发布招标公告、评标、发布中标公告）、合同及履行、绩效管理、信息公开、监督管理和法律责任等具体环节。[①] 其中编制政府购买服务部门指导性目录和预算管理需在购买活动实施前规划和完成，因而本节先对这两项工作进行讨论。由于各地的相关规定可能存在差异，具体以各地实际要求为准。

一、编制政府购买服务部门指导性目录

政府购买服务的内容包括政府向社会公众提供的公共服务，如民政部门实施的政府购买社会救助服务等，以及政府履职所需辅助性服务，如单位的工作餐供应、保洁、保安、资料打印服务等。政府购买服务的具体范围和内容实行目录管理，由省财政厅牵头制定省级政府购买服务综合指导性目录，确定政府购买服务的种类、性质和内容；由省级民政部门会同省级财政部门在省级政府购买服务（含社会工作服务）指导性目录范围内编制民政部门指导性目录，向社会公布并实施。省级民政部门在制定有关政府购买社会工作服务的指导性目录时，应当充分征求各级民政部门、社会工作行业等相关方面意见，并根据经济社会发展变化、政府职能转变及基本公共服务均等化、标准化的要求，会同省财政厅及时进行动态调整。市县民政部门应充分参与省级民政部门政府购买服务（含社会工作服务）指导性目录编制，并按照省级民政部门政府购买服务（含社会工作服务）指

---

① 湖南省财政厅：《湖南省政府购买服务管理实施办法》（湘财综〔2020〕6号），2020年7月12日。

导性目录执行。①②　由此可知，省级民政部门应及时将政府购买基层民政领域社会工作服务［乡镇（街道）社工站建设］纳入全省政府购买服务指导性目录。

二、预算管理

通常来说，乡镇（街道）社工站建设的购买经费应列入财政预算，由实施采购的民政部门在编报下年度部门预算时同步编列，作为部门预算组成部分实施管理。政府购买服务应当先有预算、后购买服务，未列入预算的项目不得实施，如需实施则要先走新增预算的审批程序。因此，省、市、县三级民政部门应当做好本级购买乡镇（街道）社工站服务支出与年度预算、中期财政规划的衔接，采购主体在与中标机构签订购买服务合同时，应当确认涉及的合同款项支出已在年度预算或中期财政规划中足额安排。具体来说，省、市、县三级民政部门作为采购主体，应当根据国家规定和行业标准，充分发挥行业主管部门、行业组织和专业咨询评估机构、专家等专业优势，综合物价、工资、税费等因素，合理测算政府购买服务所需资金，按要求填报政府购买服务项目支出预算表，并将列入集中采购目录或采购限额标准以上的政府购买服务项目同时反映在政府采购预算中，与部门预算一并报送财政部门审核。人大常委会批准预算后，财政部门将政府购买服务项目支出预算随部门预算批复一并下达给民政部门，民政部门按照财政部门下达的政府购买服务项目支出预算，组织实施购买服务工作。③④　由于政府购买社会工作服务的预算编制和执行，与服务内容的设计和服务活动的开展是相互匹配的，因而关于预算编制的具体做法，将

---

①　财政部：《政府购买服务管理办法》（中华人民共和国财政部令第 102 号），2020 年 1 月 3 日。

②　湖南省财政厅：《湖南省政府购买服务管理实施办法》（湘财综〔2020〕6 号），2020 年 7 月 12 日。

③　财政部：《政府购买服务管理办法》（中华人民共和国财政部令第 102 号），2020 年 1 月 3 日。

④　湖南省财政厅：《湖南省政府购买服务管理实施办法》（湘财综〔2020〕6 号），2020 年 7 月 12 日。

在本章第四节中一并讨论。

第四节　购买活动实施

政府采购的方式包括公开招标、邀请招标、竞争性谈判、询价、单一来源采购等多种方式。不同的政府采购方式，其购买活动的具体实施内容有所差异。本部分将对一些通用的环节、原则和事项予以重点讨论，包括确定采购代理机构、确定采购方式、编制采购文件、发布招标公告、评标、发布中标公告、保存采购文件、签订服务协议以及项目监管与绩效评价等环节。各地各级相关部门对政府采购的具体要求存在差异，民政部门在实施购买活动时要以本地本级相关部门的规定为准。

一、确定采购代理机构

一般来说，省、市、县三级民政部门作为采购主体实施政府采购时，首先需要确定一家采购代理机构来协助完成该项工作。如前所述，采购代理机构分为集中采购代理机构和集中采购代理机构以外的采购代理机构，如项目咨询管理公司等。民政部门实施的乡镇（街道）社工站建设或其他社会工作专项服务项目，均属分散采购，各级民政部门既可委托集中采购代理机构进行采购代理，也可在市场上寻找符合资质的项目咨询管理公司进行采购代理，或从已纳入本区域、本单位采购代理机构名录的项目咨询管理公司中随机抽取。相比于集中采购代理机构，具有丰富政府购买社会工作服务项目采购代理经验的项目咨询管理公司，能够依据采购主体的实际提供更为个性化的代理服务。值得注意的是，如各级民政部门自行在市场上寻找符合资质的项目咨询管理公司进行采购代理，应首先通过工商部门、中国政府采购网、"信用中国"及其他可信渠道，了解相关项目咨询管理公司的信用记录等情况，确保其资历资质；其次，要了解采购代理机构在政府购买服务，尤其是政府购买社会工作服务项目方面的采购代理经验，确保其业务能力。具体来说，可通过了解该采购代理机构是否有完善的政府采购内部监督管理制度，是否具备开展政府采购业务所需的评审条件和设施，及其确定采购需求，编制招标文件、谈判文件、询价通知书，拟订合同文本和优化采购程序的专业化水平等情况，来判断其业务能力。采购主体在确定好采购代理机构后，要通过本单位的合同签订流程，与采购代理机构签订正式的委托代理协议。在委托代理协议中，应当明确代理采购的范围、权限和期限等具体事项；采购人和采购代理机构应当按照委托代理协议履行各自义务，采购代理机构不得超越代理权限。①②

确定采购代理机构是实施采购活动的第一步，也是至关重要的一步，省、市、县三级民政部门作为采购主体时，尤其是要注意选择符合资质且在政府购买社会工作服务采购代理方面有丰富经验的采购代理机构。一个优质的采购代理机构可以协助民政部门事半功倍地完成采购工作，它不仅能够有力地分担相应的采购工作，还能够帮助采购主体规范、科学、合理地实施采购，确保通过政府采购可以评选出能够胜任后续服务的中标机构。反之，如果采购代理机构经验、能力不足，其在协助采购主体编制采购文件时，可能无法切合社会工作类服务项目及乡镇（街道）社工站建设的实际需求来确定详细内容（如采购需求、分项价格表、评分标准等关键内容），以致评选出来的中标机构后续可能无法胜任服务项目的实施，或多次流标导致政府采购周期延长，致使乡镇（街道）社工站建设迟迟不能启动或前后服务期之间出现断档等。此外，民政部门作为采购主体，即使委托了采购代理机构来提供采购代理服务，也不能做"甩手掌柜"，将后续采购相关的所有事项和工作完全交由采购代理机构完成。作为采购主体的省、市、县级民政部门在采购活动实施过程中负有主导和主要责任，要全程知晓、了解和参与各项采购活动，尤其是编制采购文件、评标/询价（根据评标委员会的总人数及构成，采购主体委派 1~2 名业主评委参与评标/询价）等关键环节。

---

① 国务院：《中华人民共和国政府采购法实施条例》（中华人民共和国国务院令第 658 号），2015 年 1 月 30 日。

② 全国人民代表大会常务委员会：《中华人民共和国政府采购法》（中华人民共和国主席令第 68 号），2014 年 8 月 31 日。

二、确定采购方式

政府采购的方式包括公开招标、邀请招标、竞争性谈判、单一来源采购、询价等多种采购方式。这些采购方式的适用范围不同，其采购文件的构成与编制、开标要求、评标方式、采购周期等也不尽相同。整体而言，公开招标应作为政府采购的主要采购方式，因特殊情况需要采用公开招标以外的采购方式的，应当在采购活动开始前获得设区的市、自治州以上人民政府采购监督管理部门的批准。公开招标的程序相对其他采购方式更为复杂，周期也会更长，因而在实际有需要，同时符合当地相关规定的情况下，可酌情采用其他采购方式。

具体来说，符合下列情形之一的服务可采用邀请招标方式采购：具有特殊性，只能从有限范围的供应商处采购的；采用公开招标方式的费用占政府采购项目总价值的比例过大的。符合下列情形之一的服务可采用竞争性谈判方式采购：招标后没有供应商投标或者没有合格标的或者重新招标未能成立的；技术复杂或者性质特殊，不能确定详细规格或者具体要求的；采用招标所需时间不能满足用户紧急需要的；不能事先计算出价格总额的。符合下列情形之一的服务可采用单一来源方式采购：只能从唯一供应商处采购的；发生了不可预见的紧急情况不能从其他供应商处采购的；必须保证原有采购项目一致性或者服务配套的要求，需要继续从原供应商处添购，且添购资金总额不超过原合同采购金额10%的。达到公开招标数额标准，且只能从唯一供应商处采购的，采购人应当将采购项目信息和唯一供应商名称在省级以上人民政府财政部门指定的媒体上公示，公示期不得少于5个工作日。采购的服务规格、标准统一，且价格变化幅度小的政府采购项目，可采用询价方式采购。①②

要特别留意的是，各地有关政府采购方式适用标准的具体规定可能存

---

① 全国人民代表大会常务委员会：《中华人民共和国政府采购法》（中华人民共和国主席令第68号），2014年8月31日。

② 国务院：《中华人民共和国政府采购法实施条例》（中华人民共和国国务院令第658号），2015年1月30日。

在差异，如省、市、县三级财政部门对于应当采用公开招标采购方式的最低标的金额的规定可能不同，不同地区对于采用公开招标采购方式的最低标的金额的规定也可能不同。又如有些地方规定，当县级政府部门公开招标的标的金额超过一定限额时，需在市级公共资源交易中心的平台进行采购。因此，采购代理机构不仅要非常了解政府购买社会工作服务的采购代理，还要非常了解当地有关政府采购和政府购买服务的具体要求，方能协助采购主体选择最高效的采购方式。

三、编制采购文件

采购文件是政府购买社会工作服务中最重要的文本之一。采购文件一般应包括采购邀请、供应商须知、采购项目预算金额、采购需求、合同格式、采购评审方法（分最低评标价法和综合评分法）和标准（含商务评分标准和技术评分标准）、供应商响应文件格式等内容。采购主体和采购代理机构应当根据政府采购政策、采购预算、采购需求来编制采购文件。[1][2][3] 一些地方财政部门会发布本级的政府采购文件编制意见，政府职能部门据此发布本部门政府购买专项服务的政府采购文件编制指引。在制作采购文件时，要遵循本级财政部门、本部门相关意见和指引；当本级财政部门、本部门未出台相关意见和指引时，可适当参考其他地区或部门的相关意见和指引。

（一）设定投标人资格条件

供应商须知中对投标人资格条件的设定，一般根据《中华人民共和国政府采购法》《中华人民共和国政府采购法实施条例》《中华人民共和国招标投标法》《中华人民共和国招标投标法实施条例》等法律法规规定，采

---

① 财政部：《政府购买服务管理办法》（中华人民共和国财政部令第 102 号），2020 年 1 月 3 日。

② 国务院：《中华人民共和国政府采购法实施条例》（中华人民共和国国务院令第 658 号），2015 年 1 月 30 日。

③ 广州市财政局：《广州市政府采购文件编制指导意见（2021 年修订）》（穗财规字〔2021〕3 号），2021 年 12 月 31 日。

购主体和采购代理机构不得自行设定无相关法律法规依据的特殊条件。采购人可根据采购需求特点提出与采购标的的功能、质量和供应商履约能力直接相关，且属于履行合同必需的条件的资格条件，包括特定的专业资格或者技术资格、设备设施、业绩情况、专业人才及其管理能力等，非履行合同不可或缺的条件不得作为资格条件。[①]

（二）确定采购项目预算金额

采购项目预算金额应按经批准的年度采购预算项目编制，列出采购预算金额，可以在采购预算额度内合理设定最高限价，但不得设定最低限价。跨年采购、一签多年的采购项目应按整体项目确定采购金额，在采购文件中明确当年预算数，以后年度预算拟安排数。[②] 通常来说，政府购买服务的合同期限一般不超过 1 年，在预算保障的前提下，对于购买内容相对固定、连续性强、经费来源稳定、价格变化幅度小的政府购买服务项目，可以签订履行期限不超过 3 年的政府购买服务合同。[③] 此处要留意采购文件中的采购预算及其周期和服务合同期限的匹配性，如在采购文件中明确是一年一签，每年采购预算为 100 万元，那么采购金额应为 100 万元，服务合同期限为 1 年；如果是一签三年，每年采购预算为 100 万元，那么采购金额应为 300 万元，服务合同期限为 3 年。

（三）设定采购需求

采购人对采购需求管理负有主体责任，对采购需求和采购实施计划的合法性、合规性、合理性负责。采购需求应当符合法律法规、政府采购政策和国家有关规定，遵循预算、资产和财务等有关管理制度规定，并遵循科学合理、厉行节约、规范高效、权责清晰的原则。政府向社会公众提供

---

① 广州市民政局：《广州市家庭综合服务中心项目招标文件有关文本设定指引（暂行）》（穗民规字〔2017〕11 号），2017 年 7 月 23 日。该指引自发布之日起施行，有效期 3 年；有关政策法律依据变化或者有效期届满，根据实施情况依法评估修订。目前广州市民政局暂未发布修订版本。

② 广州市财政局：《广州市政府采购文件编制指导意见（2021 年修订）》（穗财规字〔2021〕3 号），2021 年 12 月 31 日。

③ 湖南省财政厅：《湖南省政府购买服务管理实施办法》（湘财综〔2020〕6 号），2020 年 7 月 12 日。

的公共服务项目，应当就确定采购需求征求社会公众的意见。除因技术复杂或者性质特殊，不能确定详细规格或者具体要求外，采购需求应当完整、明确。必要时，应当就确定采购需求征求相关供应商、专家的意见。①② 采购需求应包括项目概述、服务范围、服务对象、服务目标、服务方法、服务内容及对应的量化服务指标、项目服务的人员及成效要求、项目预算以及付款方式等内容。

1. 量化服务指标设定

在政府购买社会工作服务的服务指标设定中，通常从服务时长和服务活动个数与人次两个维度设定量化服务指标。如广州市以工作人员总数计算总服务时长，以服务活动人次计算总服务人次；北京市则直接将每个服务活动折合成服务时长。具体来说，广州市按照每人每个工作日工作 8 小时的标准，将服务期内的工作日总量×项目人员总量×8 即为总服务时长。总服务时长包含了直接服务时长和间接服务时长（培训和继续教育时长、督导时长、会议时长）等；直接服务活动类型分个案活动、小组活动和社区活动，可先测算完成每类活动需要投入的服务时长，并根据服务活动的比例和专业服务时长进一步测算出各类活动的具体数量。在此基础上，按照一个个案活动不少于 6 节次，每次与 1 人会谈计算，每个个案活动服务不少于 6 人次，再乘以总个案数，则得出了个案活动总服务人次。同理，按照每个小组活动不少于 6 节次，每次参与成员不少于 5 人，一个个案活动的服务人次不少于 30 人次，再乘以小组活动总数则可计算出小组活动总服务人次；按照每个社区活动参与人员不少于 50 人，再乘以社区活动总数则可计算出社区活动总服务人次。③

北京市将政府购买社会工作服务项目的投入工作量分为与项目相关的

---

① 全国人民代表大会常务委员会：《中华人民共和国政府采购法》（中华人民共和国主席令第 68 号），2002 年 6 月 29 日。

② 国务院：《中华人民共和国政府采购法实施条例》（中华人民共和国国务院令第 658 号），2015 年 1 月 30 日。

③ 广州市民政局：《广州市家庭综合服务中心项目招标文件有关文本设定指引（暂行）》（穗民规字〔2017〕11 号），2017 年 7 月 23 日。

直接工作和间接工作，其中直接工作包括个案工作（个案咨询、个案辅导、个案建档）、小组工作、社区工作（社区活动）及其他直接工作，间接工作则是在除直接工作之外所开展的与项目直接相关的必要性工作（工作会议、宣传、督导、培训及其他行政等必要性工作）。具体来说，个案咨询的最低工作量为 2 小时/案，个案辅导的最低工作量为 28 小时/案，个案建档的最低工作量为 3 小时/案，小组活动的最低工作量为 35 小时/个，社区走访的最低工作量为 2 小时/案，由社工主导实施的社区活动最低工作量为 16 小时/个，由外聘专家主导实施的社区活动最低工作量为 8 小时/个，其他直接服务视项目实际需要由采购主体和承接主体共同商定，间接工作的投入工作量不低于整个项目总投入工作量的 20%。①

需特别指出的是，以上两地的做法是常规的服务指标和工作量的测算和设定方式，但也并非标准化的万能模板。因为各地社会经济和社会工作发展水平、各项目具体服务对象及需求的不同，其服务活动类型的比例和数量不同，中标机构能够完成的服务活动数量也不同。整体而言，在项目的第一个年度，可试探性地、尽量合理地设定服务指标，在此基础上逐年不断完善服务指标。

2. 项目预算及付款方式

政府购买社会工作服务的项目预算应当与业务活动的开展情况相匹配，如根据服务时长、服务内容及相应服务指标，分项列明预算明细。但由于服务时长、服务内容及相应服务指标及其价格标准无法精确测算和统一规定，这种项目预算方法在实际操作中难度很大。以广州市的家综为例，目前较为常用的方法是根据项目配备人员数量及人年均购买经费，来确定总项目经费，再将总项目经费细分为人员费用、服务质量保障费用及运营管理费用等。人员费用及服务质量保障费用应当不低于项目经费总额的 85%，其中人员费用包括工资、奖金、五险一金和个人所得税。其预算

---

① 中共北京市委社会工作委员会、北京市民政局、北京市财政局：《北京市政府购买社会工作服务预算管理实施细则》（京社委社工发〔2022〕156 号），2022 年 6 月 30 日。

和支出应当不低于项目经费总额的 65%，并建立合理的人员薪酬调节机制；服务质量保障费用包括外聘督导、本机构督导的岗位补贴、社工交流学习、专业提升等专业支持费用，服务和活动产生的物料、交通、误餐、组织义工等专业服务和活动费用，设备设施及办公耗材、保洁、安保、水电、交通等日常办公费用。承接机构运营管理费用应当不高于项目经费总额的 15%，包括运营费、发展储备费、风险费、中标费、相关税费等。[①]

　　北京市则从业务活动成本、管理费用、其他费用三方面测算政府购买社会工作服务所需项目资金。其中：业务活动成本是指为开展与政府购买社会工作服务项目直接相关的服务所发生的费用，包括人力成本（根据人员学历层次、专业资质、工作经验等因素确定此项费用标准，可参照上一年度本市全口径城镇单位就业人员平均工资的 80%~120% 标准进行确定）、服务活动及培训（会议）相关费用［包括物资费、场地租赁费、交通费等。测算项目资金时应列明具体用途、规格、单价及数量等。培训（会议）费用应参照北京市党政机关事业单位培训、会议费相关标准执行］以及劳务费（专家费应参照北京市党政机关事业单位相关标准执行，临时聘用人员劳务费标准每人每天不超过 200 元，志愿者补贴标准每人每天不超过 100 元，发放志愿者补贴的不得再以报销形式列支餐费和交通费等支出）。管理费用是指承接主体为组织和管理其业务活动所发生的各项费用，主要包括行政管理、财务管理、水电费、差旅费、聘请审计等中介机构费、固定资产支出等。其他费用是指应在政府购买社会工作服务项目总预算中支付，但又无法归属到上述业务活动成本或管理费用中的费用，包括税费、为开展政府购买社会工作服务项目而产生的资产耗费或损失、因服务实施而获得捐赠物资产生的费用等。[②] 在做项目预算时还要注意社保费率、税费费率的浮动，以及社会工作服务项目的非营利属性。

---

　①　广州市人民政府办公厅：《广州市社工服务站（家庭综合服务中心）管理办法》（穗府办规〔2018〕13 号），2018 年 6 月 17 日。

　②　中共北京市委社会工作委员会、北京市民政局、北京市财政局：《北京市政府购买社会工作服务预算管理实施细则》（京社委社工发〔2022〕156 号），2022 年 6 月 30 日。

（四）确定评审方法

政府采购的评审方法分最低评标价法和综合评分法两种类型，最低评标价法是指投标文件满足招标文件全部实质性要求且投标报价最低的供应商为中标候选人的评标方法；综合评分法是指投标文件满足招标文件全部实质性要求且按照评审因素的量化指标评审得分最高的供应商为中标候选人的评标方法。[①] 采用综合评分法的，价格分应当采用低价优先法计算，且评标过程中不得去掉报价中的最高报价和最低报价；服务项目的价格分值占总分值的比重不得低于 10%。[②] 由于投标人提供社会工作服务的能力及其成效参差不齐，无法简单地以报价最低来衡量其将来提供的服务的成效，因而一般采用综合评分法。

（五）确定评审标准

采购评审标准含商务评分标准和技术评分标准两个部分。采购需求客观、明确的采购项目，采购需求中客观但不可量化的指标应当作为实质性要求，不得作为评分项；参与评分的指标应当是采购需求中的量化指标，评分项应当按照量化指标的等次，设置对应的不同分值。不能完全确定客观指标时，需由供应商提供设计方案、解决方案或者组织方案的采购项目，可以结合需求调查的情况，尽可能明确不同技术路线、组织形式及相关指标的重要性和优先级，设定客观、量化的评审因素、分值和权重。评审因素应当在采购文件中规定，评审因素的设定应当与参与采购活动供应商所提供货物服务的质量相关，可以包括投标报价、技术力量支持或者服务水平、履约能力、售后服务等，但不得非法直接或变相将供应商的规模条件设为评审因素。[③④]

---

① 国务院：《中华人民共和国政府采购法实施条例》（中华人民共和国国务院令第 658 号），2015 年 1 月 30 日。

② 广州市民政局：《广州市家庭综合服务中心项目招标文件有关文本设定指引（暂行）》（穗民规字〔2017〕11 号），2017 年 7 月 23 日。

③ 广州市财政局：《广州市政府采购文件编制指导意见（2021 年修订）》（穗财规字〔2021〕3 号），2021 年 12 月 31 日。

④ 广州市民政局：《广州市家庭综合服务中心项目招标文件有关文本设定指引（暂行）》（穗民规字〔2017〕11 号），2017 年 7 月 23 日。

商务评审因素一般包括供应商的信用信誉、业绩、履约能力等，如投标机构的法人治理和机构管理情况（社会组织等级、管理人员相关资质等）、社会工作服务项目运营能力情况（承接社会工作服务项目的经历及其考评结果等）、社会参与及资源整合能力（受表彰奖励、媒体报道、参与行业政策和标准制定等情况）等，商务分权重不得高于技术分权重，项目经验分值不超过商务总分的 25%。技术评审因素一般包括对采购文件的响应程度、项目实施能力、质量控制、保障措施、项目实施计划或交货有效性、科学性及严谨性等，如投标机构计划为本项目配备的专业人员数量及资质状况、项目服务需求及服务目标的辨识确定能力要求、项目计划的专业服务内容要求、项目经费预算保障计划要求、项目计划实施的制度保障要求、项目服务计划实施的专业方法要求、项目服务计划实施的专业研究能力要求等。[1][2]

四、发布采购公告

制作好采购文件并走完采购公告挂网审批程序之后，采购人和采购代理机构在对应的"政府采购网"发布采购公告。采购公告一般包括项目信息（如项目名称、政府采购计划编号、采购方式、采购预算等），投标人资格要求，获取采购文件的时间、地点及方式，公告期限，疑问及质疑，采购项目联系人姓名和电话等内容，采购文件作为附件附于采购公告之后，投标人登录政府采购网后可查看和下载。招标、竞争性谈判和竞争性磋商文件提供期限自采购公告发布之日起不得少于 5 个工作日；除招标文件、竞争性磋商文件以外，采购文件提供期限为自信息公告发布之日起至供应商递交响应文件截止时间前一天止。具体来说，公开招标项目，自招标文件开始发出之日起至投标人提交投标文件截止之日止不得少于 20 日；竞争性谈判项目，自竞争性谈判文件开始发出之日起至供应商提交首次响

---

① 广州市财政局：《广州市政府采购文件编制指导意见（2021 年修订）》（穗财规字〔2021〕3 号），2021 年 12 月 31 日。

② 广州市民政局：《广州市家庭综合服务中心项目招标文件有关文本设定指引（暂行）》（穗民规字〔2017〕11 号），2017 年 7 月 23 日。

应文件截止之日止不得少于 3 个工作日；询价项目，自询价文件开始发出之日起至供应商提交响应文件截止之日止不得少于 3 个工作日（不含网上竞价）；竞争性磋商项目，自竞争性磋商文件开始发出之日起至供应商提交首次响应文件截止之日止不得少于 10 日。采购流程应当严格按照法定的时间节点进行，不得随意提前或推后。①

发布采购公告后，确需变更采购标的、项目预算、供应商资格条件的，应当重新开展政府采购活动；其他内容变更的，在开标前可以进行必要的澄清或修改，开标后原则上不得修改。采购人或采购代理机构对已发出的招标文件、资格预审文件，以及采用公告方式邀请供应商参与的竞争性谈判文件、竞争性磋商文件进行必要的澄清或者修改的，应当在原公告发布媒体上发布更正公告，并通知所有获取采购文件的潜在供应商，并按规定顺延提交投标文件、资格预审申请文件、响应文件的截止时间。采购文件发生修改的，除在采购更正公告中明确澄清或者修改的具体内容，还应将澄清或者修改后的整份采购文件作为更正公告的附件，便于供应商下载使用。②

采购人或者采购代理机构对供应商进行资格预审的，资格预审公告应当在省级以上财政部门指定的媒体上发布。已进行资格预审的，评审阶段可以不再对供应商资格进行审查。资格预审合格的供应商在评审阶段资格发生变化的，应当通知采购人和采购代理机构。资格预审公告应当包括采购人和采购项目名称、采购需求、对供应商的资格要求以及供应商提交资格预审申请文件的时间和地点。邀请招标及其他资格预审公告，提交资格预审申请文件的时间自公告发布之日起不得少于 5 个工作日。采购流程应当严格按照法定的时间节点进行，不得随意提前或推后。③

---

① 广州市财政局：《广州市政府采购文件编制指导意见（2021 年修订）》（穗财规字〔2021〕3 号），2021 年 12 月 31 日。

② 广州市财政局：《广州市政府采购文件编制指导意见（2021 年修订）》（穗财规字〔2021〕3 号），2021 年 12 月 31 日。

③ 国务院：《中华人民共和国政府采购法实施条例》（中华人民共和国国务院令第 658 号），2015 年 1 月 30 日。

五、评标

评标委员会、竞争性谈判小组或询价小组成员由采购人代表和有关技术、经济等方面的专家组成，评标委员会成员人数为 5 人以上单数，竞争性谈判小组、询价小组成员人数为 3 人以上单数，其中技术、经济等方面的专家不得少于成员总数的三分之二。专家应当从事相关领域工作满 8 年并具有高级职称或者具有同等专业水平，由采购人从国务院有关部门或者省、自治区、直辖市人民政府有关部门提供的专家名册或者招标代理机构的专家库内的相关专业的专家名单中确定；一般招标项目可以采取随机抽取方式，特殊招标项目可以由招标人直接确定。与投标人有利害关系的人不得进入相关项目的评标委员会；已经进入的应当更换。评标委员会成员的名单在中标结果确定前应当保密。评标委员会可以要求投标人对投标文件中含义不明确的内容作必要的澄清或者说明，但是澄清或者说明不得超出投标文件的范围或者改变投标文件的实质性内容。评标委员会、竞争性谈判小组、询价小组或单一来源采购小组成员应当按照客观、公正、审慎的原则，根据采购文件规定的评审程序、评审方法和评审标准进行独立评审。对采购失败的采购项目，评审委员会应出具采购文件是否存在不合理条款的论证意见。评标委员会、竞争性谈判小组或者询价小组成员应当在评审报告上签字，对自己的评审意见承担法律责任。[1][2]

六、发布中标公告

采购代理机构应当自评审结束之日起 2 个工作日内将评审报告送交采购人。采购人应当自收到评审报告之日起 5 个工作日内在评审报告推荐的中标或者成交候选人中按顺序确定中标或者成交供应商。采购人或者采购代理机构应当自中标、成交供应商确定之日起 2 个工作日内，发出中标、

---

[1]　全国人民代表大会常务委员会：《中华人民共和国政府采购法》（中华人民共和国主席令第 68 号），2002 年 6 月 29 日。

[2]　全国人民代表大会常务委员会：《中华人民共和国招标投标法》（中华人民共和国主席令第 21 号），2017 年 12 月 27 日修正。

成交通知书，并在省级以上财政部门指定的媒体上公告中标、成交结果，招标文件、竞争性谈判文件、询价通知书随中标、成交结果同时公告。中标、成交结果公告内容应当包括采购人和采购代理机构的名称、地址、联系方式，项目名称和项目编号，中标或者成交供应商名称、地址和中标或者成交金额，主要中标或者成交标的的名称、规格型号、数量、单价、服务要求以及评审专家名单。[①]

七、保存采购文件

采购人和采购代理机构应当妥善保存政府采购项目每项采购活动的采购文件，不得伪造、变造、隐匿或者销毁。采购文件的保存期限为从采购结束之日起至少保存 15 年。采购文件包括采购活动记录、采购预算、招标文件、投标文件、评标标准、评估报告、定标文件、合同文本、验收证明、质疑答复、投诉处理决定及其他有关文件、资料。采购活动记录至少应当包括采购项目类别、名称，采购项目预算、资金构成和合同价格，采购方式（采用公开招标以外的采购方式的，应当载明原因），邀请和选择供应商的条件及原因，评标标准及确定中标人的原因，废标的原因，以及采用招标以外采购方式的相应记载等内容。[②]

八、签订服务协议

政府采购合同是采购文件不可或缺的重要组成部分，适用合同法。采购合同文本应当包含法定必备条款和采购需求的所有内容，包括但不限于购买服务的内容、期限、数量、质量、价格、资金结算方式、双方的权利义务事项和违约责任等，并应与采购文件及投标（响应）文件一一对应，

---

① 国务院：《中华人民共和国政府采购法实施条例》（中华人民共和国国务院令第 658 号），2015 年 1 月 30 日。

② 全国人民代表大会常务委员会：《中华人民共和国政府采购法》（中华人民共和国主席令第 68 号），2014 年 8 月 31 日。

确保合同履约执行。①②③ 由于政府购买社会工作服务项目的经验不足，一些采购主体在实施购买活动时，未对采购合同、服务协议的重要性及其具体内容、细节引起足够重视，以致后续在项目实施过程中缺乏相关预算和服务依据，或相关预算与服务计划与实际情况不符。如在签订服务协议时发现采购合同中项目预算不合理、服务指标和服务成效要求不明确等问题时，应与中标方充分协商，在双方达成共识的基础上完善采购合同，形成最终服务协议。如是在项目执行过程中发现已签订的服务协议存在预算不合理、服务指标和服务成效要求不明确等问题时，应与中标方充分协商，在双方达成共识的基础上签订补充协议。签订补充协议时，如采购人需追加与合同标的相同的服务的，或者需要对项目预算进行调整的，在不改变采购合同、已签订的服务协议其他条款的前提下，可以与供应商协商签订补充协议，但所有补充合同的采购金额不得超过原合同采购金额的百分之十。④

九、项目监管与绩效评价

采购主体应当加强政府购买服务项目履约管理，及时掌握项目实施进度，督促承接主体严格履行合同，按照合同约定向承接主体支付款项。承接主体应当建立政府购买服务项目台账，依照有关规定或合同约定记录保存并向采购主体提供项目实施相关重要资料信息。行业主管部门、采购主体、财政部门应当加强政府购买服务绩效管理，完善政府购买服务绩效评价机制，建立健全以信息技术为基础的绩效执行评估，不断提高政府购买服务质量和效益。行业主管部门应当加强政府购买服务项目标准体系建

---

① 全国人民代表大会常务委员会：《中华人民共和国政府采购法》（中华人民共和国主席令第 68 号），2014 年 8 月 31 日。

② 广州市财政局：《广州市政府采购文件编制指导意见（2021 年修订）》（穗财规字〔2021〕3 号），2021 年 12 月 31 日。

③ 湖南省财政厅：《湖南省政府购买服务管理实施办法》（湘财综〔2020〕6号），2020 年 7 月 12 日。

④ 全国人民代表大会常务委员会：《中华人民共和国政府采购法》（中华人民共和国主席令第 68 号），2014 年 8 月 31 日。

设，科学设定服务需求和目标要求，会同财政等有关部门建立服务项目质量标准体系和支出标准体系。绩效评价指标应当在购买服务合同中予以明确，核心指标应当包括项目管理、服务质量、服务对象满意度、项目成本效益情况等内容；采购主体负责实施政府购买服务项目绩效管理，应当开展事前绩效评估，跟踪绩效目标实现情况，定期对所购服务实施情况开展绩效评价；财政部门可以根据需要，对部门政府购买服务整体工作开展绩效评价，或者对部门实施的资金金额和社会影响大的政府购买服务项目开展重点绩效评价。①

━━━━━━━━━━━━━━━━

① 湖南省财政厅：《湖南省政府购买服务管理实施办法》（湘财综〔2020〕6号），2020 年 7 月 12 日。

第 5 章

如何启动实施

不论牵头实施乡镇（街道）社工站建设的是省级、市级还是县级民政部门，在启动实施阶段，作为采购主体的这级民政部门，以及项目承接机构和站点一线社工都是该阶段最关键的参与主体。湖南省乡镇（街道）社工站建设项目的采购主体是县级民政部门，乡镇（街道）社工站建设的主体责任也就在县市区民政局，由县市区民政局负责立项申报、预算审批、政府采购、签订服务协议、跟进项目实施全过程。县级民政部门与项目承接机构签订服务协议后，乡镇（街道）社工站建设进入启动实施阶段，项目承接机构和站点一线社工成为社工站建设的主力军。但这并不意味着各级民政部门在乡镇（街道）社工站建设中的角色和任务已经完成，后续可完全交由项目承接机构和站点一线社工了。事实上，各级民政部门，尤其是县级民政部门在社工站的启动实施中扮演着重要角色并发挥着重要作用。首先，在站点一线社工招聘阶段，县级民政部门要会同本级组织、人社等部门，把好社工站工作人员素质关，确保驻站社工有初心、有能力，做得下、留得住；其次，县级民政部门要捋顺项目承接机构、站点工作人员与县市区民政局各业务股室、乡镇政府（街道办）、乡镇（街道）民政站办所、村（居）委会、其他基层服务力量以及其他县直政府单位和社会力量的关系，确保项目承接机构、站点工作人员既有自主开展服务的条件和空间，又能够链接和使用这些组织和个人的资源来开展服务；再次，县级民政部门要统筹协调民政部门及其他部门在基层的服务阵地，建成社工站服务点，保障社工活动场地，延伸社工服务触角，展示社工服务成果；最后，县级民政部门要会同专业力量支持、指导项目承接机构、社工站点完成需求与资源评估，协助各社工站量身定制符合本地实际的服务计划，并推进执行。

在实际工作中，县级民政部门受限于人员编制和专业，无法独自指导和监督社工站的启动实施，县级民政部门可通过政府购买服务建成县级社工总站，协助完成社工站建设的培训、督导、评估和日常监管等工作。同时，省、市两级民政部门要通过文件指引，以及省级项目办、市州指导中心提供的培训、督导、评估服务，或建立乡镇（街道）社工站专家联系点制度等方式，配套资深社会工作实务工作者、知名社会工作高校专家，支持县级民政部门、项目承接机构和站点一线社工启动实施社工站建设。为此，省、市两级民政部门在设计本级督导服务项目时，就要将县级民政部门、项目承接机构和站点一线社工在启动实施中的督导需求纳入计划。县级民政部门、项目承接机构和站点一线社工也要及时向上级反馈督导需求，并根据上级督导服务内容合理设计本级督导服务，避免各级督导服务的重复、冲突和割裂，切实把省市县民政部门配套的三级督导落实到社工站建设的日常工作中。有关项目监管和专业支持的具体内容将在接下来的两章进行详细介绍。

第一节　派驻社工人员

　　站点一线社工是乡镇（街道）社工站服务的直接提供者，其资质、能力和稳定性将直接决定乡镇（街道）社工站服务的数量和质量。因此，各级民政部门，尤其是作为采购主体的这一级民政部门，要在把好乡镇（街道）社工站项目承接机构能力关的基础上，继续把好乡镇（街道）社工站一线社工素质关。把好乡镇（街道）社工站人员素质关，首先要明确乡镇（街道）社工站从业人员的资质要求，建立健全与其人力资本相匹配的薪酬体系。在劳动力市场，岗位待遇水平的高低决定了该岗位能够吸引、留住何种能力水平的从业者。作为采购主体的这一级民政部门在向同级财政部门申报、审批经费时，在服务协议中设定项目预算时，在项目实施过程中执行项目预算时，应最大限度地优先保障站点一线社工的薪酬待遇；其次，作为采购主体的这一级民政部门要协同本级组织、人社等部门，指导和监督项目承接机构公开、公平、公正进行人员招聘，确保通过招考环节将最能胜任岗位、有"爱民为民"初心的应聘者筛选出来，聘用下来；再次，各级民政部门要组织开展新进社工岗前培训，确保其了解乡镇（街道）社工站建设的背景、目标、实施步骤、具体工作内容和基本工作方法；最后，作为采购主体的这一级民政部门应会同项目承接机构，将一线社工正式派往乡镇（街道）社工站上岗工作，向相关各方明确站点一线社工的身份及其工作职责，协调相关各方保障社工的基本工作和生活条件。

一、人员资质及薪酬待遇保障

国家将社会工作专业人才纳入六大主体人才队伍，并在国家职业资格目录（含专业技术人员职业资格目录、技能人员职业资格目录）中将社会工作师定位为专业技术人员，意味着社会工作师与医师、律师、教师等一样，需经过系统的学历教育和持续的继续教育，才能上岗执业。作为一个独立的学科和专门的职业，社会工作有其自成一体的理念价值、理论知识和实务技巧体系，这些价值、知识和技巧是无法通过一次性的、短期的技能培训来掌握和运用的，更不是无师自通的，而是需要经过系统的、长期的学习和实践方能逐步掌握和运用。当前，社会工作专业技术职称评定已覆盖初级、中级和高级职称，社会工作学历教育已覆盖专科、本科、硕士研究生和博士研究生，且以社会工作本科和研究生教育为主，由此也决定了我国社会工作专业毕业生的学历层次以本科和研究生为主。从劳动力的人力资本与其薪资待遇匹配的原则出发，专业社会工作人才的薪资待遇至少要与当地其他同学历层次的人员，或同专业技术职称等级的人员的平均工资基本持平，方能吸引和留住专业社会工作人才。

在实践中，各级民政部门在测算社会工作者的人力成本时，由于缺乏明确的标准和依据，往往容易以当地上年度平均工资水平，甚至最低工资水平为标准进行测算。如此一来，就容易导致社会工作专业毕业生人力资本与当地实际提供的工资水平的错构，因为我国大部分地区的劳动力平均教育水平尚未达到全日制研究生、全日制本科水平，当地上年度平均工资水平、最低工资水平无疑会低于全日制本科、研究生学历人群的平均工资水平。这样一来，乡镇（街道）社工站岗位便很难吸引和留住以全日制本科、研究生为主体的专业社会工作人才，大量非全日制学历、非社会工作专业出身的人员进入社工岗位从业。与科班出身的从业者相比，由于缺乏专业认同感，这些从业者相对更容易缺乏专业成长的内驱力；也由于一开始的专业能力不足，这些从业者更难获得工作场域中其他群体对其社会工作专业身份和能力的认可，很大程度上来说他们在日常民政事务或基层政府工作上的能力相比于专业服务能力更为突出。长此以往，乡镇（街道）社工站服务容易陷入低专业水平发展的循环圈，站点一线社工被行政吸纳的程度日益加深。

尽管各地经济社会发展水平、社会工作专业人才基础有差异，各级民政部门作为社会工作的行业主管部门和政府购买社会工作服务的购买主体，首先应充分与同级财政、人社等部门做好沟通衔接工作，在乡镇（街道）社工站建设立项申报和预算审批的时候，尽量做到从专业社会工作人才的人力资本及市场价值出发，最大限度地保障其工资福利待遇。其次，政府采购程序完成，确定项目承接机构之后，作为采购主体的这一级民政部门，要指导、监督项目承接机构依法依规、科学合理地设定项目预算，最大限度地优先保障站点一线社工的薪酬待遇，并严格按照预算执行。完善社会工作专业支持网络、推进全民生领域社会工作服务、建立健全社会工作岗位设置和薪酬激励体系，不断提升社会工作行业薪资待遇水平，不断拓展社会工作职业晋升通道，也是各级民政部门在顶层设计和社工站建设过程中要不断推进的。

相比于科班出身的社会工作专业人才，非科班的社工岗位从业人员不仅缺乏上岗即可开展专业服务的能力，也往往缺乏对社会工作专业、职业和岗位的认同感。由于专业认同感的缺乏，非科班的社工岗位从业人员往往难以看到社会工作专业服务的价值，甚至可能会觉得基层政府安排的日常工作都做不完，还来做这些"花里胡哨"的活动是多余的、无用的，也就更不愿意花时间和精力从零开始学习社会工作理论知识和实务技巧，最终导致各级民政部门和专业支持平台提供的培训、督导等专业支持服务"无效"，甚至出现社工站从业人员无心专业，"脱管"于项目承接机构和各级民政部门的现象。非科班出身的社工岗位从业者，最大的问题不在于

"上岗之前不会"，而在于其很可能在"上岗之后不学"。因此，当我们最大限度地保障一线社工的薪资福利，还不足以充分吸纳专业社会专业人才到全部社工岗位从业时，要全面考察、评估非科班出身应聘者对社会工作专业、职业、岗位的认识和认同，对应聘者直接面向民政服务对象提供各类专业服务的意愿和能力进行重点考察，遴选出虽"上岗之前不会"，但"上岗之后愿意学"的这部分有"爱民为民"初心，有社会工作专业认同的应聘者和专业"潜力股"。从而确保其在上岗之后，可通过专业督导、培训等继续教育逐步掌握社会工作的专业理论和实务技巧，逐渐提升乡镇（街道）社工站服务的专业化水平。

　　反复强调乡镇（街道）社工站建设的专业性和专业化的另一个重要原因在于，从各级财政部门绩效评价的角度来讲，不论是基层党委政府的中心工作，还是基层民政站办所的日常事务，都已配备专门的机构编制和人员编制去完成，在一些地方，各级党委政府和政府职能部门甚至已经聘用了大量编外人员协助完成上述工作，无须再额外从财政预算、社会救助专项资金、福彩公益金或其他财政性资金中配套经费来重复做这些工作。换言之，乡镇（街道）社工站如定位为协助基层党委政府和基层民政部门完成日常事务性工作，从财政部门绩效评价的角度来讲是不能产生任何成效的重复性财政投入。因此，乡镇（街道）社工站建设经费的合法性，来源于其不同于基层政府和民政部门事务性工作的专业服务。只有不断强化和彰显乡镇（街道）社工站服务的专业性、专业化，才能确保各级乡镇（街道）社工站建设经费顺利通过各级财政部门对财政预算资金、社会救助专项经费、福彩公益金的绩效考核，避免因各级财政部门对乡镇（街道）社工站建设经费的绩效评价不佳，而终止后续经费支持的情况出现。

二、人员招聘

　　在政府购买服务的实施方式中，乡镇（街道）社工站的人员招聘由项目承接机构具体负责，由作为采购主体的这一级民政部门，会同本级组织、财政、人社等部门全程指导、监督项目承接机构，参照机关事业单位人员招考程序开展人员招聘，做到招聘前有公告、招聘时有公开、招聘后有公示，严格把好乡镇（街道）社工站从业人员的素质关。统一招聘完成后，作为采购主体的民政部门要督促项目承接机构依法依规与录用人员签订劳动合同，按时发放工资和绩效，及时缴纳医保社保等规定的保险，提前防范和严格避免延长站点一线社工见习期、实习期，不按时为站点一线社工缴纳保险，变相克扣站点一线社工工资和绩效等非法用工行为。作为采购主体的民政部门同时要敦促项目承接机构建立健全站点一线社工人事管理制度，规范站点一线社工离职审批、重新招聘流程，确保乡镇（街道）社工站人员不缺岗、工作不断档，确保重新招录人员的资质和能力不"掉档"。整体而言，全国各地乡镇（街道）社工站从业人员均存在一定的流动性，人员招聘是作为采购主体的民政部门、项目承接机构长期面临的实际议题。各级民政部门和项目承接机构要想方设法留住乡镇（街道）社工站的优秀人才，同时要理顺乡镇（街道）社工站常态化招聘工作，避免因人员异动造成反复的人员招聘经费支出、乡镇（街道）社工站点工作停滞不前等问题。

尽管项目承接机构是站点一线社工招聘的具体实施方，但作为采购主体的民政部门负有守土之责，要指导项目承接机构公开公正组织招聘，"任人唯贤"选聘乡镇（街道）社工站从业人员，避免出现"关系户""人情户"，甚至成为解决退役军人、政府临聘人员就业问题的"安置岗位"。如将不符合人员资质要求的"关系户""人情户""安置户"安排进入乡镇（街道）社工站服务岗位，将大大增加作为采购主体的民政部门和作为用人单位的项目承接机构在工作统筹协调、人员统一管理和具体工作推动等方面的难度和复杂程度，甚至引发劳动人事纠纷。如此一来，本意为通过政府购买服务转变政府职能，"花钱找专业的人办事"的乡镇（街道）社工站建设，由于没有把好人员招聘关，演变成了"花钱给自己找事"的烂尾工程。因此，不论是作为购买主体的民政部门，还是作为承接主体的项目承接机构，或是作为项目实施单位的基层政府和基层民政部门，都应全力支持和推动本区域乡镇（街道）社工站点从业人员的公开、公平、公正招聘，让真正有初心、有认同、有能力的应聘者进入乡镇（街道）社工站工作岗位。

三、岗前培训

不论新招聘的乡镇（街道）社工站从业人员是否为社会工作科班出身，是否拥有社会工作从业经历，各级民政部门、项目承接机构都应组织其参加乡镇（街道）社工站新进社工岗前培训，以帮助其快速了解乡镇（街道）社工站点的工作要求和职责，初步掌握基本的工作方法。在岗前培训中，首先应让站点一线社工系统学习和了解乡镇（街道）社工站建设的背景、目标、实施步骤、具体工作任务和工作内容，帮助其快速了解自身工作角色和工作职责；其次，应让站点一线社工全面学习和熟悉民政服务对象及其需求，以及已有民政服务资源，如民政福利政策（临时救助、最低生活保障、高龄补贴、残疾人护理补贴、事实无人抚养儿童补助等）、民政服务阵地（乡镇敬老院、儿童关爱中心、儿童福利院、流浪乞讨人员救助站等）和民政服务力量（民政专干、儿童福利主任、居家养老护理员等），帮助其快速整合现有资源为有需要的服务对象提供个性化服务；最后，应让站点一线社工初步了解和熟悉社会工作的理论视角、价值理念、方式方法和文书撰写规范，帮助其快速实现从非专业从业者向专业从业者的身份转变。岗前培训还为同一县市区、同一市州乃至不同市州的站点一线社工搭建了交流平台，增强了站点一线社工的归属感和身份认同，也有利于日后相互学习交流。

四、人员上岗

作为购买主体的民政部门和作为用人单位的项目承接机构，在派驻一线社工进入乡镇（街道）社工站点前，应组织乡镇政府（街道办）主要负责人或民政工作分管领导、乡镇（街道）民政站办所负责人举行座谈会，就乡镇（街道）社工站建设的背景、目的、目标和任务等情况达成初步共识，就站点一线社工进驻后的工作条件和生活保障作出具体安排。之后，作为购买主体的民政部门应会同项目承接机构，将站点一线社工正式派送至各个乡镇（街道）社工站，组织乡镇政府（街道办）主要负责人、分管领导、乡镇（街道）民政站办所负责人、辖区内村（居）委会主要负责人以及基层民政服务机构负责人召开见面会，明确交代乡镇（街道）社工站的专业身份、工作职责、服务内容，及其与基层政府、基层已有民政服务体系的联动和协同机制，并协调解决站点社工的基本办公设施设备和工作餐、职工宿舍等后勤保障，为站点社工进驻和工作开展营造良好的氛围和条件。上述两个议程对于彰显民政部门在乡镇（街道）社工站建设工作中的部门主导地位、理顺乡镇（街道）社工站与基层政府及基层民政站办所之间的关系和职责具有重要意义。在可能的情况下，县级民政部门要与项目承接机构、基层政府和基层民政站办所，以及站点一线社工建立定期的协调联系机制，确保各方在不断凝聚共识的基础上持续推进乡镇（街道）社工站建设。

第二节　建立合作关系

乡镇（街道）社工站建设并不是要重新建立一个完全独立于现有民政工作体系的基层民政服务或者民生服务的平台，乡镇（街道）社工站的定位是弥补现有基层民政服务的不足，延长现有基层民政服务的臂力，进一步完善基层民政服务体系。脱离了现有的基层民政服务体系乃至基层民生服务体系，乡镇（街道）社工站就难以在原有工作基础（关系、人员、服务场地、福利政策、物资等）上开展工作，而项目承接机构和站点一线社工自身也难以有足够的资源开展服务，如此一来乡镇（街道）社工站工作局面将迟迟无法打开。各级民政部门，尤其是县级民政部门，要协助项目承接机构和站点一线社工与现有的基层民政服务体系、基层民生服务体系建立合作关系，达成联动，形成合力，确保项目承接机构、站点工作人员既有自主开展服务的条件和空间，又能够链接和使用这些组织和个体的资源来开展服务，具体包括县市区民政局各业务股室、乡镇政府（街道办）、乡镇（街道）民政站办所、村（居）委会、其他基层服务力量，以及其他县直政府单位和社会力量等。

一、县级民政部门各业务股室

乡镇（街道）社工站是民政部门在基层的专业服务平台，站点一线社工是民政部门在基层的专业服务队伍。一方面，民政部门的重点、特色、亮点工作，如当前民政部门加强基本民生保障、拓展基础社会服务、创新基层社会治理的各项工作，可依托这支队伍去实施；另一方面，站点一线社工通过入户走访、其他机构和个人转介、服务对象上门求助等渠道发现民政服务对象及其需求后，也需要链接县级民政部门各对应股室的政策资源、专项服务经费等，去回应和解决民政服务对象需求。如站点一线社工主动发现了事实无人抚养的儿童、临时生活困难的家庭，则需要对接儿童福利股、社会救助股，协助申请相关事实无人抚养儿童补助、临时生活救助。乡镇（街道）社工站和站点一线社工是各级民政部门，尤其是县级民政部门在基层的有力抓手，县级民政部门各业务股室要和各站点一线社工密切配合，共同推进民政领域社会工作服务。站点一线社工可以帮助各股室走访、发现服务对象，协助各股室完成各项专业服务工作，各股室则可以指导站点一线社工了解民政服务对象、民政业务，为站点一线社工提供对应的政策和资源支持。

二、乡镇政府（街道办）

乡镇政府（街道办）是最基层的政府，各级政府及其职能部门的工作任务最终都落地在乡镇政府（街道办），乡镇政府（街道办）需直面广大群众的需要、诉求，甚至是矛盾、冲突，工作任务重，工作压力大。加之基层政府的晋升空间相对受限，青年公务员流动性较大。在事多人少的背景下，基层政府将主要人力集中在经济建设等中心工作，基层社会治理和深度社会服务等方面的工作力量相对薄弱。乡镇（街道）社工站这支平均年龄在 35 岁以下、最低学历为大专的专业社会服务力量，深入基层一线，关爱服务困难人群，将潜在的矛盾和冲突化解在最前端，大大缓解了基层政府的维稳压力。乡镇（街道）社工站建设作为创新社会治理的重要方式，还可以助力基层政府加强基本民生保障，加强社会建设。而基层政府不仅为站点一线社工提供基本的工作和生活保障，也为站点一线社工开展专业服务提供条件，如活动经费的支持、工会福利和下乡补助的发放等。在东部沿海地区，不少乡镇政府（街道办）更是自行出资购买社会工作专项和综合服务，解决社会发展中遇到的各类问题，满足辖区内村（居）民的美好生活需要。乡镇（街道）社工站服务与基层政府工作是相互支持、相得益彰的。

三、乡镇（街道）民政站办所

2012年乡镇（街道）机构改革之前，乡镇（街道）民政干部主要由县级民政局垂直管理，并设有单独的行政职责机构，即乡镇（街道）民政所（办）。改革以后，乡镇（街道）民政人员的人事权、财权等统一划归乡镇政府（街道办）直接管理，民政工作合并到劳动与社会保障中心（社会事务办）。乡镇（街道）民政工作人员不仅要完成属于民政的本职工作任务，还要做好乡镇政府安排的各项兼职工作，甚至常年"蹲点包片"，顾此失彼，忙于应付，[1] 很难有时间和精力主动上门发现服务对象，系统深入了解其需求，并提供个性化、专业化服务。乡镇（街道）社工站一线社工的进驻，有效弥补了乡镇（街道）民政站办所在个性化、专业服务上的不足，缓解了基层民政工作压力，提升了基层民政服务成效。而乡镇（街道）民政站办所作为关键守门人，不仅可为站点一线社工争取乡镇政府（街道办）的工作支持，也可帮助站点一线社工快速认识辖区内村（居）委会班子成员、民生协理员、儿童福利主任、其他基层服务力量，快速熟悉民政服务对象和民政政策，顺利打开工作局面。乡镇（街道）民政站办所还可帮忙对接乡镇卫生院（社区卫生服务中心）、乡镇中心小学、乡镇敬老院以及其他爱心组织和个人，协同站点一线社工为有需要的村（居）民提供服务。

---

① 湖南省民政厅：《湖南省基层民政能力建设调研报告》，2017年8月。

四、村（社区）民政服务力量

村（居）委会成员、民生协理员（民政专干）、儿童福利主任①、养老护理员等是基层民生服务的主要承担者。作为村庄（社区）内部成员，他们非常了解辖区内村（居）民的情况，是站点一线社工进入村庄（社区）的重要引荐人，也是站点一线社工重点培力的对象。根据当前乡镇（街道）社工站的经费规模，湖南省每个乡镇（街道）社工站配备的人员是 1~4 名，经济社会发展水平更高的地方可能按照每个村（社区）1 名驻站工作人员的标准配备。整体来说，各乡镇（街道）社工站的服务力量和服务资源非常有限，其能够提供的直接服务因此受限。站点一线社工不仅需要依托民政系统现有的福利政策、服务阵地，更要培力现有的村（社区）民政服务力量，如村（居）委会成员、民生协理员（民政专干）、儿童福利主任等。县级民政部门、乡镇（街道）民政站办所要鼓励、指导乡镇（街道）社工站与村（居）委会成员、民生协理员（民政专干）、儿童福利主任的合作。一方面，站点一线社工要充分发挥自身专业优势和综合能力，通过协助村（居）委会成员、民生协理员（民政专干）、儿童福利主任链接更多村民自我服务和发展的资源，提升他们的活动设计、动员和组织能力，提高他们直接提供服务的能力，增强基层民政服务能力和服务水平。如联系职业培训学校老师为居家养老护理员、村（社区）日间照料中心护理员提供护理技能培训，邀请儿童保护专家为儿童福利主任讲解儿童保护政策、知识和技巧，由资深社会工作实务工作者为村支"两委"、民生协理员（民政专干）宣讲困难群体资源链接方式方法等。另一方面，村（居）委会成员、民生协理员（民政专干）、儿童福利主任等可帮助站点一线社工快速融入村庄（社区），并将其无力回应的个案及时转介给站点一线社工，由站点一线社工跟进服务，切实回应困难村（居）民的服务需求。

---

① 在一些村庄，民生协理员（民政专干）、儿童福利主任等由村支"两委"成员兼任。

五、其他基层服务力量

乡镇卫生院（街道卫生服务中心）、村（社区）卫生室，乡镇中心小学教师、村小老师，乡村振兴驻村干部、大学生村官、高校暑期"三下乡"师生团队等其他基层服务力量，也是站点一线社工需要建立联系和合作的对象。县级民政部门和乡镇（街道）民政站办所要提供条件，鼓励乡镇（街道）社工站积极盘活、大力整合辖区内其他基层服务力量，找到工作切入点和结合点，通过跨专业、跨领域的团队合作，为村（社区）高龄老人、困境儿童、留守妇女、低收入家庭等民政服务对象提供更多、更好的个性化的专业服务，不断凝聚基层服务力量，致力于打造乡镇（街道）区域内的民生服务网络体系。

六、其他县直政府单位及社会力量

对于偏远地区的乡镇社工站点而言，本乡镇的慈善资源和志愿服务力量相对有限，但这些地区往往又是困境人群更加集中、更需要外部资源支持的地方。各级民政部门要充分发挥慈善活动、志愿服务主管部门的优势，将区域内的优质慈善资源、志愿服务力量向偏远乡镇的社工站点引流，确保站点一线社工在前线发现了需求后，可从县级民政部门、其他县直单位及慈善社会力量中找到资源支撑去回应、满足这些需求，实现慈善社会资源效益最大化。此外，不同的政府部门、群团组织的服务对象有重叠之处，但同一部门不同业务口，以及不同部门的服务资源最终都是落点乡镇（街道）和村（社区），这为站点一线社工统筹整合并重新优化配置这些服务资源提供了条件。

第三节 建设服务阵地

专门的社会工作服务场地是开展专业社会工作服务的前提，也是展示社会工作专业服务成效的重要载体。在乡镇（街道）社工站建设启动前期，部分民政部门未对此引起足够重视，在统筹推进社工站阵地建设时，只安排了办公场地，而未提供专业服务场地的情况普遍存在。一般来说，乡镇（街道）社工站办公场地设在乡镇政府（街道办）驻地，这有利于站点一线社工与乡镇政府（街道办）、乡镇（街道）民政站办所建立并保持良好的合作关系。但乡镇政府（街道办）驻地办公用房紧张，基本上很难腾出空间来为社工站配备专门的个案咨询室、小组活动室等专业服务功能室，且乡镇政府（街道办）驻地远离民政服务对象，不便于服务对象前来参加活动。湖南鼓励乡镇（街道）社工站采取"一站多点"的阵地建设和服务模式，在乡镇（街道）设立社工站，村（社区）和其他民政服务队对象集中的单位设立社会工作服务点，就近为服务对象提供专业服务。作为采购主体的这一级民政部门应协助项目承接机构和站点一线社工，在乡镇政府（街道办）驻地配备社工站办公室的基础上，统筹协调村委会大楼（社区服务中心）、乡镇敬老院、村小、儿童关爱中心、日间照料中心、农家书屋等现有基层服务阵地，设立村（社区）社工室或社会工作服务点，就近为服务对象提供社会工作专业服务。[①]

一、指导服务点选址

乡镇（街道）社工站驻村（社区）社工室或服务点的选址不仅直接影响服务对象的参与度，也在一定程度上影响着在地力量对社工站工作的支持力度，以及其他服务力量、服务资源的可及度。作为采购主体的这一级民政部门（或县级民政部门）要指导和督促项目承接机构、站点一线社工选择合适的服务点。一般来说，在选取服务点的时候，要按照交通便利、场地友好、长期可用、在地支持和闲置空间激活的原则来确定。

（一）交通便利、环境安全

村（社区）社工室或社会工作服务点应尽量选在人口集中、方便服务对象到达、周边环境安全的地方，不宜选择偏僻、交通不便之处，以避免

---

① 乡镇（街道）社工站、村（社区）服务点的视觉化设计可参考《湖南省乡镇（街道）社工站视觉化设计指引手册》。

服务对象因路途遥远、交通不便而放弃参加活动，排除服务对象在往返途中的安全隐患。也可选择服务对象不必通勤便可参与活动的地址，如直接在敬老院内设立社会工作服务点，为住院老人和养老护理员提供服务，或在村小学内设立社会工作服务点，为校内的困境儿童提供服务等。此外，交通不便的地方，外来的慈善资源和志愿服务力量难以到达，外来参访也多有不便。尤其要注意，社会工作服务点不宜选在地质灾害点，或河道旁、池塘边，车流混杂的路口等周边环境复杂、安全隐患大的地方。

（二）场地友好

首先，服务点的服务场地应房屋结构稳定，在正常的使用期限之内，不是危房。场地应通风、采光良好，空间布局基本合理，或在不影响房屋主体结构的情况下进行小幅改造后（如对木房的隔断进行拆除，增加或者扩大房屋的通风、采光区域等），场地的空间布局合理，适宜开展个案咨询、小组活动或社区活动。其次，服务场地应满足特殊群体的需要，如为残疾人士提供专业服务的场地，最好在有无障碍通道的一楼区域，或电梯可达的二楼及以上区域，为儿童提供专业服务的场地，最好有围墙、护栏等防走失、跌落的设施。最后，场地选址还需充分尊重当地的文化和风俗，不要选在当地群众认为的"风水"不好、有禁忌的场地。

（三）长期可用

选定的场地通常不能直接作为社会工作专业服务场地，需站点一线社工、项目承接机构、县级民政部门等投入或链接经费、物资和其他资源，对空间布局进行小幅改造，配齐专业服务所必需的设施设备，并进行视觉化设计和装饰等，这当中包括部分不便拆卸、不可重复利用的设施设备和装饰等。如果服务场地改装完后可供使用的期限很短，无疑会造成前期服务场地建设所投入的时间、精力和物资的浪费。服务场地被服务对象所熟知、接受，并成为人们茶余饭后聚集的公共空间需要时间，频繁更换服务场地将导致站点一线社工一直停留在开展活动聚集人气的初级阶段，难以推进更深层次的专业服务。频繁变更服务场地也容易让长期参与活动的服务对象产生不好的情感体验，难以形成对服务点的归属感。

（四）在地支持

受限于经费等实际情况，社会工作服务点服务活动场地的改装和维护，通常需要发动服务对象和其他村（居）民投工投劳，在选定服务场地的时候需征得驻点单位、村（居）委会成员、村（居）民以及与场地相关的其他政府部门的同意和支持，避免在场地前期装修和后续使用过程中出现争议、纠纷。场地的选取还要符合当地风俗习惯和文化传统，避免村民因风水、禁忌、历史恩怨等原因不愿参与服务场地的建设，不愿使用服务场地。

（五）闲置空间激活

长久以来，阵地建设一直是各级各部门在基层服务中的规定动作，因而在村（社区）中一般都已建有各类服务阵地，如村部大楼（社区服务中心）、敬老院、福利院、儿童关爱中心、日间照料中心、农家书屋等。尤其是近年来撤点并校、撤乡并村，不少被合并的村小学、村部大楼闲置，加之新建村小学大楼、村部大楼规模一般都不小，在新建村小学大楼、村部大楼也有闲置空间。项目承接机构和站点一线社工应全面盘点辖区内相关场地，从中择优选择专业服务场地。也有部分村民愿意将自家闲置的房屋无偿或低价提供给社工站使用，在无闲置公共空间可用，且租赁和改建经费等条件具备的情况下，这也不失为一种选择。

二、支持服务点装修

社会工作服务的专业性首先直观地体现为活动场地的专业性，社会工作活动场地在空间布局、墙面装饰、家具（如桌椅、沙发等）等的装修风格上与政府办公室、日常居家环境均有所不同，需符合服务对象的身心特点和服务需求，凸显社会工作元素。往往需要对原有闲置的场地进行小幅改造、装修，才能变身为社会工作专业服务场地。各级民政部门要统筹本部门相关经费和项目，支持项目承接机构、站点一线社工进行服务点装修。作为采购主体的这一级民政部门（或县级民政部门）还应鼓励项目承接机构、站点一线社工对外链接服务点装修资源，如协同社区居委会申请联合国儿童基金会儿童友好社区建设，协同村小学老师申请壹基金壹乐园、音乐教室建设等。有关乡镇（街道）社工站点、村（社区）社工室和社会工作服务点视觉化设计的具体指引，可参考《湖南省乡镇（街道）社工站视觉化设计指引手册》。整体来说，应遵循服务对象为本的原则，凸显社会工作专业元素。

（一）以服务对象为本

社会工作活动场地的装修要符合服务对象的身心特点和服务需求，如面向儿童青少年的服务场地，其装修风格要以活泼、明快的色调为主，要有较为宽敞的活动和游戏空间，要选择没有尖锐、突出棱角的桌椅等家具，如果是面向老年人的活动场地，其装修的整体色调要相对沉稳、柔和，墙面、楼梯等处应安装扶手等设备。社会工作服务场地装饰时要充分尊重当地的宗教信仰和文化传统，适当融入民族元素和当地特色，如侗族地区（村寨）的社会工作服务点可融入鼓楼、芦笙、琵琶、侗服等侗族元素，增强服务对象对活动场地的认同感和归属感。

（二）突出社会工作专业元素

不论是上墙的装饰，还是摆放的家具等，应该尽量选择温馨的色调和材质，且最好是灵活可变、便于移动和更换的。如墙面最好少挂方方正正的各类管理制度，而代之以既能体现社工站服务内容，又便于随时更新的活动照片展示墙、活动成果展示架等。又如家具最好选择可折叠椅子、可拼装桌子，且从材质来讲最好是相对轻巧的。在空间的功能分区上要与对应的服务类型相匹配，个案咨询室应该设置在相对封闭、隐私的空间和场地，小组活动室应该设置在相对宽敞但又不是完全开放的空间和场地。办公区域如果和服务场地相连，则要通过镂空书架、屏风进行适当隔断。

第四节　开展服务活动

当前，各地乡镇（街道）社工站项目承接机构的管理团队和站点一线社工的社会工作教育背景、从业经历和服务经验都相对缺乏，如在湖南省乡镇（街道）社工站建设启动初期，不少上岗一年有余的站点一线社工，跟着基层政府、村（居）委会开展了不少社区活动，如三八妇女节活动、社区防灾减灾演练、儿童防溺水教育等，但还未在本乡镇（街道）内系统开展社区调研、形成本站点年度服务方案，也还未撰写过专业服务文书。乡镇（街道）社工站建设进入服务活动开展阶段后，项目承接机构和站点一线社工成为乡镇（街道）社工站服务的主角，但各级民政部门及其乡镇（街道）社工站建设指导平台依然要全程跟进乡镇（街道）社工站工作开展情况，定期调度乡镇政府（街道办）、乡镇（街道）民政站办所与项目承接机构、站点一线社工工作，理顺各方协同关系，并举全力提供专业支持。通过这样一个过程，逐步培养"社工小白"成为专业社会工作人才，培力初创期民办社会工作服务机构成为专业型、枢纽型社会组织。当然，在部分先发地区，或者当项目承接机构和站点一线社工已具备良好的社会工作专业背景和经验，可以独立进行社区调研、设计服务方案和开展专业服务时，各级民政部门和乡镇（街道）社工站指导平台的角色应逐步淡化，给予项目承接机构和站点一线社工足够的专业自主权。

具体来说，各级民政部门和乡镇（街道）社工站建设指导平台要支持项目承接机构和站点一线社工开展社区调研，全面了解民政服务对象情况和需求，全面盘点村（社区）的优势和资产，以及民政系统、项目承接机构和辖区内可链接的服务资源。要组织资深社会工作实务专家、乡镇（街道）民政站办所、项目承接机构、站点一线社工以及驻点单位、村（居）民骨干和民政服务对象代表，共同商定各社工站点年度服务方案，包括重点服务区域、服务人群、服务目标、服务内容、服务指标、服务成效、工作进度、服务预算及风险防控方案等。要协同资深社会工作实务专家督促、指导项目承接机构和站点一线社工按照年度服务方案有序开展各项活动。要联合省内外高校社会工作专家学者开展社会工作行动研究，宣传报道乡镇（街道）社工站建设的工作成效，总结提炼乡镇（街道）社工站建设的本土经验、模式和理论。

一、了解服务需求

进入乡镇（街道）或者驻点村（社区）后，各级民政部门及其配套的专业支持服务承接方要指导站点一线社工通过查阅地方志、村史资料，访谈关键人物，社区走访等多种方式，了解该乡镇（街道）或村（社区）的历史沿革、人口构成、地理位置、交通情况、生态环境、风俗文化、权力关系、组织情况、生产与经济、生活休闲等概况，并在此基础上围绕民政服务对象进行需求评估。精准的需求评估是科学设计服务方案、有效开展服务活动的第一步。需求评估对于社会工作实务最重要的作用有两点：一是准确识别"谁是最有需要的人"；二是找到"最合适的助人方式"，从而确保有限的服务资源的效益最大化。从这个意义上讲，需求评估不仅仅是项目启动之初需要做的事情，它要贯穿项目的始终。

精准的需求评估有赖于多元的评估方式。问卷调查和入户访谈是两种最常见、最重要的需求评估方式。但这两种评估方式并不是万能的，它们可能存在不适用的情况。如在一个语言不通的少数民族桐寨开展老年人需求评估，汉字版的问卷及普通话访谈都会存在问题，由于侗族老人对汉字、普通话的理解存在障碍，他们在汉字问卷填答、普通话访谈对话中对问题的误解和误答不可避免。如此一来，不仅资料整理的难度大，资料的可信度也存疑。因而要采取更加多元的需求评估方式，如查阅相关的文献、政府工作报告、行业工作报告、地方志、村史等现有资料。观察村庄的环境、建筑、服装、饮食，以及村民的生产生活、娱乐休闲等。应通过多元评估方式的三角论证，来增强需求评估的信度和效度。

实际工作中的需求评估更为复杂。乡镇（街道）社工站建设涉及多元主体，有作为购买主体的县级民政部门，作为承接主体和用人单位的项目承接机构，作为服务使用者的服务对象，作为服务提供者的站点一线社工，还有乡镇政府（街道办）、乡镇（街道）民政站办所及其他驻点单位等。上述主体在参与乡镇（街道）社工站建设的过程中，或者在与站点一线社工合作的过程中，都有其工作要求，或自身诉求。在需求评估、设计服务方案和开展各项服务时，应以谁的需求为本呢？毫无疑问，要以民政服务对象的需求为本。回应和满足民政服务对象日益增长的美好生活需要，是乡镇（街道）社工站建设的根本合法性所在，但同时也要兼顾其他参与主体的工作要求。这就要求在设计和开展乡镇（街道）社工站服务时，要从服务对象的具体诉求出发，找到一个相关各方共同认可的切入点、平衡点去推进社工站服务，方能联动各方、事半功倍。否则，站点一线社工将困在各方不同的工作要求和服务诉求之中，疲于应付。各级民政部门和指导中心尤其要留意，避免各级民政部门、乡镇政府（街道办）、乡镇（街道）民政站办所、项目承接机构等参与主体将自身的工作目标和工作任务取代民政服务对象的服务诉求，成为乡镇（街道）社工站点的目标和任务。

二、盘点服务资源

各级民政部门和社工站指导平台在指导项目承接机构和站点一线社工开展本乡镇（街道）、村（社区）民政服务对象需求评估的同时，还应指导其盘点可用于回应和满足需求的资源、能力和优势。这些资源、能力和优势首先包括站点一线社工自身的能力和特长，如站点一线社工是一位心理学专业的毕业生，擅长开展心理疏导、心理慰藉和心理咨询等服务，在设计服务方案和开展活动时，可结合站点一线社工的这一特长来进行。其次是项目承接机构的资源、能力和优势，如项目承接机构是一家长期从事儿童保护和儿童发展服务的民办社会工作服务机构，其在困境儿童关爱保护领域不仅拥有丰富的服务经验，且初步建立起儿童保护和儿童发展的服务资源库，在设计服务时，可结合乡镇（街道）、村（社区）困境儿童关爱保护需求，充分运用项目承接机构的这些成熟经验和服务资源来开展工作。再次，省市县各级民政部门的不同业务口，主要是县级民政部门的各个业务股室，有专门的救助、补助等福利政策，专项的服务项目，以及公益慈善资源和志愿服务力量等资源，乡镇（街道）社工站点要充分利用这些服务资源来服务辖区内的民政服务对象。最后，乡镇（街道）或村（社区）内部的优势、资产和资源，也是乡镇（街道）社工站可运用的潜在服务力量和服务资源，具体可从文化、生态、经济、社会、组织、个人等方面进行盘点，以"组织"资产为例，不少村庄（社区）成立了舞蹈队、文艺队、红白理事会、老年协会等自组织，乡镇（街道）社工站可通过组织培育，联动这些自组织一起开展困境儿童、困境老人和留守妇女服务。

三、共同制订服务方案

在服务对象需求评估及可用于回应和满足服务对象需求的服务资源盘点的基础上，各级民政部门和社工站指导平台要指导项目承接机构和站点一线社工制订乡镇（街道）社工站点的年度服务方案。此处要有一个共识，即乡镇（街道）社工站服务的开展不只是站点一线社工的事，也不是仅仅依靠站点一线社工就可以做好的。尽管站点一线社工具体负责服务活动的开展，但做好这些服务和活动离不开各级民政部门和社工站建设指导平台，尤其是县级民政部门和县级社工总站，以及乡镇（街道）民政站办所、项目承接机构和驻点单位等多方的参与和支持。在设计乡镇（街道）社工站点的年度服务方案时，最好是在县级民政部门和资深社会工作专家的指导下，由项目承接机构、站点一线社工会同乡镇（街道）民政站办所、驻点单位、村（居）民骨干和服务对象代表等座谈、商讨、论证，共同敲定各站点的年度服务方案，包括重点服务区域、服务人群、服务目标、服务内容、服务指标、服务成效、工作进度、服务预算及风险防控方案等。经由多元主体共同参与制订出来的服务方案，集思广益，更具可行性和可操作性。各相关主体也通过切身参与，充分了解社工站各项工作的安排、进度及自身在其中的角色和任务，从而能够更好地支持各项工作落地。

各相关主体在参与制订乡镇（街道）社工站年度服务方案时，应遵循以下基本原则：首先，要"以服务对象需求为本"，尤其是要"以困难群体的需求为本"，但同时要兼顾各方的工作要求。这也是在制订服务方案时，要将县级民政部门、资深社会工作专家、项目承接机构、站点一线社工、乡镇（街道）民政站办所、驻点单位、村（居）民骨干和服务对象代表等拉到一起座谈、商讨、论证的原因。其次，要注重服务需求与服务资源的匹配性。如果社工站点将某一服务内容定为重点工作，最终却找不到资源来推进该项服务，那站点的工作进度和服务成效便会大打折扣。最后，要注重服务的系统化、专业化，关注过程目标的实现，而非割裂的、单个的、一次性的活动。有别于乡镇（街道）民政站办所审批相关救助和补贴资格，定期或一次性发放救助金，乡镇（街道）社工站是通过一系列不断进阶的服务，来实现个体层面助人自助、社区层面社区互助、社会层面社会共助的过程目标。

在乡镇（街道）社工站启动实施初期，站点一线社工还处在工作岗位和生活环境的适应期，社工站建设相关各方也处在磨合期，且社工站点的服务资源库刚刚开始建立，因而在初期不宜设计过多的服务内容和过高的服务指标。在可能的情况下，县级民政部门和县级社工总站要支持项目承接机构和站点一线社工聚焦于某一具体人群或领域，设计和开展一系列探访、个案、小组和社区活动，集中火力作出专业服务成效，帮助站点一线社工尽快赢得相关各方认可，树立并不断增强其专业自信心。在此基础上，通过扩大服务人群、拓展服务内容、丰富服务方式等路径，"以点带面"，不断做强做大社工站点的专业服务。乡镇（街道）社工站点的服务内容和服务指标应从一个相对宽松的标准起步，往后数量逐年增加，质量逐年进阶。

四、活动开展与成效总结

各级民政部门和乡镇（街道）社工站建设指导平台，尤其是县级民政部门和县级社工总站，要定期监督和指导项目承接机构、站点一线社工及其他相关各方，按照年度服务方案有序开展各项服务活动。县级民政部门和县级社工总站可每月或每季度召集项目承接机构、站点一线社工和乡镇（街道）民政站办所工作人员等举行乡镇（街道）社工站建设调度与督导会，并委派资深社会工作实务专家和高校社会工作学者定期深入实地开展专项督查和专业督导，及时发现各乡镇（街道）社工站点面临的阶段性问题和风险，通过关系协调、工作调度、政策指引、资金支持等多种方式，及时处理并解决这些问题和风险。各级民政部门和乡镇（街道）社工站建设指导平台还要注重优秀服务案例、典型项目经验的挖掘、总结和提炼，将这些好的案例、经验推介到其他社工站点，乃至其他县市区、其他市州，助力全省乡镇（街道）社工站建设更快更好发展。各级民政部门还可对接省内外社会工作高校、主流宣传媒体、权威学术期刊和出版社等，合作开展乡镇（街道）社工站建设行动研究，发表专题研究，出版主题书籍，为探索本土社会工作实务模式、建构本土社会工作理论体系添砖加瓦。

案例分享

长沙市望城区乡镇（街道）社工站运营经验与启示

长沙市望城区辖 14 个镇街、139 个村（社区），全区基层民政服务力量相对充足，但社会工作发展起步较晚，专业社会工作机构和社工人才稀缺，社会工作认知度低。为破解社会工作起步阶段难题，2018 年 6 月，望城区民政局以乡镇（街道）社工站建设为契机，多次组织乡镇（街道）社会事务办和社会组织代表开展专题调研，决定在乔口镇等三个街镇试点开展乡镇（街道）社工站专业服务。2019 年 1 月，区民政局通过公开招投标确定三家项目承接机构，运营 15 个社工站（含 1 个区级社工总站）。2 月底，各项目承接机构通过"笔试+机试+面试"的方式，公开招聘并录用 30 名站点一线社工（每个站点 2 人）。3 月 1 日，全区 15 个社工站正式驻点运营。四年多来，在区民政局、基层政府、区级社工总站、项目承接机构和站点一线社工的共同努力下，望城区乡镇（街道）社工站服务专业化、特色化发展稳步推动，取得了明显成效。

一是阵地建设有样。乡镇（街道）社工站选址均经区民政局把关，根据"相互融合、相互独立、相互支持"的建站宗旨，建于所在街镇办公区"15 分钟生活圈"，既和街镇联合办公又相对独立。各乡镇（街道）社工站阵地均按照省级乡镇（街道）社工站视觉化设计指引装修、装饰到位，办公室、个案工作室和小组工作室配套齐全，标识标牌等规范上墙，营造亲民而专业的场地环境。

二是工作保障有力。区委、区政府领导高度重视乡镇（街道）社工站建设工作，出台《长沙市望城区街道（镇）社会工作服务站项目实施方案

（试行）》，并将社工站建设纳入全区脱贫攻坚等中心工作统筹部署。各基层政府在专业服务场地、后勤保障等方面给予大力支持，个别街镇还出资支持打造特色站。民政干部与站点一线社工结"师徒"对子，生活上关心关爱社工，加快了社工成长速度，有效促进了站点融合。

三是工作制度有章。形成了"社工一日一总结、站点一周一汇报、机构一月一调度、总站一季一评估"的工作机制，还根据"以服务产出和社会评价为主体、注重街镇考核权重"的理念，出台了社工站建设与运营标准，加强对各站点的区本级管理，有效促进社工站提升服务、创先争优。

四是协同配合有效。区民政局、基层政府、区级社工总站和项目承接机构等各相关方将全区社工站专业化服务作为共同目标，统一行动，并积极联动群团组织和社会组织等，促进基层服务资源向社工站汇聚，实现资源共享与互补。站点一线社工与区民政局各业务科室保持密切联系和互动，站点服务与各业务线重点工作紧密结合，大大提升了民政专业服务水平。

五是人才培养有方。区民政局会同区级社工总站和社会工作高校专家，量身制订站点一线社工专业成长计划，开发"社会工作专业知识+民政业务"课程体系，完善社会工作者APP题库，并组织站点一线社工外出学习交流。通过区级社工总站提供一对一"线上+线下"督导，项目承接机构外聘督导，站点一线社工同辈督导，结合省、市两级配套的专业督导搭建五级督导体系，分级、分类指导站点一线社工开展各项工作，站点一线社工专业能力得到快速而持续的提升。截至2023年9月，全区站点一线社工持证率已达95.5%。

六是专业服务有型。区民政局和区级社工总站通过统筹区民政局不同业务口、区直相关部门服务资源，分领域系统设计了一系列社会工作专项服务项目，交由项目承接机构和站点一线社工执行，并按照专业活动开展情况给予站点一线社工绩效奖励，各类专业服务有声有色开展。如在社会救助领域开展"星火救助"社会工作专项服务，为已落实救助政策但仍存在困难的服务对象链接专业服务或物质救助等资源，在儿童关爱保护领域开展"童伴夏令营""童伴妈妈""童伴空间""童伴成长"等系列儿童社会工作专项服务，在养老服务领域开展"乐龄督导"社会工作专项服务，联动辖区内已有养老服务体系，为有需要的老人提供权益保障、照顾安排、救助帮扶、家庭辅导、健康管理、康乐服务、环境改造等服务。

第6章

如何做好项目监管

乡镇（街道）社工站建设进入常态化运作阶段后，不断建立健全项目监管和专业支持网络，推进乡镇（街道）社工站建设持续健康发展，是各级民政部门的主要工作。如表 1-1 所示（见第 1 章第三节），乡镇（街道）社工站建设既不是单单依靠各级民政部门就能做好的，也不是完全依托社会工作行业（项目承接机构、站点一线社工）和学界就能持续发展的。乡镇（街道）社工站建设一方面要依靠各级民政部门，在"行政逻辑"下层层做好项目监管，持续规范和完善各级民政部门在社工站建设中的运作机制；另一方面要依托社会工作行业和学界建立各级指导平台（省级项目办、市级指导中心、县级社工总站），培力项目承接机构和站点一线社工，在"专业逻辑"下做好服务开展与专业支持。其中：项目监管主要通过上级民政部门对下级民政部门、本级社工站建设指导平台和乡镇（街道）社工站建设项目承接机构的监管，以及同级财政、审计等相关部门对民政部门乡镇（街道）社工站建设经费（财政性资金）的绩效评价和审计来实现；专业支持则通过各级乡镇（街道）社工站建设指导平台和县市区乡镇（街道）社工站建设项目承接机构来实现。本章将就各级民政部门如何做好项目监管这一议题展开讨论。

如前所述，各地乡镇（街道）社工站建设基本上是在民政部的统一部署下，由省级民政部门统筹规划和推进实施的基层民政领域社会工作服务项目，也有一些省份在全省大规模建设之前，由部分市县先行先试。不论是省民政厅统筹推进，还是市县民政部门牵头试点，乡镇（街道）社工站建设最终都是落地在乡镇（街道）层面。为确保乡镇（街道）社工站建设健康、持续发展，各级民政部门要充分运用政府上下级机构间的行政考核和业务指导关系，要认真履行购买主体对各级指导平台承接方、县级乡镇（街道）社工站建设项目承接机构的资金监管和成效监测责任，将"省民政厅—乡镇（街道）社工站"的"长距"遥控转换成"省民政厅—市州民政局—县市区民政局—乡镇（街道）民政站办所—乡镇（街道）社工站"的"短距"监管，构建有力、有效的乡镇（街道）社工站建设层层监管体系，确保乡镇（街道）社工站建设不断朝着规范化方向发展。各级民政部门监管的对象主要包括下级民政部门、本级乡镇（街道）社工站指导平台和县市区乡镇（街道）社工站建设承接机构等对象，监管的主要内容包括日常工作监测、财务行为规范性和专业服务（含专业支持服务）有效性三个方面。

第一节　对市级民政部门的监管

市级民政部门是"省民政厅—市州民政局—县市区民政局—乡镇（街道）民政站办所"监管体系的关键中间环节，在省民政厅（社工站建设统筹规划方）和县市区民政局（社工站建设组织实施方）之间发挥着不可替代的"承上启下"作用。市级民政部门通过复制省级民政部门有关乡镇（街道）社工站建设的体制机制和具体措施，有力地将省级民政部门关于乡镇（街道）社工站建设各项工作要求和工作指引传递给县级民政部门、项目承接机构和站点一线社工，尤其是县级民政部门。然而，在当前财政"省直管县"的制度下，市级民政部门的角色往往容易被忽略，民政系统监管体系脱节，直接影响工作进度和工作成效，导致各市州乡镇（街道）社工站建设进度快慢不一，建设成效层次不齐。在湖南省乡镇（街道）社工站建设初期，当省民政厅意识到这一问题后，专门从省级福彩公益金中给各市州民政部门分配了乡镇（街道）社工站建设资金，支持其开展本级乡镇（街道）社工站建设相关工作。省民政厅还在省级乡镇（街道）社工站培训、评估中，专门突出强调了市州民政部门的角色和职责。通过资金激励、宣教引导和工作考核等多种方式，全面调动市州民政部门的工作积极性，大大提升了乡镇（街道）社工站建设后发地区的工作进度和工作成效。省民政厅对市级民政部门的指导和监督主要包括以下几个方面。

一、是否及时出台本级实施方案

省级民政部门出台乡镇（街道）社工站建设的指导性文件后，市级民政部门应参照省级指导性文件，结合本地工作实际，出台本级乡镇（街道）社工站建设实施方案，为联动同级相关部门推进乡镇（街道）社工站建设，从本级福彩公益金、财政预算中争取乡镇（街道）社工站建设资金提供依据，为县级民政部门制订本级乡镇（街道）社工站建设方案、开展乡镇（街道）社工站建设政府采购提供参考和指引。在湖南省乡镇（街道）社工站建设过程中，省民政厅于2018年4月、5月先后下发《关于推进政府购买服务 加强基层民政经办服务能力的实施意见》(湘民发〔2018〕10号）和《湖南省乡镇（街道）社会工作服务站项目实施方案（试行）》(湘民发〔2018〕16号）两个省级指导性文件，指导市县民政部门开展乡镇（街道）社工站建设的规划筹备、启动实施和监测评估等工作。2021年8月，省民政厅在总结乡镇（街道）社工站过往三年建设经验的基础上，出台《湖南省基层社会工作服务站项目三年行动方案（2021—2023年）》(湘民发〔2021〕26号），引导市县民政部门推进乡镇（街道）社工站的规范化、标准化、专业化建设。省级文件发布后，省民政厅及时跟进和掌握市级民政部门乡镇（街道）社工站建设实施方案出台情况，督促指导其尽快出台相关文件，确保乡镇（街道）社工站整体建设进度。

二、是否持续开展调研、动员和督查

省级民政部门要督促市级民政部门开展全市乡镇（街道）社工站建设调研、动员和督查等工作。具体来说，市级民政部门出台本级乡镇（街道）社工站建设实施方案后，应紧跟省级民政部门步伐，举行全市乡镇（街道）社工站建设动员会和专题培训班，进一步传达省级民政部门关于乡镇（街道）社工站建设要求，深入解读全市乡镇（街道）社工站建设实施方案，详细部署全市乡镇（街道）社工站建设任务，尤其要指导县级民政部门足额提取建设经费、规范开展政府采购、公开进行人员招聘，最好画出时间线、明确进度表。乡镇（街道）社工站建设进入启动实施阶段

后，市级民政部门应定期实地督查各县市区乡镇（街道）社工站建设工作，指导、督促县级民政部门、项目承接机构完成全面建站、星级社工站创建等阶段性工作任务，并督促县级民政部门持续做好项目经费监管和服务成效监测工作。市级民政部门还要组织辖区内县级民政局、项目承接机构的互访、交流，搭建全市乡镇（街道）社工站建设的交流平台，营造相互学习、共同成长的良好工作氛围。市州民政局还应通过定期举办乡镇（街道）社工站建设推进会、年中分析会、评估反馈会等方式，持续调度全市乡镇（街道）社工站建设工作等。

三、是否建成市级指导中心

与"省民政厅—市州民政局—县市区民政局—乡镇（街道）民政站办所"的项目监管体系一样，乡镇（街道）社工站建设应建立"省级项目办—市级指导中心—县市区社工总站—项目承接机构—站点一线社工"的专业支持与服务网络，以确保乡镇（街道）社工站建设不断朝着专业化的方向发展。整体来说，省级项目办或省级乡镇（街道）社工站建设培训、督导和评估服务基本上只能实现市级民政部门的全覆盖，到了县级民政部门，由于数量众多，省级民政部门提供的专业服务的支持力度不可避免地会减弱，再到项目承接机构和站点一线社工，体量就更大了，只能是"撒胡椒面"和"抓关键少数"了。在市级配套乡镇（街道）社工站建设培训、督导和评估服务，对于增强对县级民政部门、项目承接机构和站点一线社工的专业支持至关重要。

如表 1-1 所示（见第 1 章第三节），市级指导中心由市民政局通过购买服务，委托第三方民办社会工作服务机构或其他符合资质的社会组织承接，主要职责是为全市所辖县市区民政局、县级社工总站、项目承接机构和站点一线社工提供专业支持，以弥补市州民政部门因自身工作力量有限无法提供有力专业支持的不足。在湖南省乡镇（街道）社工站建设初期，个别市州民政局参照省民政厅购买省级乡镇（街道）社工站建设培训、督导和评估服务的做法，自行筹集资金购买第三方专业社会工作服务机构服务，配套本级乡镇（街道）社工站培训、督导或/和评估服务。自 2021 年开始，省民政厅每年统一从省级福彩公益金中分配给每个市州30万元市级指导中心建设经费，在所有市州全面建成了市级指导中心，使得市民政局开展乡镇（街道）社工站建设有了抓手，弥补了其因专业人才缺乏而无法提供有效专业支持的不足。省级民政部门应督促市州民政部门想方设法筹集资金建成本级指导平台，或单独购买本级乡镇（街道）社工站培训、督导和评估服务，并持续跟进专业支持开展情况。省级民政部门还要对市州指导中心的政府采购规范性、财务支出合理性和专业支持有效性开展评估，对存在的阶段性问题和风险下达整改意见，并监督落实。

第二节　对县级民政部门的监管

在"省直管县"的财政模式下，相比于省、市两级民政部门，或乡镇政府（街道办），县级民政部门是乡镇（街道）社工站建设更为合适的采购主体。① 如果由不与基层直接接触的省、市两级民政部门作为采购主体直管乡镇（街道）社工站，往往会因为县级民政部门的角色缺失，无法理顺乡镇政府（街道办）、乡镇（街道）民政站办所和站点一线社工的关系，且管理的体量过大，难以实现有效监管，如湖南省怀化市有近300个乡镇（街道）。如果由乡镇政府（街道办）作为采购主体，因各级民政部门与乡镇政府（街道办）之间并无直接的行政管理关系，缺乏有力、有效的监管手段，民政部门对社工站建设的政府采购、人员招聘与管理、项目启动实施等环节"失控"和"脱管"的现象难以避免。综合考量之下，湖南省将县级民政部门设定为乡镇（街道）社工站建设的采购主体，将乡镇（街道）社工站建设的资金使用和人员管理权让渡给县级民政部门，由县级民政部门通过政府采购确定项目承接机构，会同同级组织、人社等部门指导、监督站点人员招聘和管理，会同同级财政、审计等部门监管项目资

---

① 通常来说，乡镇（街道）民政站办所并无独立财务机构，其财务由乡镇政府（街道办）代管，因而也就不会作为政府采购主体独立实施采购活动。

金，理顺乡镇（街道）社工站与基层政府、乡镇（街道）民政站办所的关系，建成县级社工总站，提供培训、督导等专业支持服务。省、市两级民政部门主要通过会议/培训宣教、日常工作指导、实地调研督查、年度重点工作考核、第三方评估机构实地评估，以及奖励补助资金分配、评先评优激励等方式，指导、监督并不断规范县级民政部门开展乡镇（街道）社工站建设。具体来说，省、市两级民政部门重点可从以下几方面对县级民政部门进行指导、监督。

一、是否及时出台本级实施方案

省、市民政部门出台乡镇（街道）社工站建设的有关文件后，作为乡镇（街道）社工站建设组织实施方的县级民政部门应在第一时间响应，认真领会省、市级乡镇（街道）社工站建设有关文件精神，精心组织专项调研和专题论证，结合本地实际及时出台本级乡镇（街道）社工站建设实施方案，对本县市区乡镇（街道）社工站建设的资金来源、建设流程、建设标准、建设内容、参与主体（项目承接机构、站点一线社工、县级社工总站、基层民政站办所、基层党委政府、同级其他相关部门等）及其职责分工，以及工作进度安排等事项予以明确。由于县级民政部门需协调财政等相关部门，从社会救助专项经费中提取乡镇（街道）社工站建设的项目经费，鼓励县市区尽量争取以党委、政府两办名义印发本级乡镇（街道）社工站建设实施方案，从而更有力地确保社工站建设经费的及时、足额提取，以及乡镇政府（街道办）和同级其他相关部门的全力支持和配合。

二、是否足额配套建设资金

良好的资金保障是乡镇（街道）社工站建设落地和可持续发展的前提和基础，省、市两级民政部门应督促县级民政部门做好资金争取和经费保障工作。湖南省乡镇（街道）社工站建设的经费主要有五个来源，具体包括从社会救助专项经费列支、从福彩公益金补助、从各级财政预算，以及社会资源链接和税收优惠减免。县级民政部门作为乡镇（街道）社工站建设的组织实施方和采购主体，在及时、足额提取社会救助专项经费的同时，要积极争取上级民政部门福彩公益金乡镇（街道）社工站建设专项经费支持，以及本级财政预算、福彩公益金和慈善资金等其他资金支持。具体来说，省、市两级民政部门应督促县级民政部门依据省级相关文件，足额提取社会救助专项经费。应督促县级民政部门及时提取和使用省、市两级福彩公益金专项配套给县级民政部门的补助、奖励和示范创建等资金，用于乡镇（街道）社工站建设。从湖南的实际来看，个别县市区出现过同级财政部门挤占省级福彩公益金专项补助给当地的乡镇（街道）社工站资金经费的情况；省、市两级民政部门要督查、指导县级民政部门争取本级财政预算、配套福彩公益金等，进一步加强本级乡镇（街道）社工站建设经费保障，为本县市区乡镇（街道）社工站建设高质量发展奠定基础。如可在省级平均水平的基础上进一步提高站点配备一线社工人数，通过提升人员待遇来确保站点一线社工的专业素养，为站点提供品牌服务创建经费等。省、市两级民政部门要督查、指导县级民政部门充分发挥主管慈善事业（基金会、爱心企业等）、志愿服务、社会组织（行业协会、商会等）的优势，联动慈善资金和其他社会资源开展一线社工能力提升、特色服务品牌创建、"五社联动"服务困境人群等工作。省、市两级民政部门要督查、指导县级民政部门积极协同本级财政、税务等部门，做好乡镇（街道）社工站建设经费税费减免工作。

三、是否规范实施政府采购

依据财政相关规定，湖南省乡镇（街道）社工站建设通过政府购买服务方式，委托给第三方社会组织承接运营。县级民政部门作为采购主体，是否及时向同级财政部门申报和审批乡镇（街道）社工站建设经费，是否依法依规确定采购代理机构和政府采购方式，是否科学合理编制采购文件，是否依法依规进行评标工作，是否做好政府采购各环节的信息公开等工作，是省、市两级民政部门指导、督查的重点。为此，省、市两级民政部门应通过文件指引、会议/培训宣教、实地调研和督查等方式，反复就什么是政府购买服务、为什么要采用政府购买服务的方式建设乡镇（街道）社工站，以及如何开展政府购买服务进行解释说明。如在湖南省乡镇

（街道）社工站建设省级培训课程中，专门邀请了省财政厅社保处政府采购相关负责人、省民政厅慈社处省级支持服务政府采购具体负责同志，就如何编报预算、选择第三方采购代理机构、制定采购文件（服务范围、服务内容、服务指标、商务和技术评分表、评分方式等）、评标等政府采购事项和细节进行手把手教学，开展现场答疑、交流、讨论。省、市两级民政部门还应通过实地督查、进度监测表监测、实地评估与反馈等方式，定期跟进县级民政部门的政府采购行为，确保其依法依规开展政府采购，按规定公开购买服务的相关信息，并主动接受审计监督、社会监督和舆论监督。

四、是否科学合理签订服务协议

依据政府采购相关规定，中标（成交）公告公示期满后，县级民政部门应及时与中标机构签订服务协议。服务协议是乡镇（街道）社工站建设中非常关键的法律文本。通常来说，服务协议由作为采购主体的县级民政部门和作为承接主体的项目承接机构双方签订，也有少数县市区将乡镇政府（街道办）作为第三方，由县级民政部门、项目承接机构分别和各乡镇（街道）签订三方协议。服务协议是采购人规范中标人各项行为的法律依据，县级民政部门在与项目承接机构签订服务协议时，尤其是双方在第一次签订服务协议时，县级民政部门很可能在不知该如何确定服务内容和服务指标，也不了解哪些重要条款和内容应写入协议中的情况下，便草草签订了服务协议，以致后期项目执行过程中出现服务成效无法有效评价、财务支出合理性无从判断等问题。省、市两级民政部门要在本级乡镇（街道）社工站指导性文件，以及历次乡镇（街道）社工站动员会议中反复强调服务协议的重要性，并在省、市两级民政部门组织的专题培训中，就如何拟定协议进行专门培训。省、市两级民政部门还可专门发布本级乡镇（街道）社工站服务内容参考、项目经费管理指引等配套文件，为县级民政部门确定服务协议中的服务内容、服务指标和项目预算提供明确指引。具体来说，要看服务协议是否明确了服务内容和服务指标、目标任务和进度、服务要求、项目预算、各方权利义务、绩效评估、拨款方式和依据、违约责任等内容。重点关注合同款项是否分期拨付，第二期、第三期合同款项是否在中、末期评估合格的基础上方可拨付，是否明确了因政策调整等不可抗力因素，以及可变更或解除协议的情形，一般建议将合同纠纷处理机构明确为县级民政部门所在行政区域内相关仲裁、诉讼机关等。

五、是否全程监督人员招聘

乡镇（街道）社工站建设中直接面向民政服务对象和其他有需要的人群提供服务的，是站点一线社工。站点一线社工综合能力、专业素养的强弱决定了社工站工作质量的好坏和服务水平的高低。作为购买主体的县级民政部门应从源头上把好乡镇（街道）社工站的"人员关"，会同同级组织、人社等部门，全程指导、监督项目承接机构做好乡镇（街道）社工站一线社工的招聘工作。一旦站点一线人员素质不过关，后续项目启动实施阶段站点一线人员的管理、社工站服务的开展，以及专业社会工作人才的培养等都将遭遇重重困难。当大量的"关系户""安置户"进入乡镇（街道）社工站工作岗位后，县级民政部门可能不仅无法实现"事随费转"的职能转变目标，反而陷入"花钱给自己找事"的困局。为避免这一困境，省、市两级民政部门应在事前充分做好县级民政部门的思想工作，严格强调乡镇（街道）社工站的选人用人标准，明令禁止不符合资质的人员进入一线社工岗位，并将用人选人过程中的负面舆情和后续的用工风险作为省级专项补助和奖励资金的"一票否决"事项。要指导、督促县级民政部门会同同级组织、财政、人社和纪检监察等部门，全过程监督指导项目承接机构开展招聘工作，监督项目承接机构按照机关事业单位招聘要求和流程，发布招聘公告、组织资格审核、笔试、面试、体检和拟录用人员公示等。要跟进县级民政部门是否监督项目承接机构及时与正式录用人员签订劳动合同，按时、足额发放薪资、绩效，依法购买保险，建立完善的人员激励和退出机制等。

六、是否广泛开展动员培训

从各地实际来看，首次录用的站点一线社工在社会工作学历教育、社会工作服务经历等方面的专业背景相对匮乏，对基层民政领域社会工作不甚了解，需接受乡镇（街道）社工站建设专题培训后，方能上岗开展工作。在湖南省乡镇（街道）社工站建设启动的第一个年度（2018年6月至2019年5月），省级乡镇（街道）社工站建设培训服务为在此期间完成站点人员招聘的县市区提供一线社工岗前培训。此后新进的站点一线社工培训，则由各县级民政部门自行组织。省、市两级民政部门应指导、监督县级民政部门，为未接受岗前培训的新进一线社工提供培训。应指导、监督县级民政部门在委派一线社工进驻站点之前，组织项目承接机构、乡镇政府（街道办）主要负责人或分管民政工作领导、乡镇（街道）民政站办所工作人员，以及站点一线社工，举行本县市区乡镇（街道）社工站建设启动实施会/恳谈会，就乡镇（街道）社工站建设的背景、目标、任务、人员性质与职责、服务内容与绩效考核办法等进行介绍，对基层政府和乡镇（街道）民政站办所在工作支持、后勤保障等方面的职责予以强调，对乡镇（街道）社工站及站点一线社工与基层政府、乡镇（街道）民政站办所的关系进行厘定，为站点一线社工进驻做好充分准备。应指导、监督县级民政部门定期组织乡镇（街道）社工站建设调度会、评估反馈会和专题培训班等，持续向社工站建设相关各方反馈建设进度、建设成效、存在问题和不足，以及下一步工作计划等情况，确保相关各方及时掌握社工站建设的新动向，持续推进社工站建设。

七、是否大力支持站点阵地建设

乡镇（街道）社工站阵地建设包括办公场地建设和服务场地建设。办公场地通常设在乡镇政府（街道办）驻地，其视觉化设计需服从乡镇政府（街道办）的统一要求。乡镇政府（街道办）办公用房紧张，且民政服务对象散居于村落（社区），可鼓励社工站将服务场地分设在敬老院、村小学、老村委会办公楼、日间照料中心、儿童关爱服务中心等基层已有服务阵地、闲置公共空间，并进行社会工作活动场地视觉化设计。省、市两级民政部门应指导、督促县级民政部门按照社会工作活动场地视觉化设计要求，充分利用省、市两级福彩公益金相关配套经费，争取本级福彩公益金、财政预算资金，链接社会慈善资源，或协调乡镇政府（街道办）经费等方式，落实乡镇（街道）社工站办公场地，配齐电脑、档案柜、办公桌椅、活动桌椅等办公设备；做好乡镇（街道）社工站服务场地建设，如协调撤乡并村的乡镇、村原办公场所，乡镇敬老院、村小学等闲置场地用于村（社区）社工室、社会工作服务点建设，配套经费、链接慈善资金和其他社会资源对原有场地进行小幅改造和装修，并提供开展活动所必需的设施设备，如投影仪、音响、话筒等。

八、是否实时监测服务成效

常态化的服务成效监测是厘清乡镇（街道）社工站与乡镇政府（街道办）和乡镇（街道）民政站办所工作职责，协调理顺各方协同关系，确保项目承接机构和站点一线社工紧紧围绕民政服务领域和民政服务对象开展各项工作的有效手段。省、市两级民政部门要指导、督促县级民政部门通过日常工作对接、定期例会、实地督查、中末期评估等方式，及时发现并疏通项目承接机构和站点一线社工在工作开展过程中遇到的问题、难点和堵点，理顺站点一线社工、项目承接机构与乡镇政府（街道办）和乡镇（街道）民政站办所的关系。如个别乡镇政府（街道办）征用站点一线社工从事信访维稳、征地拆迁等工作，这不仅可能引发因站点一线社工不具备行政执法资格却从事行政执法工作的违规违法风险，也严重挤占了站点一线社工开展民政领域社会工作服务的时间和空间，背离了民政部门建设乡镇（街道）社工站的初衷。省、市两级民政部门应指导县级民政部门主动防范此类风险，并通过定期实地督查、工作例会调度等方式，持续与基层政府保持良好沟通，为项目承接机构和站点一线社工营造良好的专业服务环境。要指导、督促县级民政部门，规范项目承接机构的选人用人行为，理顺项目承接机构与站点一线社工关系，如项目承接机构是否按时、足额发放人员工资、绩效和其他福利待遇，是否聘用符合资质的讲师、督导为站点一线社工提供专业培训和督导等。

九、是否定期监管资金使用

当乡镇（街道）社工站建设的主体资金来自"社会敏感度高、容忍度低"的社会救助资金时，依法依规开展政府采购、使用项目资金是乡镇（街道）社工站建设的底线和红线。县级民政部门作为采购主体，对乡镇（街道）社工站建设的项目经费监管负有主体责任。省、市民政部门在组织开展本级乡镇（街道）社工站建设时，应聘请熟悉非营利组织会计制度和社会工作服务项目的财务专家，对县级民政部门的政府采购及项目承接机构的财务行为进行断点评估。更为重要的是，省、市两级民政部门应指导、督促作为采购主体的县级民政部门，会同县级社工总站，本级财政、审计和纪检监察等部门，建立常态化的资金监管机制。具体来说，县级民政部门要审定项目预算的合理性、监测项目预算执行情况和财务行为规范性。尤其是要注意，不论项目承接机构本身是非营利性社会组织还是企业，都需严格执行《民间非营利组织会计制度》，且项目资金支出要与活动开展痕迹资料匹配县级民政部门还要聘请第三方评估机构，对乡镇（街道）社工站建设项目及其辅助项目开展财务评估和业务评估，就评估中发现的问题和风险提出整改意见，追踪整改落实情况。县级民政部门应组织本单位纪检、监察、财务等部门定期监督项目资金使用情况，会同同级审计部门、财政部门定期对项目资金开展绩效评估、财务审计等。

第三节　对基层政府和民政站办所的监管

不论乡镇（街道）社工站是落点在乡镇政府（街道办）驻地，还是落点在村（社区）公共空间，或采取"一站多点"的模式，乡镇（街道）社工站各项工作的开展离不开乡镇政府（街道办）和乡镇（街道）民政办所的支持。乡镇政府（街道办）和乡镇（街道）民政办所对社工站建设认识到位的，该乡镇（街道）社工站的整体运行相对良好，管理相对顺畅，工作成效也更加明显。乡镇政府（街道办）和对社工站建设认识不足的站点，站点一线社工要么被基层政府"征用"，从事党委、政府行政工作，要么被基层政府"无视"，迟迟无法打开工作局面。县级民政部门作为乡镇（街道）社工站建设的组织实施方，以及乡镇政府（街道办）、乡镇（街道）民政站办所的业务指导单位，应通过专题培训、座谈会等方式，做好乡镇政府（街道办）和乡镇（街道）民政站办的沟通协调工作，使其充分认识到乡镇（街道）社工站在转变政府职能、拓展基本社会服务、创新基层社区治理、助力基层服务提质增效中的角色和作用。县级民政部门还要建立常态化督查机制，持续深化乡镇政府（街道办）和乡镇（街道）民政站办所对乡镇（街道）社工站建设的认识、支持。

一、是否对乡镇（街道）社工站的角色和职责有清晰认识

县级民政部门应就乡镇（街道）社工站建设事宜定期与乡镇政府（街道办）主要负责人沟通协调，对乡镇（街道）民政工作分管领导和民政站办所负责人进行动员和培训，使其充分知晓乡镇（街道）社工站建设的背景、性质、目标和职责等内容，充分认识到通过乡镇（街道）社工站建设，配备了一支综合素质高、工作热情高的基层服务队伍，有力地加强了基层民政服务力量。这支队伍不仅能够分担基层政府和民政站办所的工作压力，还可加强民生兜底保障、拓展基础社会服务、创新基层社会治理，是提高乡镇政府（街道办）服务能力的有力抓手。基层政府尤其是基层民政干部要在各方面予以支持和保障，充分发挥这支社会工作专业人才队伍的优势和特长来做实、做细、做深民生服务。县级民政部门还应让基层党委、政府和民政站办所清晰认识到，民政系统推进乡镇（街道）社工站建设，目的是通过社工站的专业服务来满足民政服务对象日益增长的美好生活需要的，基层政府不能因为社工站建设而减少或变相减少乡镇（街道）现有民政工作力量，或将不属于乡镇（街道）政府民政职能范围，以及应当由乡镇（街道）政府工作人员直接提供的保密事项、行政行为、管理及服务事项，交由站点一线社工完成。如出现基层政府"征用"站点一线社工或减少原有基层民政工作力量的情况，县级民政部门要及时介入。

二、是否为站点一线社工提供工作和食宿条件

通常来说，乡镇（街道）社工站的办公场地和服务场地，需由基层政府和民政站办所出面协调。在县级民政部门没有资助或资助不足的情况下，基层政府和民政站办所还需协助配齐办公设备。由于乡镇（街道）办公用房整体紧张，能够提供的办公和服务场地有限，在确有需要的情况下，基层政府和民政站办所应协调辖区内居家养老服务中心、儿童关爱服务中心、敬老院、村小学等场地闲置空间，支持乡镇（街道）社工站设立个案、小组和社区活动功能室/区，为站点一线社工开展专业服务提供条件。乡镇一般地域较广、交通不便，有条件的乡镇应综合考虑站点一线社工的通勤和工作餐补助，尤其是要解决好社工上门入户的交通和餐费补贴。县级民政部门应协调基层政府和民政站办所，将站点一线社工视同乡镇干部职工工作待遇，协助解决站点一线社工工作餐、住宿问题，免去其后顾之忧。县级民政部门还应协调基层政府和民政站办所，尽量为走村入户的社工提供干部职工享有的下乡补助等同等工作补贴，或在确保安全的前提下为乡镇一线社工提供交通工具等。如福建省福州市长乐区为每个社工站点配备了一辆工作专用电动自行车。①

三、是否为站点一线社工提供业务指导

基层民政工作涉及面广、政策性强、社会敏感性较高。据不完全统计，湖南的基层民政部门重点救助和服务的对象包括低保对象、特困对象、临时救助对象、高龄老人、孤儿、留守老人、留守妇女和留守儿童等群体，负责维护（新增、删除、修改）的信息系统包括全国农村留守儿童、老人、留守妇女信息管理系统，全国基层政权建设和社区治理信息系统，全国殡葬政务信息直报系统，全国儿童福利信息系统，全国养老机构业务管理系统，全国婚姻登记管理信息系统，全国残疾人两项补贴信息系

① 杜胜健. 长乐发放 38 辆社工服务专用电动自行车 [EB/OL] https：//baijiahao. baidu. com/s？id=1717267297212051944&wfr=spider&for=pc.

统，湖南省社会救助信息管理系统，湖南省养老综合管理与服务平台等，仅社会救助一项工作涉及的相关各级法律法规、部门规章和政策文件就超过 50 个。与民政服务对象和其他有需要的群体打交道，还要了解当地人情风俗、组织关系等。县级民政部门应协调乡镇（街道）民政站办所工作人员，帮助站点一线快速了解相关民政业务、掌握辖区内相关民政服务对象情况，为尽快推进站点专业服务做准备。

四、是否协助站点一线社工开展服务

乡镇（街道）民政站办所工作人员基层工作经验丰富，与辖区内村支"两委"、民生协理员、儿童福利主任、养老护理员等已有民政服务力量建立了良好的工作关系，与辖区内乡镇卫生院、村（社区）卫生服务中心、学校、企业和其他单位有工作联系。县级民政部门应督促各乡镇（街道）民政站办所工作人员，将站点一线社工引荐给相关各方，协助站点一线社工快速融入村（社区）并建立专业服务关系，链接可用服务资源，培育社区骨干和社区自组织。受经费总量限制，一些县市区民政部门在购买乡镇（街道）社工站服务时，并未预算社工站点活动经费，或尽管做了预算，但仍然存在缺口，在此情况下，县级民政部门应鼓励基层政府和民政站办所为乡镇（街道）社工站提供活动经费支持。

第四节　对各级指导平台的监管

乡镇（街道）社工站建设的专业化发展离不开系统而持续的专业支持。如果由各级民政部门直管本级培训、督导和评估服务等专业支持服务的话，将大大增加各级民政部门的工作量，这对于本来就严格控制人员编制的各级民政部门来讲难免"有心无力"。且各级民政部门用"行政逻辑"管理社会工作的"专业运作"，也不可避免导致"专业支持"体系行政化，失去其专业支持的本职功能。省、市、县三级民政部门要配套资金，用于购买本级乡镇（街道）社工站建设专业支持服务，建成本级乡镇（街道）

社工站指导平台，由民办社会工作服务机构或其他符合资质的社会组织在"专业逻辑"下开展专业支持，"让专业的人做专业的事"，确保专业支持的质量和效果。各级民政部门通过本级指导平台的建设过程，具体包括立项申报、预算审批、政府采购、协议签订、启动实施、项目监管、绩效评价和经验总结等环节，得以直观地了解、体验政府购买服务各环节的具体工作，以及难点、堵点、风险点，从而帮助各级民政部门更好地理顺政府购买社会工作服务的体制机制，更全面地了解、掌握乡镇（街道）社工站建设的进程和进度，更精准地防控乡镇（街道）社工站建设过程中可能的风险点。民政部门作为服务购买方，对本级指导平台的监管具体包括以下几个方面。

一、日常工作监测

省、市、县三级民政部门对省级项目办、市州指导中心、县市区社工总站的日常工作监测主要包括但不限于以下几个方面：一是是否配备了符合合同约定的全职工作人员，及其到岗、异动和薪资福利待遇保障等情况。二是是否有完善的项目人员架构、岗位分工、人事管理制度等，并在日常工作中落实到位。三是是否有完善的文书档案管理制度，并按照要求将各类培训、督导、评估、论证会等业务活动分类整理成册，待查备用。四是是否按时完成项目进度与服务指标。省级项目办、市级指导中心、县级社工总站应妥善保存服务痕迹资料，召开会议的，应保留会议通知、议程、照片、签到表、发票和消费明细等备查（举办培训，应保留培训通知、课程表、教材讲义、会场照片、签到表、发票、消费明细等备查；开展面对面督导，应保留往返交通票据、督导现场照片、督导人员签到册、督导记录等相关督导痕迹资料；开展线上督导的，应保留视频会议照片、聊天记录截图、语音通话录音和督导记录等相关督导痕迹资料。督导记录应记录督导主题、督导内容和督导过程等详细信息；开展实地评估，应保留评估通知、食宿及路费发票、评估问卷及访谈记录等原始材料、评估照片等备查）。五是乡镇（街道）社工站产出的线上培训系统（含系统和视频课程）、线上评估系统、微信公众号、培训教材、督导手册、优秀案例汇编、专家库等无形资产的使用权和所有权均归相应民政部门所有，在服务期结束后，省级项目办、市级指导中心和县级社工总站应将相关无形资产转交同级民政部门。

二、财务管理规范性

各级乡镇（街道）社工站建设指导平台的经费来源多样，可能来自社会救助专项资金提取经费，上级民政部门福彩公益金补助，本级福彩公益金、财政预算支持，或慈善资金等其他社会资源。不论指导平台的建设资金来源于何处，同级民政部门均要做好资金使用监管和效益评估工作，严格防范和及时处理潜在的资金风险问题。省、市、县三级民政部门应统筹本单位规财、纪检、监察等内部处（科/股）室，会同同级财政、审计部门，聘请第三方专业评估机构，且应以不低于各级财政部门绩效评价和各级审计部门财务审计的标准进行。对省级项目办、市级指导中心、县级社工总站的财务规范性进行监管，对各级指导中心的财务监管具体包括但不限于以下方面：是否设立了独立的会计账目、专款专用。是否聘用专职或兼职财务人员对机构财务进行管理，财务人员是否熟悉《民间非营利组织会计制度》《中华人民共和国慈善法》等相关法律法规要求，科学设置会计科目。是否严格按照合同约定的预算进行各项财务开支，并与服务活动的开展一一匹配。是否及时做好会计核算，以便采购方、各级财政部门、各级审计部门等相关方及时掌握项目支出情况。是否严格使用正规票据，各类财务凭证、支出佐证材料是否齐全等。

三、支持服务有效性

省级项目办、市级指导中心和县级社工总站的基本职责和核心作用在于为下级民政部门、下级指导平台、项目承接机构和站点一线社工提供培训、督导和评估等专业支持服务。省级项目办的服务对象主要是市县两级民政部门及其指导平台、项目承接机构和骨干社工，市级指导平台的主要服务对象是县级民政部门、县级社工总站、项目承接机构和全体一线社工，县级社工总站的服务对象包括县级民政部门相关股室、项目承接机构、基层政府和民政站办所，以及站点一线社工。省、市、县三级民政部门及省级项目办、市级指导中心和县级社工总站在确定本级指导平台工作内容时，应综合考虑主要服务对象在乡镇（街道）社工站建设中的角色和职责，以及上下级指导平台的服务内容，做到因地制宜、环环相扣、有效衔接。对各级指导平台服务有效性的监管包括但不限于以下方面：一是专业支持服务设计是否合理，如培训课程、督导方案、评估指标体系的设置是否建立在充分调研、论证的基础之上，是否契合服务对象的实际专业支持诉求。二是提供专业支持的人员资质是否过硬，如授课老师、专业督导、评估专家是否具备相应的专业资质，且对当地民政工作和乡镇（街道）社工站建设情况有较为充分的了解。三是专业支持的成效是否明显，如通过日常工作交流互动、实地调研评估和回访、问卷星调查等方式，了解服务对象满意度，观察和判断其相关工作能力、工作成效是否得到提升，或原有问题是否得到缓解和解决等。

第五节　对项目承接机构的监管

项目承接机构是乡镇（街道）社工站建设的另一核心主体。从实际情况来看，各地乡镇（街道）社工站建设的项目承接机构主要为民办社会工作服务机构，也有少数志愿组织等其他社会组织，以及个别人力资源公司。尽管乡镇（街道）社工站建设的项目承接机构主要为民办社会工作服务机构，但各机构的具体情况非常多元：就地域跨度来说，有些是本县新成立的民办社会工作机构，有些是跨县、跨市、跨省异地承接乡镇（街道）社工站建设的民办社会工作机构，还有异地机构在本县注册成立的民办社会工作服务机构；就发起人背景来说，有事业单位（含高校）、国有企业（如供销社系统）、志愿组织、心理咨询机构、培训学校、养老服务机构、人力资源（家政）公司等，以及一部分科班出身的、在先发地区有丰富工作经验的返乡社会工作者。面对如此多元的潜在供应商，各级民政部门如何通过政府采购，尤其是招标文件中关键内容（如服务内容、服务指标、商务和技术评分表等）的科学、合理设定，筛选出"有初心、有能力"的民办社会工作机构，也即前文所述把好"机构关"，并在后续的建设过程中，持续有效指导和监督其日常工作、财务行为和专业服务，是省、市、县三级民政部门要持续关注和重点讨论的议题。各级民政部门对项目承接机构的监管包括但不限于以下几方面。

一、是否具备社会工作专业资质

乡镇（街道）社工站建设属政府购买基层民政领域社会工作服务项目，供应商除应符合政府购买服务的基本条件外，还应具备开展专业服务所需的专业资质、专业人员和专业技术等。如《广州市社工服务站（家庭综合服务中心）管理办法》（穗府办规〔2018〕13号）明确规定，社工站（家综）通过政府购买服务等方式，由社会工作服务机构承接运营，提供专业化的社会工作服务；《广州市家庭综合服务中心项目招标文件有关文本设定指引（暂行）》（穗民规字〔2017〕11号）规定，投标机构具备提供服务所必需的人员和专业技术能力，并有依法缴纳社保的良好证明记录，提供拟配备的督导及项目团队主要工作人员名单、人员劳动或聘用合同、专业资格证书、学历证书、近3个月的社保缴纳证明。《北京市政府购买社会工作服务预算管理实施细则》（京社委社工发〔2022〕156号）规定，政府购买社会工作服务应通过政府采购交由符合条件且具备提供社会工作服务能力的服务供应商承担。

二、是否从严进行人员招聘与管理

站点一线社工是乡镇（街道）社工站建设的基础，各级民政部门尤其是县级民政部门，要会同同级组织、人社等部门，全程指导、监督项目承接机构做好人员招聘和管理工作。各级民政部门要依法依规设定站点一线社工的资质，尤其是全日制社会工作专业学历、全国社会工作者职业水平持证及/或从事社会工作专业服务年限等专业资质的要求，确保录用人员具备基本的专业服务意愿和专业服务能力。各级民政部门，尤其是县市区民政部门要对项目承接机构的招聘流程进行严格把关和监管，确保招聘公开、公正、公平。各级民政部门，尤其是县市区民政部门要督促项目承接机构及时与录用人员依法依规签订劳动合同，按时、足额发放工资薪酬，购买五险，严格开展人员考勤，定期组织人员考核和绩效考评。

三、是否重视人才培养与激励

乡镇（街道）社工站建设的目标，不仅在于完成服务协议中的工作任务和工作指标，还在于通过乡镇（街道）社工站建设，培养和建成一支扎根基层一线的民政社会工作人才队伍，为民政事业，尤其是基层民政工作专业化发展提供人才支撑。各级民政部门，尤其是县级民政部门应指导、督促项目承接机构，建立健全站点一线社工专业支持网络，聘请符合专业资质的培训和督导机构/老师，定期为站点一线社工提供有效的专业培训和督导，并支持站点一线社工参与省、市、县三级民政部门和指导平台，以及其他单位组织的社会工作培训、督导。各级民政部门，尤其是县市区民政部门还应指导、督促项目承接机构定期组织站点一线社工的同伴分享会、同辈督导会、参访交流会、读书会等内部交流，增强团队凝聚力和站点一线社工的互助支持网络。各级民政部门，尤其是县市区民政部门还应指导、督促项目承接机构建立健全站点一线社工考核激励机制，为具备社会工作学历教育背景/持证，以及协助执行或独立实施社会工作专业服务项目的站点一线社工提供额外补贴，定期开展各类社会工作评先评优、社会工作案例大赛等活动。

四、是否建立工作协调机制

站点一线社工受聘于乡镇（街道）社工站建设项目，需完成相应的专业服务指标，同时接受基层党委政府和民政站办所的业务指导，要协助完成基层党委、政府的中心工作和民政站办所的日常事务，二者之间存在张力。站点一线社工到底做哪份活，很大程度上取决于县级民政部门、项目承接机构与基层党委、政府和民政站办所沟通协调的情况。从各地乡镇（街道）社工站建设的实践来看，乡镇（街道）社工站与基层政府、基层民政站办所之间的关系和职责划分，是一个普遍存在的现实问题：如果乡镇（街道）社工站与基层政府、基层民政站办所切割得过于清楚，则乡镇（街道）社工站的工作得不到基层政府和民政站办所的支持，处处掣肘，既难以融入现有的基层服务体系，也难以链接到各类资源回应民政服务对象需求；如果完全不进行划分，则乡镇（街道）社工站很可能成为基层政府和民政站办所的编外人员，完全失去工作自主性和服务专业性。县级民政部门要指导、督促项目承接机构建立多方定期沟通协调的工作机制，帮助站点一线社工赢得工作自主性和工作主动权，不断推进社工站专业服务，避免站点一线社工成为"夹心饼干"，一个人干两份事，却处处不讨好的局面出现。

五、是否主动链接服务资源

受限于县级民政部门购买经费，乡镇（街道）社工站自身可直接用于服务开展的资源非常有限，部分乡镇（街道）甚至完全没有配套服务经费，这就需要站点一线社工和项目承接机构积极链接服务资源来开展专业服务。由于站点一线社工能够接触和链接到的服务资源相对有限，需要项目承接机构在县市区、市州甚至更大范围内建立和调动其资源网络，为站点一线社工提供各类资源支持，使基层民政领域社会工作服务可以落地开展。县级民政部门应督促、指导项目承接机构了解和链接民政及其他政府部门的各类正式资源，如低保、特困供养、临时救助、残疾人两项补贴、危房改造、适老化改造、教育救助等，支持站点一线社工为有需要的服务对象提供相关服务。县级民政部门还应督促、指导项目承接机构积极链接基金会、爱心企业和其他社会资源，支持站点一线社工为有需要的服务对象提供相关服务。各级民政部门在制定采购需求和评估考核指标时，可将项目承接机构链接资源的能力和情况列为一项重要指标。

六、是否有效管理专业服务

各级民政部门和指导平台，尤其是县级民政部门和县级社工总站，要督促项目承接机构科学、合理地制订社工站建设的年度服务总计划。项目承接机构应制订年度服务总计划，并协助各乡镇（街道）社工站制订站点年度服务计划。项目承接机构应将与县级民政部门签订的服务协议中的工作任务、服务内容、服务指标进行分解，列入各乡镇（街道）社工站年度服务计划中，并根据服务计划中的服务指标和进度表，监测各乡镇（街道）社工站服务进度，及时发现和协助解决站点一线社工在服务过程中遇到的问题。要指导和督促项目承接机构做好站点一线社工工作留痕和文书管理的工作，定期对服务文书的电子文档进行整理和归档，并打印纸质版存档。最后，要指导、督促项目承接机构合理调度项目管理团队，支持站点一线社工开展各类活动，并协助做好工作动态推送和服务经验总结工作。

七、是否合理使用项目经费

乡镇（街道）社工站建设的项目经费属财政性资金，需要不定期接受各级财政部门的绩效评价和各级审计部门的财务审计，加之主体经费从兜底民生保障的社会救助经费中提取，社会敏感性高，各级民政部门，尤其是县级民政部门要对项目承接机构的项目经费使用情况进行全程监管。第一，要监督、指导项目承接机构制定合理的项目预算，作为项目承接机构经费开支和各级财政部门、审计部门及第三方评估机构绩效评价的重要依据。第二，要督促项目承接机构保留原始财务凭证，定期将项目实施情况和资金管理使用情况报同级民政部门，自觉接受社会各界的监督，并积极配合有关部门做好审计、稽查工作，保证服务数量、质量和效果，严禁服务转包。第三，要督促项目承接机构制定合理的财务制度，严格执行《民间非营利组织会计制度》，进行项目独立核算，避免同一机构多套账。第四，要督促项目承接机构依法依规为站点一线社工购买相关保险，经由保费减免的保险费用，应用于站点一线社工的待遇提升和专业成长等事项，严禁变相挤占、克扣人员工资待遇。第五，要指导和监督项目承接机构在服务协议中明确项目预算，并严格按照预算执行。如需修改预算，需协议双方书面同意，且预算修改金额不能超过合同总金额的10%。第六，要督查项目承接机构的财务支出与服务指标、实际开展活动是否匹配，各项财务支出是否能从服务资料（如活动计划书、活动通讯稿、活动照片、活动签到表等）中找到佐证。第七，要督查项目承接机构是否有合理的报账审批流程，财务凭证是否合规等。

第六节　对站点一线社工的监管

在政府直聘和政府购买两种不同的乡镇（街道）社工站建设模式中，各级民政部门对站点一线社工的监管职责不同：由政府直聘的站点一线社工，其劳动人事管理权在乡镇政府（街道办），其业务指导由省级或市级民政部门及其聘用的督导团队负责；在政府购买社会工作服务模式下，由项目承接机构派驻到乡镇（街道）社工站的站点一线社工，其人事管理和业务指导的主体责任均在项目承接机构，各级民政部门一般不参与站点一线社工的直接监管。但在实践中，个别乡镇（街道）社工站建设的项目承接机构为人力资源公司，还有不少项目承接机构事实上只履行了人事代管职能，他们主要负责站点一线社工的考勤管理、保险购买和工资福利发放，对站点一线社工专业能力培养和专业服务开展等方面的关注不够。甚至有极个别的项目承接机构，将站点一线社工作为其机构的人力去完成其他工作任务。一旦出现上述情况，县级民政部门和乡镇（街道）民政站办所要及时补位，做好站点一线社工的监管工作，直至使项目承接机构归位。县级民政部门和乡镇（街道）民政站办所对站点一线社工的监管主要包括以下方面。

一、是否系统学习民政业务知识和社会工作专业知识

乡镇（街道）社工站建设的实施背景在于民政服务对象的数量不断拓展，服务诉求日益多元、复杂，原有的民政服务力量已难以满足其日益增长的美好生活需要，急需专业社会服务力量来提供系统化、专业化的服务。乡镇（街道）社工站建设项目存在和持续发展的合法性基础在于满足服务对象的专业化服务需求，而非协助基层政府和民政站办所完成行政性事务。只有让站点一线社工清晰认识到这一点，才能维持其专业学习和专

业成长的外在压力和内在动力。县市区民政部门和乡镇（街道）民政站办所要督促站点一线社工系统学习基层民政服务对象和服务民政业务知识，以及社会工作的理论视角、价值理念和实务方法，通过查阅学习笔记、学习心得等方式，抽查站点一线社工主动参与各级民政部门、指导平台和项目承接机构提供的培训和督导的情况。还应在人员考核中鼓励和要求站点一线社工主动学习专业知识，对社会工作专业毕业生和持证人员给予补贴，对非专业从业人员提出限期持证要求等多种形式，激发其学习能动。还可通过定期组织业务测试、知识竞赛、演讲比赛等方式，激发站点一线社工的学习动力。

二、是否与相关各方建立关系

站点一线社工与乡镇政府（街道办）、乡镇（街道）民政站办所、各村（居）委会、民政服务对象等相关各方建立良好的关系，是顺利推进工作和有效开展服务的前提和基础，县级民政部门和乡镇（街道）民政站办所要督促站点一线社工与相关各方建立关系。具体来说，站点一线社工应在设计服务方案时，通过日常接待咨询、入户走访和定期回访等方式，了解民政服务对象的基本情况，与其建立良好的专业关系，并在此过程中评估服务对象需求。在提供服务的过程中，站点一线社工要主动与其他基层服务力量，如村支"两委"、民生协理员、儿童福利主任、养老护理员、村医、村小学教师、驻村工作队、高校"三下乡"团队、社区自组织、爱心企业以及辖区内其他单位建立良好关系，寻找可用的社区内部资源，培育社区自我服务骨干和组织，开发社区自我服务项目，并激发社区内生动力，营造互帮互助的良好氛围。

三、是否有序开展专业服务

县级民政部门和乡镇（街道）民政站办所要督促站点一线社工，在各级督导的支持下，将所学民政业务和社会工作专业知识运用到关系建立、需求评估、方案设计、活动计划书撰写、活动招募、活动开展、通讯报道和总结反思的专业服务全过程，边做边学，边学边做，在行动中学习和反思。对于那些长期从事与基层民政领域社会工作服务无关的工作的站点一线社工，以及不愿意花时间和精力学习专业知识、提升专业能力的站点一线社工，要及时约谈，找出问题的症结。在帮助站点一线社工扫除专业服务和专业学习障碍的同时，明确乡镇（街道）社工站岗位的专业能力要求，营造良好的学习和工作氛围。

第7章

如何开展专业支持

　　王思斌老师指出，专业化是我国社会工作的命运之所系，尽管当前基于经济社会和社会工作人才队伍发展水平，很多地方的乡镇（街道）社工站建设只能分两步走，先做到"有"，再争取"好"，但毋庸置疑的是，各地乡镇（街道）社工站建设要不断提升专业化水平。[①] 不论从各级财政部门绩效评价的要求而言，还是从民政事业转型升级的路径而言，或是从民政服务对象日益增长的美好生活需要而言，又或从社会工作扶贫济弱、促进社会公平正义的专业使命来说，乡镇（街道）社工站建设一定是以为民政服务对象和其他困难群体提供有温度、有深度、有效度的社会工作专业服务为出发点和落脚点的。各地各级民政部门首先要在顶层设计上，最大限度地保障社会工作从业人员工资福利待遇和职业晋升空间等，想尽办法吸引更多有专业教育背景，乃至高层次专业教育背景的社会工作毕业生投身乡镇（街道）社工站建设。各地各级民政部门要通过政府购买服务或其他建制化途径，建立健全乡镇（街道）社工站"省级项目办—市级指导中心—县级社工总站—项目承接机构"的专业支持网络，培力站点一线社工，包括那些原本缺乏社会工作专业教育背景的站点一线社工，帮助他们成为十分认同社会工作价值理念、基本掌握社会工作理论知识体系、灵活运用社会工作专业方法和实务技巧的岗位胜任者。

　　各地也可根据本地实际，将乡镇（街道）社工站建设的培训、督导和评估等专业服务单独立项和实施，但要注意同级培训、督导和评估服务之间的协同，也要做好各级培训、督导和评估服务的衔接。湖南省在启动乡镇（街道）社工站建设之初，考虑到省级乡镇（街道）社工站建设的培

---

　　① 王思斌. 在事业与专业互促思路下推动乡镇社工站建设 [J]. 中国社会工作，2022（25）：6.

训、评估和督导服务工作体量大、时间紧，由一家社会组织承担难以保证专业服务进度和效果，故向三家不同的社会组织分别购买了省级乡镇（街道）社工站培训、督导和评估服务。省级民政部门在最初的顶层设计中并未统一规划和推进各级乡镇（街道）社工站指导平台建设，仅有个别市县参照省厅购买第三方社会组织服务，开展省级乡镇（街道）社工站培训、督导和评估的做法，成立了市级指导中心和县级社工总站。[①] 随着乡镇（街道）社工站建设的推进，省、市、县三级民政部门，尤其是县级民政部门逐渐认识到县级社工总站在乡镇（街道）社工站建设中的重要作用，陆续通过社会救助专项资金、省级福彩公益金乡镇（街道）社工站建设专项补助和奖励资金配套等资金渠道，购买第三方社会组织服务，或将经费打包给本县市区乡镇（街道）社工站建设项目承接机构，设立了县级社工总站。

市级民政部门因既不能从社会救助专项资金中提取经费，也未得到省级福彩公益金乡镇（街道）社工站建设专项资金支持，在一开始只有长沙市等个别市州通过自筹经费，建成了市级指导中心。2020 年，省民政厅联合省级乡镇（街道）社工站建设评估服务承接方开展乡镇（街道）社工站实地评估发现，市级民政部门在接力推进乡镇（街道）社工站建设中发挥着不可或缺的作用：那些市级民政部门工作积极性高、自筹经费建成了市级指导中心的市州，其所辖县市区在推进社工站建设中的步调更加一致，进度更快，成效也更明显；那些市级民政部门工作积极性不高、未建成市级指导平台的市州，其所辖县市区乡镇（街道）社工站建设进度参差不齐，且整体工作进度缓慢，工作成效明显低于全省平均水平。[②] 自 2021 年开始，省民政厅将市级乡镇（街道）社工站建设指导中心纳入省民政厅对

---

① 整体而言，市、县两级民政部门投入本级乡镇（街道）社工站指导平台建设的经费总量不大，县级社工总站的购买经费多在 10 万~20 万元之间，如将培训、督导和评估等专业支持服务分标段交由 2~3 家不同的社会组织承接，则每个标段的标的金额偏低，但行政成本大大增加，不利于集中资源办事，因而市县民政部门一般向 1 家社会组织购买服务，由其运营市级指导中心或县级社工总站。

② 周金玲. 乡镇（街道）社工站建设湖南模式探析 [J]. 中国社会工作，2021 (7)：43-45.

市州的重点工作考核和省级乡镇（街道）社工站建设评估指标体系，明确要求市级民政部门建立市级指导中心，为辖区内县级民政部门、项目承接机构和站点一线社工提供培训、督导和评估服务。省民政厅从省级福彩公益金乡镇（街道）社工站建设专项资金中列支经费，每年为每个市州配套30万元支持其建成市级指导中心。通过工作考核和资金激励"双管齐下"，强化市级民政部门在乡镇（街道）社工站建设中的角色和职责。

从湖南的经验来看，省、市、县三级民政部门通过政府购买服务，建成由省级项目办、市级指导中心、县级社工总站和项目承接机构组成的乡镇（街道）社工站专业支持体系，持续提供常态化、系统化、进阶式的专业支持服务，既有效回应了站点一线社工的困惑、问题，明显提高了乡镇（街道）社工站服务的规范性、专业性，又大大缓解了各级民政部门的工作压力。如果由省、市、县三级民政部门直管本级培训、督导和评估服务，不仅平添了大量工作任务，还可能掉入"行政逻辑"管理"专业运作"的错构中，导致"专业支持"体系行政化。专业支持服务不仅要面向项目承接机构和站点一线社工，还应面向市、县、乡三级民政部门，就乡镇（街道）社工站建设的背景、思路和规划，以及各个环节的具体工作任务和工作方法进行系统持续的培训、指导，从而确保市、县、乡三级民政部门认可并推动专业社会工作服务。

省级项目办、市级指导中心、县级社工总站以及项目承接机构提供的专业支持服务，应各有侧重、相互衔接，避免出现各级专业支持服务面向同一对象重复开展类似的，甚至相同的培训、督导和支持的情况。省级项目办的专业支持服务主要面向市、县两级民政部门，以及项目承接机构，其核心任务是确保乡镇（街道）社工站建设中的"关键少数"及时掌握社工站建设的动态、要求和发展方向，帮助相关各方科学做好本级、本部门乡镇（街道）社工站建设的顶层设计，理顺体制机制；市级指导中心的专业支持服务主要面向县级民政部门、县级社工总站、项目承接机构和站点一线社工，其核心任务是帮助他们做好年度工作计划，明确工作任务、工作要求和工作进度；县级社工总站的专业支持服务主要面向乡镇（街道）民政站办所、项目承接机构和站点一线社工，其核心任务是明确他们的职责分工，指导其具体开展各项工作；项目承接机构的专业支持服务主要面向站点一线社工及其他基层民政服务力量，如民生协理员、儿童福利主任、养老护理员等，其核心任务是确保站点一线社工按质按量完成专业服务指标，提升站点一线社工及民生协理员、儿童福利主任、养老护理员等其他基层民政服务力量的业务水平，联动各方综合回应不同民政服务对象的不同问题，以及同一服务对象的复杂问题。尽管具体的专业支持服务由各级乡镇（街道）社工站指导平台和项目承接机构提供，但各级民政部门应充分认识到构建这些专业支持网络的必要性，清楚各级专业支持网络的角色定位、目标任务和工作内容等，以便做好专业支持服务的政府采购、协议签订、进度监测和成效评价工作等工作，确保专业支持服务产生实效。

第一节　省级项目办

一般来说，乡镇（街道）社工站建设是在民政部统一部署下，由省级民政部门牵头推动的一项工作。省级民政部门及其通过购买服务建设的省级项目办，最早启动乡镇（街道）社工站建设和专业支持服务。省民政厅通过建设省级项目办，一方面熟悉和体验了政府购买社会工作服务项目的各个环节，从而帮助其更好地做好政府购买社会工作服务的顶层设计；另一方面也为市县民政部门作出了示范，指导和督促其建设本级乡镇（街道）社工站指导平台。省级项目办不仅协助省级民政部门在社工站建设前期做好宣传、动员和指导工作，更是成为市州指导中心、县市区社工总站的"领操员"，为市、县民政部门建设市级指导中心、县级社工总站提供直接参考。前面已有提及，各级乡镇（街道）社工站指导平台的建设，可由民政部门向一家民办社会工作服务机构或其他符合资质的社会组织购买培训、督导和评估服务，也可向三家不同的民办社会工作服务机构或其他符合资质的社会组织分别购买培训、督导和评估服务。一般来说，省级项目办购买资金体量和工作任务量均比较大，可考虑由三个不同的承接方分别负责，以便省级培训、督导和评估服务的同步、高效运作。市州指导中心和县级社工总站的资金体量和工作任务量相对较小，可由一个承接方负责，以便统筹人力、集中资源做好支持服务。具体可根据工作实际，以及当地的政府采购要求确定。

湖南的省级乡镇（街道）社工站建设培训、督导和评估服务由三个不同的承接方分别提供。2017 年 9 月，湖南省民政厅启动省级乡镇（街道）社工站培训、督导和评估服务的政府采购工作。为确保政府采购流程的规范性和采购结果的合理性，省民政厅以公开招标的方式进行采购。公开招标的采购程序相对复杂，采购周期也相对较长，先后完成了预算审批、招标代理公司遴选及委托授权、招标文件制作、招标公告挂网、评标、中标公告挂网，采购主体和承接主体共同拟定服务协议、协议签订等各项工作。湖南省民政厅于 2018 年 4 月、5 月先后发布乡镇（街道）社工站建设的两个指导性文件，5 月底举行了全省乡镇（街道）社工站建设视频动员会，6 月便会同省级乡镇（街道）社工站建设培训服务承接方启动并完成了三期全省乡镇（街道）社工站建设民政系统专业培训班，标志着全省乡镇（街道）社工站建设正式进入启动。省级乡镇（街道）社工站面授培训和实地评估主要面向市州和县市区两级民政部门，以及对应的项目承接机构。线上培训、实地督导和线上督导主要面向项目承接机构负责人和站点一线社工。此外，不同年度的培训、督导和评估的对象、形式和内容也应有不同。总之，要分区域、分阶段、分层次设计省级乡镇（街道）社工站的培训、督导和评估服务，并根据实际情况不断进行调整、完善。省级民政部门应尽快建成省级项目办，并指导其从以下方面入手，为市县民政部门、项目承接机构、站点一线社工、市级指导中心和县级社工总站等相关方提供专业支持服务。

一、省级乡镇（街道）社工站建设培训服务

省级乡镇（街道）社工站建设培训服务作为前期动员和宣教的主要方式，应该是最早启动实施的。在第一个服务年度，全省乡镇（街道）社工站建设刚刚启动，尽管省级民政部门可能已经通过省级乡镇（街道）社工

站建设指导性文件、动员会议等，让各级民政部门、项目承接机构和站点一线社工对全省（街道）社工站建设有了基本的认识，但这并不足以使他们充分了解和明确知晓乡镇（街道）社工站建设的背景、目标、任务、具体要求，尤其是自身在乡镇（街道）社工站建设过程中的具体任务、操作流程、注意事项等。第一个年度的省级培训应主要面向市、县民政部门，项目承接机构及新进的站点一线社工，开展乡镇（街道）社工站常态化运作的专题培训。到第二个服务年度，省级乡镇（街道）社工站建设培训服务应基于第一个年度省级实地评估掌握的情况，尤其是实地评估中发现的阶段性问题、困难和风险，有针对性地提供专题培训和指导。此轮省级培训主要面向市、县两级民政部门，县级社工总站及项目承接机构，开展乡镇（街道）社工站规范化运作的专题培训。到第三个服务年度，全省乡镇（街道）社工站建设已经进入平稳运营阶段，且有了一些工作基础和工作成效，省级乡镇（街道）社工站培训应着眼于示范县市区、星级乡镇（街道）社工站创建，优秀站点一线社工培养和品牌服务打造，重点对市、县两级民政部门和指导平台，项目承接机构及骨干社工，开展乡镇（街道）社工站专业化运作的专题培训。以湖南省为例，省级乡镇（街道）社工站建设培训服务具体应包括但不限于以下内容。

（一）面授培训

面授培训为授课老师与学员，以及学员与学员的直接互动和深入交流提供了机会，使参训各方得以建立起较为深厚的情感联结，便于日后持续的工作交流和专业探讨。省级民政部门要指导、监督省级培训服务承接方，持续开展培训需求调研，并多方组织专家论证，根据乡镇（街道）社工站建设阶段、培训对象等实际情况，因地制宜设计培训课程体系，确保面授培训内容、形式等符合当前乡镇（街道）社工站实际和培训对象需求，真正实现培训目标、达成培训实效。湖南的省级培训已实施三个年度，在前两个年度中，主要针对市、县两级民政部门负责人，分管领导，业务负责人和业务专干，以及财务负责人和财务专干等民政系统相关人员开展专题培训，以提高市、县民政部门对乡镇（街道）社工站建设的认识，统一市、县民政部门的工作思路，充分调动市、县民政部门的工作积极性，并较好地把握工作方向、防控潜在风险，确保项目实施成效。针对项目承接机构负责人、财务负责人进行项目管理专题培训，提高相关项目承接机构的行政管理和财务管理能力，明确乡镇（街道）社工站建设的要求和底线、红线，确保乡镇（街道）社工站建设规范、高效运作。针对新进站点一线社工开展岗前培训和能力提升培训，加强站点一线社工的民政业务能力、专业服务能力和综合能力，培养出一批扎根一线的基层民政领域社会工作人才。到了第三个年度，省级培训通过面授培训、实地参访、研讨交流、线上培训、读书会、共学营和工作坊等多种形式，实现从前两年度的各个环节、各个部门重点突破向乡镇（街道）社工站全领域、全过程闭环培训转变，培训重心也相应地从"为什么做、做什么、怎么做"向"怎么树品牌、创模式、出经验"转移，培训内容则从基本的工作流程、工作职责和工作手法向系统的业务学习、专业理论和方法学习以及行动研究转变。通过乡镇（街道）社工站项目承接机构、站点一线社工与高校社会工作专家学者的共同行动，打通站点一线社工运用社会工作专业理论视角、实务方法来设计并提供专业化、高水平民政服务的"任督二脉"。通过培养站点一线社工的行动研究能力，记录、梳理、总结和发表乡镇（街道）社工站建设过程和成果，以文字的形式更加鲜活、完整地呈现基层民政领域社会工作服务，弘扬"民政为民、民政爱民"的理念宗旨，传播乡镇（街道）社工站建设的经验。

第一个年度省级面授培训以轮训的方式，全面覆盖了市、县两级民政部门分管副局长、社会工作业务负责人及工作人员，以及第一个年度新进站点一线社工。其中民政系统专题培训班于 2018 年 6 月完成，主要就全省乡镇（街道）社工站建设的实施背景和总体要求，政府购买服务的政策规定、工作流程与注意事项，政府购买服务项目招标文件与服务协议设计进行了专门培训。省级乡镇（街道）社工站建设培训、督导和评估服务的承接方分别介绍了业务培训服务、专业督导服务和绩效评估服务基本情况和主要内容。省民政厅人事（社会工作）处牵头组织授课专家和参训人员开展了乡镇（街道）社工站建设座谈会，现场答疑解惑。站点一线社工岗前培训自 2018 年 11 月启动，至 2019 年 3 月结束，分十期进行，主要就全省乡镇（街道）社工站建设的政策设计与实施思路，社会工作价值理念与理论视角，社会救助的工作清单、现行政策及工作表格使用，留守儿童关爱保护的工作清单、现行政策及工作表格使用，基层社区建设的工作清单、现行政策及相关文书使用，养老服务的工作清单、现行政策及相关文书使用，个案工作方法与运用（含个案文书套表使用），小组工作方法与运用（含小组活动文书套表使用），社区工作方法与运用（含社区活动文书套表使用），基层民政领域社会工作服务设计、开展与宣传总结等内容进行专门培训。省级乡镇（街道）社工站培训、督导和评估服务承接方分别就线上培训系统、全省乡镇（街道）社工站微信公众号，实地、线上督导服务内容，评估指引、线上培训系统作了介绍和使用说明。省级培训服务承接方组织授课专家与参训人员开展交流讨论，分享站点建设经验和社工个人成长经验。

第二个年度的省级面授培训覆盖对象收窄，主要面向市、县民政部门相关负责人，项目承接机构负责人和财务负责人，县级社工总站负责人，以及骨干社工。此轮培训重点针对第一个年度省级乡镇（街道）社工站建设实地评估中发现的阶段性问题和可能风险，以及市、县民政部门、项目承接机构、县级社工总站、骨干社工反馈的能力提升需求量身定制培训内容。市、县民政部门依然是分管副局长、业务负责人和工作人员全员轮训，培训内容主要包括全省乡镇（街道）社工站建设情况及风险防控，工作优良市县乡镇（街道）社工站建设经验分享，实地参访与现场座谈等。项目承接机构负责人和财务负责人培训的核心目标是提升其乡镇（街道）社工站建设行政管理、专业服务管理和财务管理能力。其中：项目承接机构负责人的课程具体包括乡镇（街道）社工站建设项目解读与风险防控，项目承接机构管理及团队建设，民政领域社会工作服务的设计与实施，优势视角与乡镇（街道）社工站服务，乡镇（街道）社工站服务中的资源链接、关系协调和志愿者队伍培育，乡镇（街道）社工站专业服务开展与品牌打造，非营利组织会议制度和项目财务管理指引解读等内容；项目承接机构财务负责人的课程具体包括社会服务机构的会计制度、财税制度，如何做好项目账，会计知识答疑，工资分摊及实际操作，票据管理与实操，乡镇（街道）社工站建设的财务风险及其防控，乡镇（街道）社工站建设项目财务管理指引解读。县级社工总站负责人的培训课程具体包括民政领域社会工作服务设计、开展与宣传总结，乡镇（街道）社工站服务中的资源链接、关系协调和志愿者队伍培育，项目承接机构/承接方在乡镇（街道）社工站建设中的职责定位和能力建设，如何发挥县级社工总站的作用，如何提升县级社工总站的服务品质（政策资源、优质项目、品牌树立），乡镇（街道）社工站建设项目财务管理指引解读，乡镇（街道）社工站建设的财务风险及其防控，乡镇（街道）社工站建设的经验总结、宣传报道及摄影技巧，优秀县级社工总站代表经验分享等内容。骨干社工培训班的具体课程包括民政领域社会工作服务设计、开展与宣传总结，乡镇（街道）社工站服务中的资源链接、关系协调和志愿者队伍培育，乡镇（街道）社工站服务的需求调研、资源探究和计划制订，个案、小组和社区方法在乡镇（街道）社工站服务中的应用，乡镇（街道）社工站服务经验交流，社区资源探究及社区地图绘制，优秀站点一线社工代表服务经验分享等内容。

　　第三个年度的省级面授培训将培训对象范围进一步收窄，主要是面向市、县民政部门相关人员的全员轮训，以及优秀项目承接机构负责人和骨干社工代表的能力提升培训。此轮培训以落实新三年行动方案，推进工作优良县、星级乡镇（街道）社工站和星级社区社工室创建为主要任务。具体课程包括全国乡镇（街道）社工站建设情况与发展规划，湖南省乡镇（街道）社工站建设提质升级行动解读，"社工+慈善+志愿服务"机制建设，乡镇（街道）社工站特色打造之加强民生保障、创新社会治理和拓展社会服务等内容。此轮培训既有宏观的政策解读和规划指引，又从具体的案例出发直观地展示应如何开展特色服务品牌打造。每期培训班均设有实地参访交流，以及乡镇（街道）社工站建设工作优良市县、优秀项目承接机构和优秀站点一线社工经验分享环节，将市县民政部门、项目承接机构、县级社工总站、乡镇（街道）社工站点等各层面涌现出来的好的经验在全省范围内进行推介。培训结束后，不少市县民政部门、县级社工总站和项目承接机构自发组织辖区内相关人员开展了实地互访交流，极大地激发了各地推进乡镇（街道）社工站建设专业化的热情。

（二）线上培训

面授培训可为参训人员提供充分交流的机会和平台，但需支出人员食宿、交通及保险等费用，且对于部分交通不便的县市区而言，往返的时间成本较高，不适宜开展得过于密集。但县级民政部门、项目承接机构和站点一线社工在实操过程中，经常会遇到各种各样的困惑、问题，培训的需求又很大。省民政厅联合省级乡镇（街道）社工站建设培训服务承接方，建立并不断完善湖南省乡镇（街道）社工站线上培训系统。在该系统陆续上线了针对县市区民政部门政府采购、风险防控、服务成效监管、财务行为监督，针对项目承接机构行政管理、专业服务管理和财务管理，以及针对站点一线社工理论知识、实务技巧、民政业务知识和社会工作职业水平考试考前培训等不同模块的课程。考虑到市县民政部门、项目承接机构和站点一线社工等人员异动的现实，历年面授培训的课程也均会上线到该培训系统。为方便学员更加便捷地在移动客户端进行线上学习，省级乡镇（街道）社工站建设培训服务承接方同步开发了湖南省乡镇（街道）社工站线上培训小程序。线上培训充分考虑培训对象、实施阶段等情况，分类分层开展。

针对县级民政部门的线上课程，旨在不断规范其在政府采购、协议签订等环节的行为，不断提升其成效监测和资金监管的意识和能力。尤其是在省级面授培训内容逐年变化和进阶，但县级民政部门因相关负责人员异动而需反复从头开始了解、熟悉乡镇（街道）社工站建设的情况下，这些线上课程扮演了非常重要的"补课"角色。针对县级民政部门的线上课程具体包括湖南省政府购买社会服务政策解读，全省乡镇（街道）社工站建设政府采购流程与注意事项，乡镇（街道）社工站建设服务内容与服务指标设计，乡镇（街道）社工站建设预算编制与执行，乡镇（街道）社工站建设资金使用监测，乡镇（街道）社工站建设执行进度和服务成效监测，乡镇（街道）社工站建设服务品牌打造与示范创建等内容。

　　针对项目承接机构的线上课程，旨在规范其日常管理和财务行为，不断提升其社会工作专业服务、成效梳理和行动研究能力。具体包括乡镇（街道）社工站的人员考勤与考核，乡镇（街道）社工站的人才培养与激励，乡镇（街道）社工站的文书管理，非营利组织会计制度解读，乡镇（街道）社工站的资金管理，乡镇（街道）社工站得风险管理，乡镇（街道）社工站成效梳理与行动研究等课程。

　　针对站点一线社工的线上培训，旨在帮助其掌握社会工作的理论知识、价值理念、专业方法和实操技巧，了解国家、地方相关社会工作政策，以及民政服务业务、民政服务对象和民政服务资源，探索基层民政领域社会工作服务。具体包括乡镇（街道）社工站通用服务过程（进入社区、建立关系、社区调研、方案设计、活动开展、宣传总结等），乡镇（街道）社工站通用服务方法（咨询、探访、个案服务、小组活动、社区活动等），以及乡镇（街道）社工站通用服务内容（社会救助社会工作、困境儿童与留守儿童社会工作、社区社会工作、老年社会工作等）等课程。站点一线社工线上培训课程还包括职业生涯规划、实务经验分享与社会工作职业水平考试考前辅导等内容。

　　除面授培训和线上培训外，湖南省乡镇（街道）社工站建设培训服务承接方还负责开发和运营全省乡镇（街道）社工站公众号（"三湘社工"），组建全省乡镇（街道）社工站建设培训专家库，依托专家库专家研发全省乡镇（街道）社工站建设面授培训和线上培训课程体系、全省乡镇（街道）社工站教材等。

二、省级乡镇（街道）社工站建设督导服务

　　省级乡镇（街道）社工站建设督导服务主要面向项目承接机构和站点一线社工。在第一个服务年度，省级督导服务直接面向全省所有站点一线社工，通过定期实地督导和日常线上督导相结合的方式，帮助站点一线社工实时回应和解决工作过程中遇到的各种实际问题。由于直接面向全体站点一线社工提供督导服务的工作量过大，省级督导服务只能"撒胡椒面"式地提供行政督导，很难深入开展专业督导。自第二个服务年度开始，省

级督导服务调整了督导方式、督导对象和督导内容。一方面，省民政厅通过政府购买服务，委托第三方机构组织实施"湖南省乡镇（街道）社工站建设专家联系点项目"，邀请国内知名社会工作专家学者，"一对一"联点督导乡镇（街道）社工站建设优良县市区，通过一年的陪伴式督导和参与式行动研究，培力县市区民政局、项目承接机构和站点一线社工完成乡镇（街道）社工站特色品牌打造，总结提炼经验，并在全国性行业杂志和学术期刊发表相关研究成果。另一方面，省民政厅通过政府购买服务，委托第三方机构组织实施"湖南省基层社工站社会工作督导团队建设"项目，面向全省乡镇（街道）社工站建设市级指导中心、县级社工总站、项目承接机构和站点一线社工，选拔一批本土优秀社会工作者，通过一年的培养和考核后成为持证（助理）督导，逐渐建成全省乡镇（街道）社工站建设督导人才梯队，不断提升本土督导的广度、深度和效度。

（一）省级乡镇（街道）社工站建设督导服务（第一个年度）

省级乡镇（街道）社工站建设督导服务（第一个年度）由省民政厅通过购买服务，委托省级乡镇（街道）社工站建设督导服务承接方，组建项目团队并提供督导服务。具体服务内容包括组建一支专职督导不少于5人、兼职督导助理不少于14人、督导专家不少于10人的督导团队，以县市区为单位提供团队督导，以乡镇（街道）社工站点为单位开展个别督导；指派专职督导长期跟进督导固定乡镇（街道）社工站点，每个站点每月至少督导2次，每次不低于0.5小时；组建全省乡镇（街道）社工站建设督导专家库，专家库成员人数不少于20人，并依托督导专家库，依据全省乡镇（街道）社工站建设实际，通过实地调研、相关方座谈和专家论证等环节，编制全省乡镇（街道）社工站督导手册，督导手册包含站点运营、项目运作和实务指导三个板块内容；组织开展2次以上全省优秀乡镇（街道）社工站建设经验分享会。第一个年度的省级督导服务直接面向站点一线社工，帮助站点一线社工较快地理顺工作流程、较好地适应工作岗位。由于督导覆盖面过广，加之站点一线社工的专业基础普遍不牢，省级督导服务在专业督导方面有些力不从心。自第二个年度开始，省级督导服务收窄了督导对象范围，重点面向乡镇（街道）社工站建设工作优良县市区、优秀乡镇（街道）社工站和站点一线社工。

（二）湖南省乡镇（街道）社工站专家联系点项目

为解决各地乡镇（街道）社工站建设中存在的专业人才不足、专业服务不深等问题，因地制宜打造一批可复制、可推广的"民政+社会工作"品牌项目，切实提升各地基层民政服务能力和理论研究水平，构建更广泛适用的社会工作服务实践模式与理论范式，省民政厅组织实施"全省乡镇（街道）社工站建设专家联系点项目"，分三年分批选拔 50 个运作规范（定位准确、运作规范，承接机构管理服务能力较强，具备完整的工作方案、规范的管理制度、科学的运作模式、齐全的档案资料），服务能力强（在社会工作服务参与社会治理创新、基层民政服务能力建设、乡村振兴战略等方面有所实践，在打造在地化社会工作服务模式方面有所探索），工作成效明显 ［与所在地区实际情况结合度高，县市区及乡镇（街道）等合作方的支持力度较大］的县市区，作为省级乡镇（街道）社工站专家联系点，邀请国内知名社会工作专家学者全程跟踪指导，并开展参与式行动研究，总结提炼各地乡镇（街道）社工站建设经验。① 第一批已完成 17 个工作优良县市区的联点工作，第二批 14 个工作优良县市区的联点工作正在实施当中，已有经验成果陆续在全国核心学术期刊、知名行业杂志和权威出版社刊出。

（三）湖南省社会工作督导团队建设项目

为进一步提升湖南省社会工作专业化、职业化水平，打造一支专业素养高、专业能力强的社会工作专业人才队伍，湖南省民政厅通过购买服务，委托第三方机构实施"湖南省基层社工站社会工作督导团队建设"项目，于 2021 年起启动全省首批本土社会工作专业督导人才培养工作。省级督导培养项目的培养对象从具有 5 年以上社会工作从业经历，且持中级以上社会工作职业水平证书的从业人员中选拔。培养对象经自愿申报、单位推荐、资格审核、笔试和面试后择优录取，与省民政厅、第三方专业机构

---

① 湖南省民政厅：《关于建立乡镇（街道）社会工作服务站项目专家联系点制度的通知》，2020 年 7 月 1 日。

签订督导培养协议。培养对象需全程参加督导学习、实训和考核，并在持证上岗后完成相应的督导任务。① 历经一年的集中培训、陪伴式督导和实训，目前全省首批助理督导已经进入实习阶段。

三、省级乡镇（街道）社工站建设评估服务

省级乡镇（街道）社工站建设评估服务通过日常线上监测和实地评估两种方式开展。湖南省乡镇（街道）社工站建设的日常线上监测主要通过"全省乡镇（街道）社工站服务项目管理系统"完成。该线上管理系统分设管理端口、机构端口和站点端口。管理端口的用户为省、市、县三级民政部门和省级乡镇（街道）社工站建设评估服务承接方，上述参与主体通过该端口进行项目动态管理。机构端口的用户为各项目承接机构，项目承接机构通过该端口对乡镇（街道）社工站和站点一线社工进行动态管理；站点端口的用户为乡镇（街道）社工站和站点一线社工，他们通过该端口上传服务资料、记录服务情况。具体来说，各级民政部门可通过该系统管理端口下发工作通知，指导督促下级民政部门及本辖区项目承接机构、站点一线社工做好服务记录上传工作。项目承接机构通过该系统机构端口及时上传自项目启动以来的项目年度计划、月度工作总结、中期总结报告、末期总结报告等资料。乡镇（街道）社工站和站点一线社工通过该系统站点端口上传自站点启动以来的需求调研报告、服务计划书、活动文书等资料。省级乡镇（街道）社工站建设评估服务承接方负责管理系统的日常维护和进度监测。

省级乡镇（街道）社工站建设实地评估服务是省级民政部门了解乡镇（街道）社工站建设现状、问题和困境，总结乡镇（街道）社工站建设经验、成效的重要途径。每年的全省乡镇（街道）社工站评估报告既是对以往乡镇（街道）社工站建设的总结反思，也为乡镇（街道）社工站建设的规划和发展提供了思路、指明了方向。省级实地评估服务的宗旨是"以评

① 湖南省民政厅：《关于开展 2021 年湖南省社工助理督导选拔的公告》，http：// mzt. hunan. gov. cn/mzt/xxgk/tzgg/202104/t20210428_ 16517449. html，2021 年 4 月 28 日。

促建"，实地评估会也是一场现场督导会，由省民政厅相关负责人、财务评估专家、业务评估专家及省级评估服务承接方负责人，共同解答市、县两级民政部门、市级指导中心、县级社工总站、项目承接机构，以及乡镇（街道）民政站办所和站点一线社工在乡镇（街道）社工站建设过程中的具体问题和困惑，并结合当地实际，为乡镇（街道）社工站建设专业化发展、特色亮点打造绘蓝图、定路线、出点子。省级实地评估通常无法在同一个年度覆盖所有县市区，在抽取评估对象时应不断覆盖新的县市区，确保通过 3~4 个评估年度可以实现全覆盖。湖南省乡镇（街道）社工站省级实地评估的评估对象是根据工作实际逐年拓展的，第一个年度为县级民政部门及对应的项目承接机构和乡镇（街道）社工站；第二个年度除抽取的县级民政部门及对应的项目承接机构外，新增了县级社工总站；第三个年度又在第二个年度的基础上新增了市州民政局及市级指导中心。在评估内容上是逐年进阶，第一个年度主要考察乡镇（街道）社工站建站任务完成情况，第二个年度主要考察乡镇（街道）社工站建设规范化运作情况，第三个年度主要考察乡镇（街道）社工站建设规范、化专业化运作情况。

有关省级评估服务的具体实施情况已在第 3 章第三节中详细论述，此处不再赘述。

第二节　市级指导中心

在乡镇（街道）社工站建设中，相对于省级民政部门统筹规划者和县级民政部门组织实施者的角色，市级民政部门的角色并不明确。如湖南省在乡镇（街道）社工站建设启动之初，市级民政部门在推动辖区内社工站建设中发挥的作用大小不一。如长沙市经济社会发展水平相对较高，社会工作基础相对较好，在全省乡镇（街道）社工站建设启动后，长沙市民政局快速响应，主动作为，统筹协调本级福彩公益金、慈善资金，在全省率先成立了乡镇（街道）社工站建设市级指导中心，并资助县级民政部门建设县级社工总站。在市、县两级民政部门的合力推动下，长沙市乡镇（街道）社工站建设工作成效明显，先后涌现出天心区、望城区、长沙县等一批全省乡镇（街道）社工站建设示范县市区。与之形成鲜明对比，个别市级民政部门既未配套本级乡镇（街道）社工站建设资金，也未积极推进本市州乡镇（街道）社工站建设工作，其辖区内各县市区乡镇（街道）社工站建设进展缓慢、成效不佳，各项工作明显落后于省内其他市州。湖南省民政厅自2021年起，从省级福彩公益金中给每个市州配套市级指导中心建设经费，资助各地市州民政局全面建成乡镇（街道）社工站市级指导中心。各市级民政部门以此为抓手，统筹调度、督查指导所辖县市区乡镇（街道）社工站建设，收效良好。市级指导中心主要面向县级民政部门、县级社工总站、项目承接机构和站点一线社工提供专业支持服务。不同于省级项目办"保重点"的支持策略，市级指导中心的专业支持服务基本可以实现"全覆盖"。市级指导中心的服务内容主要参照省级项目办，并结合本地实际开展。

一、市级培训和督导服务

市级指导中心在乡镇（街道）社工站专业支持服务中扮演着不可替代的重要角色。省级乡镇（街道）社工站建设培训和督导服务受限于市县总量众多，其对应的市、县民政部门、市级指导中心、县级社工总站、项目承接机构和站点一线社工体量庞大[①]，而只能聚焦于一部分重点对象，或分阶段逐步实现全覆盖。相比于省级民政部门，市州所辖县级民政部门、县级社工总站、项目承接机构和站点一线社工总量不大，市级指导中心完全有能力实现培训、督导和评估服务的全覆盖。而相比于县级社工总站社会工作专业力量不足，市级指导中心作为层级更高、辐射范围更广的专业支持平台，可整合、吸引更多优质的培训师资和督导专家支持，从而确保

---

① 湖南乡镇（街道）社工站建设覆盖14个市州、122个县市区、150家项目承接机构、1940个乡镇（街道）社工站点，涉及民政部门、项目承接机构和站点一线社工等相关人员总量逾5000人。广东"兜底民生服务社会工作双百工程"截至2022年底，已在全省建成1631个乡镇（街道）社工站、9218个村（居）社工点，社工人数超过2.8万人。

培训和督导服务的质量。从湖南的实际来看，不少市级指导中心是由省级优秀民办社会工作服务机构运营。市级培训服务主要面向全体站点一线社工，与省级培训注重宏观层面的项目规划和中观层面的项目管理等课程不同，市级培训更侧重在微观层面的实操方法和技巧等课程。如站点一线社工怎样建立专业关系，怎样开展需求评估，怎样进行资源链接，个案活动的通用流程、技巧和注意事项，小组活动的设计、宣传与招募、小组主持技巧，如何撰写个案、小组和社区活动文书，如何招募、培训和管理志愿者等。市级督导主要面向县级社工站、项目承接机构和站点一线社工。通过定期的实地团体督导和个别督导，为其提供情绪支持、工作指导和专业意见建议，协助项目承接机构打造特色亮点，帮助站点一线社工做好职业生涯规划，并通过日常线上督导及时收集和回应县级社工总站、项目承接机构和站点一线社工在乡镇（街道）社工站建设中遇到的困难和问题等。

二、市级评估/监测服务

市级评估/监测服务主要面向县级民政部门、县级社工总站和项目承接机构。通常来说，同一区域内负责督导服务的承接方和负责评估服务的承接方不能为同一机构，省、市、县级三级民政部门组织的评估服务均应由独立的第三方评估机构提供。但在实际工作中，部分市、县受经费或其他条件所限，为集中资源、降低行政成本（招投标费用、行政人员分摊管理经费等）、提高专业支持经费效益，而将培训、督导和评估服务交由一家机构承接。此时则需特别留意，在该指导平台担任督导专家者不得同时担任该指导平台在同一区域的评估专家。市级评估/监测服务分日常线上监测和实地评估两种形式进行。具体包括但不限于以下内容：定期收集县级社工总站工作总结，在此基础上对本市州乡镇（街道）社工站建设进行情况分析并出具分析报告，为市级民政部门下步工作计划提供依据和建议，对县级民政部门、县级社工总站和项目承接机构的工作提出整改意见和推进建议；组织第三方财务评估专家，对县级社工总站和项目承接机构进行专项财务评估，及时发现财务风险，提出整改意见建议，并督促落实；定期抽查乡镇（街道）社工站点服务文书，通过现场观察服务开展情况，深入座谈收集各方对乡镇（街道）社工站点的工作意见和建议，电话访问了解服务对象对服务的满意度等方式，对项目承接机构、站点一线社工的服务成效进行评价，提出整改意见和建议，并督促落实等。

三、其他专业支持服务

市级指导中心还可根据本地实际开展一些其他形式的专业支持服务。如湖南省益阳市指导中心组织开展了全市优秀社会工作者和优秀服务案例的评选活动，通过站点一线社工或项目承接机构自主申报、县市区民政局推荐、专家初评与复评、网络评选等环节，评选出一批优秀社会工作者和优秀社会工作服务案例，并在社会工作主题宣传周上公开予以表彰和奖励，树立全市乡镇（街道）社工站建设典型，营造创先争优的良好工作氛围。湖南省长沙市指导中心策划实施了全市乡镇（街道）社工站建设成果展示会，通过拍摄乡镇（街道）社工站建设主题宣传片、制作易拉宝展架、印制宣传折页、开展乡镇（街道）社工站专题演讲比赛、编写乡镇（街道）社工站刊物等方式，展示项目承接机构和站点一线社工服务风采和服务成果，其创立的内部刊物《长沙社工》成为全市各县市区民政局、项目承接机构和站点一线社工交流、分享心得的重要平台。长沙市指导中心还建立了县级社工总站、项目承接机构和站点一线社工实地互访交流机制，进一步加深了辖区内乡镇（街道）社工站建设相关各方的互联互通。

第三节　县级社工总站

县级民政部门作为乡镇（街道）社工站建设的购买主体，具体负责乡镇（街道）社工站各项工作的组织实施，工作任务繁重，社会工作专业知识不足，难以直接为项目承接机构、站点一线社工提供社会工作专业支持。县级民政部门应通过政府购买服务，建成县级社工总站。县级社工总站可充当县级民政部门各业务股室和各乡镇（街道）社工站点的桥梁角色，做好"上传下达"工作，大大缓解县级民政部门的工作压力。县级社工总站通过日常线上督导和实地督导等方式，为站点一线社工提供实时而充分的情绪支持、文书批注、政策咨询和专业服务建议等服务，有力增强了乡镇（街道）社工站建设的专业支持。县级社工总站的承接方在专业资质、专业能力等方面应优于乡镇（街道）社工站建设项目承接机构，方能为后者提供优质的专业支持。县级社工总站的专业支持服务主要面向站点一线社工、乡镇政府（街道办）民政工作分管领导及乡镇（街道）民政站办所工作人员，其服务内容主要包括两个方面：一是承担乡镇（街道）社工站建设的培训和督导等专业支持服务；二是协助县级民政部门完成乡镇（街道）社工站日常管理工作。

一、县级培训和督导服务

不同于省、市两级培训和督导服务的限时、限量提供，县级培训和督导服务在时间上更具灵活性，在内容上更具针对性，培训和督导的频率也更加密集。在实际工作中，乡镇政府（街道办）民政工作分管领导、乡镇（街道）民政站办所工作人员和站点一线社工，均存在一定程度的人员流动。新接任的人员往往是乡镇（街道）社工站建设的"小白"，需要从零开始接受新任基层民政干部的专题轮训和新进站点一线社工的岗前培训。省、市两级民政部门和指导平台提供的培训服务是定期和限量的进阶式培训，不会"回过头来"做低阶培训，县级社工总站承接要及时"补位"，做好新任人员的基础培训。本县市区乡镇（街道）社工站特色服务、基层民政重点工作和"危急难"任务等具有地方性、临时性的培训任务，难以通过省、市两级模块化的培训来实现，应主要由县级社工总站承担，县级督导服务主要通过现场督导、文书查阅、线上交流等方式进行，具体包括了解站点一线社工在专业关系建立、服务需求评估、服务计划书和活动计划书撰写、活动开展、服务总结报告和活动反思等环节中的表现，对其中做得好的地方及时予以肯定和鼓励，对其中的不足之处及时提出改进意见。如根据本乡镇（街道）民政服务对象特征、特点，与站点一线社工共同讨论、策划、实施站点特色服务项目等。①

二、乡镇（街道）社工站日常管理

相比于省、市两级民政部门，县级民政系统的机构编制和人员编制更少，但其作为直接与基层一线打交道的民政部门，承担的工作却更加烦琐，县市区民政局一个股室对接市州民政局 2~3 个科室的情况较为普遍。当县级民政部门作为乡镇（街道）社工站建设的组织实施主体时，其需要承担和完成的具体工作进一步增加。县级社工总站往往会协助县级民政部门完成乡镇（街道）社工站建设的日常管理工作，具体包括指导乡镇（街道）民政站办所和站点一线社工完成乡镇（街道）社工站办公和服务场地建设（如视觉化设计），指导站点一线社工做好文书整理与归档，对站点一线社工的工作表现进行评价，协调乡镇政府（街道办）、乡镇（街道）民政站办所与站点一线社工的关系，厘清基层政府、乡镇（街道）民政站办所与乡镇（街道）社工站的工作职责，以及开展乡镇（街道）社工站规范化运作和品牌服务创建，总结梳理、推广本县市区乡镇（街道）社工站建设经验等工作。

第四节 项目承接机构

项目承接机构作为乡镇（街道）社工站建设的承接主体和站点一线社工用人单位，是乡镇（街道）社工站建设的专业支持网络中最为关键的主体。如前所述，不论是从财政部门对乡镇（街道）社工站建设的财政性资金的绩效评价来说，还是从民政事业转型升级的角度来说，或是从民政服务对象日益增长的美好生活需要来说，专业服务才是乡镇（街道）社工站

---

① 县级社工总站一般不提供评估服务，对项目承接机构的评估一般由县级民政部门组织第三方专业评估机构实施，或直接采纳省、市两级民政部门组织实施的评估服务的评估结果。

建设的安身立命之本。项目承接机构若想依托乡镇（街道）社工站建设打开工作局面，打响行业名声，逐步实现自身可持续发展，其第一要务是不断提升乡镇（街道）社工站建设中层管理团队和站点一线社工的专业服务能力，充分发挥社会工作"以人为本""弱势优先"的价值优势和"助人自助""社区互助""社会共助"的赋能目标，做实、做细、做深乡镇（街道）社工站的专业服务，彰显社会工作及其专业人才在基层一线服务中的不可替代性。目前，部分县市区的乡镇（街道）社工站建设由异地（含外县、外市和外省）民办社会工作服务机构承接，其优势在于相对初创的本土民办社会工作服务机构，有更成熟的社会工作项目管理经验、更丰富的社会工作服务资源，依托这些经验和资源，乡镇（街道）社工站建设得以较快启动运营。但从长远发展来说，"走读"的异地项目承接机构一定要组建本土项目管理团队，培养本土项目管理人才，培育在地民办社会工作服务机构和一线社会工作人才，方能为当地乡镇（街道）社工站建设可持续发展和民政事业高质量发展奠定良好的组织和人才基础。相比于省级项目办、市州指导中心和县市区社工总站提供的"偶到"式的"套餐"，项目承接机构的督导和培训是"随叫随到"式的"随堂小炒"，可更加及时、有效地为站点一线社工提供专业支持。

一、行政督导

项目承接机构应在资深社会工作实务专家/工作者的指导、参与下，根据与购买主体签订的服务协议，制订本机构乡镇（街道）社工站建设年度服务计划。在该年度服务计划中，项目承接机构应将服务协议中的服务内容、服务指标进行分解，分派到各乡镇（街道）社工站点，制定本机构和各站点服务指标完成进度表，并根据进度表定期监测各站点工作完成情况，及时发现和协助解决站点一线社工在服务过程中遇到的问题和困难。项目承接机构要协助各乡镇（街道）社工站制订本站点年度服务方案，并协助站点开展各项活动。项目承接机构要对各乡镇（街道）社工站的服务文书进行管理和规范，定期对服务文书进行整理和归档。项目承接机构要通过微信公众号、微信工作群等平台及时推送各站点的活动动态和工作动态等。

二、专业督导与培训

项目承接机构为站点一线社工提供的督导与培训服务可及性最高，也最容易出实效。项目承接机构建立健全内部督导和学习机制，如每周定期组织同辈分享会、内部读书会、案例讨论会等，加强站点一线社工之间的经验分享和情绪支持。项目承接机构要根据工作实际和站点一线社工需求，因地制宜制订督导和培训计划，邀请符合专业资质、切实具备相关督导和培训能力的外部督导和讲师，以实地督导、专题工作坊等多种形式，为站点一线社工提供情绪支持和专业指导。如常德市汉寿县乡镇（街道）社工站建设项目承接机构聘请社会工作专家，在实地走访、调研全县22个乡镇（街道）社工站的基础上，根据各乡镇（街道）社工站的民政服务对象需求、辖区内服务资源，结合站点一线社工特长，因地制宜绘制"社会救助+专业服务"蓝图，制订各乡镇（街道）社工站服务方案。为陪伴、支持站点一线社工执行服务方案、开展专业活动，项目承接机构将全县22个社工站划分为儿童关爱、老年服务和乡村振兴专业服务三个片区，由站点一线社工自主选择加入其中一个片区。每个片区设片区长，在专业督导的支持下开展各项日常工作和服务，并定期组织内部交流讨论会，集思广益，取长补短，共同成长。项目承接机构还通过举办民政业务系列专题培训班、社会工作职业水平考试考前培训班，选派骨干社工参加国家、省、市级督导培训班等"点面结合"的方式，进一步提升站点一线社工的专业服务能力。通过"专业督导培养内部督导+内部督导见习督导站点一线社工"的方式，进一步巩固和强化对站点一线社工的专业支持。三年间累计开展社会工作培训33场次、线上线下督导82场次，培养出中级社工师2名、助理社工师15名，初步搭建起"外部专业督导+内部见习督导+片区长+持证社工"的社会工作专业人才梯队，专业支持服务成效显著。①

---

① 李建波．湖南省汉寿县"一乡一品"优化社工站服务［J］．中国社会工作，2022（10）：39.

三、服务资源链接

站点一线社工承担着评估/发现服务对象需求，并将适切的服务资源传递给服务对象的工作职责。服务对象需求由站点一线社工在走村入户中发现，但服务资源从何而来？站点一线社工，尤其是缺乏社会工作从业经历、身处偏远乡镇的站点一线社工，因自身能力和在地资源不足，能够链接到的服务资源非常有限，需要项目承接机构在县市区、市州乃至更大范围内调动资源网络予以支持。项目承接机构能够为乡镇（街道）社工站链接到的服务资源，在很大程度上决定了站点一线社工可提供的资源和服务。加之民政服务对象困境的复杂性和问题成因的多源性，往往难以单凭民政部门的救助资源走出困境，需要站点一线社工和项目承接机构链接其他政府部门的正式资源，以及社会慈善资源来合力解决。如长沙市开福区沙坪街道社工站在市级乡镇（街道）社工站联点专家的指导下开展社区调研，调研发现辖区内困境人群均已依法依规享受低保、五保、临时生活救助等政策福利，其物质生活基本得到保障，但个体化困境和发展性需求尚未受到足够关注。为此，站点一线社工在项目承接机构的全力支持下，联动开福区政协、致公党开福区工委、湖南省室内装饰协会、家政志愿者等爱心单位和人士，发起"引水灌田"特困家庭帮扶计划、"同伴同行"困境儿童增能计划、"邻里守望"困境老人守候计划，回应困境人群的个体化困境，不断深化社工站的服务及其专业性，切实回应了困境人群日益增长的美好生活需要。

四、人员考核与激励

对于站点一线社工，尤其是缺乏社会工作教育背景和从业经历的站点一线社工来说，专业认同感的培养和专业服务能力的提升是一个漫长的过程，需要站点一线社工持续保有专业学习热情和动力方能逐步实现。项目承接机构在为站点一线社工提供专业督导和培训的同时，应尽早完善对站点一线社工专业能力的考核和激励机制，通过适当的考核压力和激励引力，激发其主动学习的动力，维持其主动学习的行为。具体来说，项目承接机构要在招聘、绩效考核、评先评优和岗位晋升等环节和事项中突出社会工作专业资质和专业能力的绝对优势。要依据民政部和省、市、县级民政部门有关社会工作岗位设置和薪酬激励的政策规定，在能力所及的范围内最大限度地提升站点一线社工的薪资待遇。要通过限期持证、内部专业技能考试等方式，定期对站点一线社工的专业能力进行考核，并作为是否续聘、提拔的重要依据。要提供机会和平台，鼓励站点一线社工"走出"本机构，走向全县、全市、全省乃至全国性的平台，分享作为站点一线社工的从业心得、成长经历和服务故事，不断帮助其拓展职业晋升空间。如常德市武陵区民政局专门出台乡镇（街道）社工站一线社工激励政策，为考取助理社工师的站点一线社工每月增加持证补贴 930 元，为考取中级社工师的站点一线社工每月增加持证补贴 1240 元，极大地提高了站点一线社工的专业学习热情，全区 21 名站点一线社工中，持证社工达 19 人，持证比例超过 90%。

项目承接机构在社会服务资源链接、人才培养等方面发挥着重要作用。从国内外政府购买社会服务的历程来看，项目承接机构（民办社会工作服务机构或其他符合资质的社会组织等）是社会力量的重要组成部分，也是民政系统重点培育和扶持的对象。在实践中，由于采购主体购买经验不足、民办社会工作服务机构鱼龙混杂等诸多原因，在一些政府购买社会工作服务项目中，项目承接机构不合理设置行政经费，甚至变相攫取利润的现象时有发生。作为应对措施，"去机构化"、"去项目化"和"政府直聘"的呼声不断高涨。不置可否，对于那些在政府购买社会工作服务项目中变相攫取利润的项目承接机构，各级民政部门、社会工作学界和行业应立场鲜明地反对将其纳入专业社会工作服务机构名录，在已开展社会组织执法的地区应依法依规将其列入政府购买服务失信名单。

但也应看到，单一的社会服务供给模式难以满足数量庞大且日益多元、复杂的社会服务需求，政府供给、市场供给、慈善组织供给以及政府购买服务供给等多元模式共存是全球社会服务供给的格局。作为社会工作的业务主管部门，以及一直尝试以社会工作专业作为学科支撑、以社会工作专业技术人员作为人才支撑的民政部门，在部门的长期发展规划和短期工作策略中，应更加理性地从本地区本部门实际出发，因地制宜推进乡镇（街道）社工站及社会工作专业人才队伍建设。如通过推动乡镇（街道）所属事业单位设立社会工作专业技术岗位，将优质社会工作专业人才引进基层、扎根一线，不断提升基层政府服务能力。如通过鼓励乡镇（街道）、村（社区）工作人员考取社会工作专业资格证书，并持续为持证人员提供专业培训和督导等继续教育，提升其运用社会工作价值理念和方式方法服务群众的能力。通过政府购买社会服务，由第三方社会服务机构派驻专业社会工作者进驻服务点开展社会工作服务等。

政府购买社会服务通过引入竞争机制和考核机制，不仅确保了服务协议内的服务目标、服务内容和服务指标得到完成，也扶持了一批本级本土的民办社会工作服务机构，建立起一支本土的社会工作专业人才队伍。他们共同构成了基层民政服务坚实的组织基础和人才基础，成为民政工作转型升级的得力助手。他们还是社会力量的重要组成部分，通过动员、链接社会资源，持续扩大政府投入经费的服务成效和社会效益，成为政府和市场之外重要的社会治理主体。激发社会活力，联动更多主体关注和投身社会建设，建设人人有责、人人尽责、人人享有的社会治理共同体，是政府购买社会服务的长远意义之所在。在采用政府购买服务方式实施的乡镇（街道）社工站建设中，各级民政部门要不断完善政府购买服务的采购和监管机制，让那些保有社会工作专业初心和专业使命的民办社会工作服务机构和社会工作者，可以充分发挥专业优势去关怀和服务困难群体，推动更加充分更加均衡的社会发展，推进社会公平正义。

第 8 章

如何实现可持续发展

2021 年 5 月，民政部、国家发展和改革委员会联合下发《"十四五"民政事业发展规划》（民发〔2021〕51 号），指出民政系统要以推动民政事业高质量发展为主题，以充分发挥民政工作在社会建设中的兜底性、基础性作用为主线，以改革创新为根本动力，以满足人民日益增长的美好生活需要为根本目标，更好履行基本民生保障、基层社会治理、基本社会服务等职责。社会工作作为兜底民生、服务困难群众的专业力量，乡镇（街道）社工站建设作为创新民政服务载体、提升民政服务专业化水平的重要举措和基本路径，在不断满足民政服务对象日益增长的美好生活需要、助力民政事业高质量发展中扮演着重要角色。十四五规划明确指出要健全党委领导、政府负责、群团助推、社会协同、公众参与的社会工作推进机制，建立村（社区）—街道（乡镇）—区（县）三级社会工作服务体系，按照"有场地、有设备、有人员、有服务功能、有工作流程、有规章制度"的标准，加快推进乡镇（街道）社工站建设；要推动乡镇（街道）社工站在困难群众帮扶、老年人服务、困境儿童关爱保护、社会支持网络构建、社区参与能力提升、社会工作机构与志愿服务组织培育等方面发挥作用，成为基层治理与服务的重要力量。

在民政部的全面部署和大力推动下，各地乡镇（街道）社工站建设迅速推进。截至 2023 年 1 月，全国已建成社工站 2.9 万个，7 万名社会工作者驻站开展服务，总覆盖率达 78%，其中 8 个省份已实现全覆盖，16 个省份覆盖率超 80%。① 作为全国民政系统大力推进的一项重点工作，全国乡镇（街道）社工站建设取得了重大进展，乡镇（街道）社工站建设已成为

---

① 许娓，徐蕴 . 全国志愿服务和社会工作电视电话会议召开，已建成乡镇（街道）社工站 2.9 万个［EB/OL］. https：//www. mca. gov. cn/n152/n166/c48018/content. html.

我国社会工作发展的主要模式。各地乡镇（街道）社工站建设在快速推进的同时，也面临着一系列阶段性问题。如仍有一些民政部门对乡镇（街道）社工站建设的长远目标和现实意义认识不足，将乡镇（街道）社工站人才队伍建设等同于在乡镇（街道）、村（社区）增设民生协理员，甚至认为完成了乡镇（街道）社工站挂牌就完成了乡镇（街道）社工站建设。一些地方因本土民办社会工作服务机构和社会工作专业人才不足，导致其乡镇（街道）社工站服务一直停留在低专业化水平难以突破。还有不少地方面临着乡镇（街道）社工站运行经费不足、建设标准缺乏、管理规范亟待完善等问题。

为及时回应和有效解决乡镇（街道）社工站建设的阶段性问题，实现乡镇（街道）社工站建设的可持续发展，充分发挥社会工作专业力量在加强基本民政保障、创新基层社会治理、拓展基层社会服务中的专业使命和基础作用，不断满足人民日益增长的美好生活需要，各地各级民政部门在不断完善乡镇（街道）社工站建设顶层设计和体制机制、不断规范乡镇（街道）社工站建设的同时，应主动融入各级党委政府推进国家治理现代化、乡村振兴和共同富裕的改革发展大局，以躬身入局的姿态积极争取各级党委政府的政策和资金支持；应加强社会工作专业人才队伍建设，筑牢乡镇（街道）社工站建设和民政事业高质量发展的人才之基；应建立健全相关部门联动机制，推广"社工站＋专项服务"的"通专结合"发展模式，实施先发地区/乡镇（街道）社工站建设指导平台/项目承接机构/乡镇（街道）社工站点/站点一线社工，结对帮扶后发地区/乡镇（街道）社工站建设指导平台/项目承接机构/乡镇（街道）社工站点/站点一线社工的"牵手计划"，推进乡镇（街道）社工站建设向纵深发展；应及时总结和宣传推广乡镇（街道）社工站建设服务成效，不断提升社会工作的社会形象、职业地位和专业权威。

第一节　融入改革发展大局

在社会主义初级阶段，我国国内的主要矛盾是人民日益增长的物质文化需要同落后的社会生产之间的矛盾。进入中国特色社会主义新时代，我国社会的主要矛盾已经转化为人民日益增长的美好生活需要和不平衡不充分的发展之间的矛盾。尤其是在受城乡二元结构的长期影响，城乡差异、贫富差距明显的背景下，如何加强社会建设，改善困难群体的福祉，是各级党委政府着力破解的难题。各级党委政府全面推进国家治理体系现代化，大力实施乡村振兴战略，扎实推动共同富裕，以实现更加平衡而充分的发展，满足人民日益增长的美好生活需要。乡镇（街道）社工站建设应主动融入各级党委政府改革发展大局，创新基层社区治理，助力乡村振兴，推动共同富裕，争取更多政策红利和服务资源，不断提高民政服务对象福祉，满足其日益增长的美好生活需要。

一、创新基层社会治理

2013 年 11 月，党的十八届三中全会通过《中共中央关于全面深化改革若干重大问题的决定》，首次提出推进国家治理体系和治理能力现代化的改革目标。2019 年 10 月，党的十九届四中全会通过《中共中央关于坚持和完善中国特色社会主义制度 推进国家治理体系和治理能力现代化若干重大问题的决定》，指出社会治理是国家治理的重要方面。必须加强和创新社会治理，完善党委领导、政府负责、民主协商、社会协同、公众参与、法治保障、科技支撑的社会治理体系，建设人人有责、人人尽责、人人享有的社会治理共同体。民政部门主管基层政权和社区建设、社会组织、社会工作、慈善事业及志愿服务等各项工作，具有调动社会力量的天然优势和激发社会活力的广阔空间，在打造"人人有责、人人尽责、人人享有的社会治理共同体"、推进社会治理体系和治理能力现代化中大有可为。乡镇（街道）社工站作为民政部门在基层一线的综合服务平台，在建立健全基层社会治理体系中发挥着重要作用。

当前，各级民政部门的工作机制是条块分割的，难以形成工作合力。一方面，民政部门与其他政府职能部门之间的工作既缺乏明确分工，又缺少有效衔接，"重复"建设、"扎堆"服务现象普遍存在；另一方面，民政部门内部不同业务口各自发力，其在基层的服务人员、服务阵地和服务资源分散。乡镇（街道）社工站作为民政全域在基层的统一服务平台，不仅能够有效整合民政内部不同业务口的服务阵地和服务资源，培力和联动分散的基层民政服务人员，同时还注重民政系统之外的资源链接与资源整合，从而打破民政部门与其他政府部门、民政部门内部各自发力的局面，形成多方服务力量和多元服务资源联动的服务机制。更为重要的是，社会工作专业服务致力于个人、家庭、组织和群体的赋能，强调通过一系列持续的跟进和介入服务，实现"助人自助""社区互助""社会共助"的过程目标。在提供服务的过程中，项目承接机构和站点一线社工注重激发服务对象自身能动性、挖掘服务对象潜能，因地制宜提升服务对象自身能力。注重在地社区骨干（如村支"两委"、村医、村小学教师、村民骨干等）和社区自组织（如红白理事会、老年协会、妇女文艺队、志愿者协会等）的培育，充分动员社区骨干和社区自组织服务社区有需要的人群。注重社会资源的链接，如链接政府部门资源，动员辖区内外的医院、学校、企业、社会组织、爱心人士等出资出力，投身社区服务。换言之，乡镇（街道）社工站项目承接机构和站点一线社工以服务为契机，撬动辖区内外各类正式资料和非正式资源，调动辖区内外各方力量，激发基层社会治理活力，致力于打造"人人有责、人人尽责、人人享有的社会治理共同体"。①

如长沙市民政局依托乡镇（街道）社工站，在全市启动"五社联动幸福邻里"城乡社区治理行动。该行动以提升居民幸福感为主要目标，以居民需求为导向，通过不断完善街道（乡镇）社工站功能，成立枢纽型社

---

① 周金玲.乡镇（街道）社工站建设湖南模式探析［J］.中国社会工作，2021（7）：43-45.

区社会组织，设立社区（村）社会工作和志愿服务点，吸纳社会工作者提供专业指导和服务，促进社区社会组织和志愿者队伍发展壮大并成为社区服务的重要参与主体，动员社会公益慈善资源参与社区服务开展、帮扶困难居民，以实现社区活动和志愿服务持续化、常态化、规范化开展，邻里关系融洽和谐，居民自治积极性大幅提升，社区治理水平有效提高的治理目标。①

二、助力乡村振兴

2017 年，党的十九大报告首次提出"乡村振兴战略"。2018 年 1 月，中央一号文件《中共中央 国务院关于实施乡村振兴战略的意见》指出，乡村振兴，产业兴旺是重点，生态宜居是关键，乡风文明是保障，治理有效是基础，生活富裕是根本。同年 9 月，中共中央、国务院印发《乡村振兴战略规划（2018—2022 年）》，进一步细化、实化了乡村振兴战略的工作重点和政策措施，部署了乡村振兴战略的重大工程、重大计划和重大行动。2021 年 4 月，全国人民代表大会常务委员会审议通过《中华人民共和国乡村振兴促进法》（中华人民共和国主席令第 77 号）（2021 年 4 月 29 日），提出全面实施乡村振兴战略，开展促进乡村产业振兴、人才振兴、文化振兴、生态振兴、组织振兴；鼓励、支持人民团体、社会组织、企事业单位等社会各方面参与乡村振兴促进相关活动；建立农村留守儿童、妇女和老年人以及残疾人、特困人员、困境儿童的关爱服务体系，支持创新多元化服务模式。

各地各级民政部门积极响应党中央、国务院和各级党委政府乡村振兴的工作部署，全面动员社会工作专业服务力量投身乡村振兴。2021 年 8 月，湖南省民政厅下发《湖南省基层社会工作服务站项目三年行动方案（2021—2023 年）》（湘民发〔2021〕26 号），要求市县民政部门、项目承接机构和站点一线社工，主动融入国家乡村振兴等建设大局，逐步拓展

---

① 长沙市民政局：《长沙市城乡社区"五社联动 幸福邻里"工作方案》（长民发〔2022〕36 号），2022 年 9 月 1 日。

基层社工站的服务对象和服务范围，联动政府部门、群团组织、企事业单位、公益慈善机构和志愿者，形成众智众筹、共建共享的新格局。2022 年2 月，湖南省民政厅、湖南省乡村振兴局印发《湖南省"十四五"时期社会工作服务机构"牵手计划"实施方案》（湘民发〔2022〕5 号），积极发挥社会工作专业力量在巩固拓展脱贫攻坚成果同乡村振兴有效衔接中的作用，引导促进社会工作专业人才投身乡村建设。2022 年5 月，湖南省民政厅、湖南省乡村振兴局印发《湖南省动员引导社会组织参与乡村振兴的实施意见》（湘民发〔2022〕24 号），大力动员社会组织深入实施"结对帮扶助振兴"专项行动、"公益品牌助振兴"专项活动、"消费帮扶助振兴"专项行动和"四小建设助振兴"专项行动，大力培育服务性、公益性、互助性农村社会组织，支持农村地区基层社工站及志愿服务站建设。2022 年6 月，广东省颁布《广东省乡村振兴促进条例》（广东省第十三届人民代表大会常务委员会公告第 114 号），明确提出加强乡镇社会工作服务站、村社会工作服务点建设，提供兜底民生社会工作服务；建立农村留守儿童、妇女和老年人以及残疾人、特困人员、困境儿童的关爱服务体系，支持创新多元化服务模式。

作为长期扎根基层一线，致力于提升困难人群和困难地区福祉的社会工作者，可运用专业价值伦理、理论视角、知识及方法技巧，直接或间接参与"乡风文明""治理有效""产业兴旺""生态宜居"，乃至"生活富裕"的行动，通过聚焦乡村中人的主体性和社会力的恢复、增进与发挥，致力于促进乡村人民更好地自我实现、建设富有生机活力的乡村家园。①具体到乡镇（街道）社工站建设中，项目承接机构和站点一线社工作为扎根基层一线的专业社会服务力量，通过发挥"以人为本""弱势优先"的价值优势，及"助人自助""社区互助""社会共助"的专业优势，关注和培力特困人员、留守儿童和困境儿童、留守妇女、留守老人及残疾人等重点民政服务对象，通过培养妇女、儿童和老年人等村民骨干，培育妇女

---

① 陈涛. 全面发挥社会工作服务乡村振兴的作用［J］. 中国社会工作，2022（16）：7.

小组等村民自组织，实现乡村中"人的振兴"和"组织振兴"；通过传承优良传统文化，发扬邻里守望的互助精神，实现"文化振兴"；通过恢复传统生态种养殖、发展社区可持续生计等方式，实现"产业振兴"和"生态振兴"。

湘西土家族苗族自治州古丈县默戎镇中寨村、翁草村是典型的"三区"地区。早在 2003 年，长沙民政职业技术学院社会工作系师生便进入该地，建立德育实践基地，成立湘西中寨社区服务中心，探索以村民为本的农村社会工作服务，并注重发展和培育本土农村社会工作者。2013 年，民政部、湖南省民政厅组织实施社会工作专业人才支持"三区"计划，翁草村成为湖南省首批十个"三区"计划试点村之一，由长沙民政职业技术学院师生举办的民办社会工作服务机构派驻社工，开展少数民族农村社会工作服务。驻村社工联合社会工作系师生，以民族文化活动为切入口，培育村民自组织，在此基础上回应村民的生计发展需求，组织村民成立"翁草村爱家生态养殖专业合作社"，将村中的生态腊肉、生态土鸡、蒿子粑粑等农产品销往城市，大大增加了村民的家庭收入，成为社会工作助力精准扶贫的样本。① 2019 年，该机构承接了古丈县乡镇（街道）社工站建设项目，成立默戎镇社工站，并组建以长沙民政职业技术学院社会工作专业毕业生（当地村民）为站长的社工团队，接续开展社会工作助力乡村振兴工作。如以苗寨妇女、儿童、老年人为服务对象，组织开展"守护历史印记，留住古韵乡愁"系列活动，通过手绘故乡、影像记录和口述历史等方式，助力传统古村落的文化振兴。②

三、推动共同富裕

2020 年 10 月，党的十九届五中全会审议通过《中共中央关于制定国民经济和社会发展第十四个五年规划和二〇三五年远景目标的建议》，提

---

① 贺晓淳 . 湘西翁草村：社工介入精准扶贫的实践样本［N］. 中国社会报，2016-03-30.

② 闵萱 . 再续中寨前缘，助力乡村振兴：长沙民政职院民社学院开展暑期"三下乡"活动［EB/OL］. https://www.hunantoday.cn/news/xhn/202107/15373972.html.

出要扎实推动共同富裕，到 2035 年全体人民共同富裕迈出坚实步伐，到 2050 年全体人民共同富裕基本实现。2021 年 5 月，中共中央、国务院下达关于支持浙江省率先建设"共同富裕示范区"的重要部署。① 2021 年 8 月，习近平同志主持召开中央财经委员会第十次会议，研究扎实促进共同富裕问题，强调共同富裕是社会主义的本质要求，是中国式现代化的重要特征，要坚持以人民为中心的发展思想，在高质量发展中促进共同富裕。② 此次会议进一步阐明了共同富裕的内涵和要求，强调共同富裕不是少数人的富裕，是全体人民的富裕，要"构建初次分配、再分配、三次分配协调配套的基础性制度安排"，着力扩大中等收入群体规模，推动更多低收入人群迈入中等收入行列，"形成中间大、两头小的橄榄型分配结构"。③

以扶贫济弱、促进社会正义为使命的社会工作，在促进全体人民共同富裕中扮演着重要角色。社会工作服务遵循"弱势优先"的价值和原则，将有限的社会服务资源优先提供给最有需要的人，通过个别化、专业化、高质量的社会工作服务，提高困弱群体的生活质量。社会工作通过倡导公益慈善和用好公益资源，帮扶困弱群体，减少贫富差距，实现共同富裕。④ 以湖南为代表的众多地区，其乡镇（街道）社工站建设的主体经费来源于社会救助专项资金，其基本服务目标为加强基层社会救助经办服务能力、提升社会救助务水平。乡镇（街道）社工站通过面向社会救助对象的社会工作服务，为社会救助对象提供心理疏导、物质帮扶、政策链接、能力建设和资产建立等系统化、专业化服务，不断满足社会救助对象的美好生活需要。

株洲市芦淞区以社会救助服务对象需求为导向，充分发挥乡镇（街

① 中共中央 国务院．关于支持浙江高质量发展建设共同富裕示范区的意见 ［EB/OL］．http：//www.gov.cn/zhengce/2021-06/10/content_ 5616833.htm.

② 习近平主持召开中央财经委员会第十次会议 ［EB/OL］．https：//www.gov.cn/xinwen/2021-08/17/content_ 5631780.htm.

③ 李实，杨一心．完善收入分配制度 促进共同富裕 ［EB/OL］．https：//baijiahao.baidu.com/s？id=1715896519534151530&wfr=spider&for=pc.

④ 王思斌．发挥社会政策和社会工作在促进共同富裕中的作用 ［J］．中国社会工作，2021（28）：8.

道）民政站办所的兜底作用和乡镇（街道）社工站的专业优势，通过"前台一口受理，后台分工协同"的"全科+专科"社会工作服务模式，构建起"资金+物资+服务"的多维社会救助服务体系。"全科"社工熟练掌握各项民政业务工作，协助（潜在）民政服务对象在不跑腿、少跑腿的情况下办好事。"专科"社工为重点民政服务对象提供人文关怀、心理辅导等专业服务。乡镇（街道）社工站充分发挥整合各类民政资源的优势，积极联动其他政府部门和社会慈善力量参与社会救助，激发了基层救助工作能力和活力，提升了救助的精准性和精细化，有效增强了救助对象的获得感、幸福感和安全感。[①]

第二节　筑牢专业人才之基

不同于司法、财政等部门有法学、经济学等成熟学科提供强有力的专业支撑，也不同于教育部门、卫健部门有乡村教师、村医等扎根村居一线提供专业服务的专业技术人才，民政部门既缺乏学科支撑，又缺乏专门的基层服务技术人才。1987 年马甸会议后，民政部大力支持北京大学等高校恢复社会工作专业，尝试发展社会工作成为民政工作的学科支撑。2006年，社会工作被纳入国家六大主体人才队伍之一。随后，民政部陆续出台社会工作者职业水平评价办法、民政事业单位社会工作专业技术岗位设置办法等系列政策文件，推动社会工作人才成为民政工作的专业技术人才。近年来，受限于政府机构改革背景下政府机构编制和人员编制只减不增的实际，民政部全面部署乡镇（街道）社工站建设，通过政府购买基层民政领域社会工作服务，配备一支专业社会工作人才队伍扎根基层一线提供服务，充实基层民政服务力量，提升基层民政服务水平。

[①] 中国社会报. 湖南省株洲市芦淞区引入社工力量开展"资金+物资+服务"救助：精准救助有温度 高质高效解民忧［EB/OL］. http：//mzt. hunan. gov. cn/mzt/xxgk/mt/202110/t20211028_ 20894607. html.

当前，各地乡镇（街道）社工站建设普遍面临着从业人员专业水平偏低的现状。以湖南为例，截至 2021 年 8 月，全省乡镇（街道）社工站从业人员中拥有社会工作教育背景或从业经历者不足 20%，持（助理）社会工作职业水平证书者不足 50%。站点一线社工作为乡镇（街道）社工站服务的直接提供者，其专业素养和综合能力直接决定了乡镇（街道）社工站服务的专业水平，专业社会工作人才的不足严重制约着各地乡镇（街道）社工站的持续发力和长远发展。各级财政部门对政府购买服务项目的绩效考核越来越严，相比于基层政府和基层民政部门的行政审批和事务性工作，乡镇（街道）社工站建设作为政府购买社会服务项目，其合法性植根于专业服务而非事务性工作，这同样决定了乡镇（街道）社工站建设的长远发展必须在专业服务上取得突破。

筑牢乡镇（街道）社工站建设的专业社会工作人才基础，是各级民政部门要高度重视和高位推进的一项基础性重点工作。作为乡镇（街道）社工站建设的主导部门，以及社会工作业务的行业主管部门，各级民政部门应联动其他相关部门加强社会工作专业人才队伍建设。首先，社会工作专业技术人才作为国家认定的六大主体人才之一，其人才的认定和优待工作离不开组织部门的支持，其职称的考评和聘用离不开人社部门的支持，其学历教育离不开教育部门的支持。其次，社会工作作为一门实践的学科和职业，离不开社会工作学界和社会工作行业的通力合作和支持，它们既是各级乡镇（街道）社工站建设指导平台、项目承接机构的重要组成部分，又为各级乡镇（街道）社工站建设指导平台和项目承接机构提供专业支持。最后，乡镇（街道）社工站从业人员的专业学习热情和努力也非常关键。在湖南省出台的"三年行动方案"中，省民政厅明确提出了加强乡镇（街道）社工站人才队伍建设的目标，以及完善社会工作专业人才激励机制的具体要求和措施。如依托高校专家学者、高级社工师、本土督导等优秀社会工作专业人才资源，建立省—市—县—机构四级社会工作督导和培训体系。合理确定薪酬福利待遇，逐步实现"社工工资水平不低于上年度项目所在地社会平均工资 1.2 倍"的目标。加强表彰奖励，定期组织开展社工优秀案例评选、征文和影像大赛、社工知识和技能竞赛。拓宽上升通道，全省选拔培养 60 名本土督导，鼓励各地在机关事业单位、基层服务机构和村（社区）工作人员招录中，优先招录工作表现优异的驻站社工等。①经过近三年的不懈努力，湖南省乡镇（街道）社工站的专业化水平显著提升，站点一线持证率早已超过 50%，不少县市区站点更是达到了 90% 以上。具体来说，可从以下几方面着手加强乡镇（街道）社工站专业人才队伍建设。

一、大力开发社会工作专业技术岗位

各级民政部门要落实民政部、中央综治办、财政部、人力资源和社会保障部等 12 部门《关于加强社会工作专业岗位开发与人才激励保障的意见》（民发〔2016〕186 号），制定本省、市、县社会工作专业岗位开发与人才激励保障的实施意见（方案）。在以老年人、残疾人、困境儿童、农村留守人员、流动人口、家庭暴力受害人等为重点服务对象的事业单位推动社会工作岗位设置，或通过购买老年人、残疾人、困境儿童、农村留守人员、流动人口、家庭暴力受害人等领域社会工作服务等方式，支持民政服务机构与基层民政经办机构、社区和社会服务机构设置社会工作岗位，千方百计加强社会工作专业人才配备和使用，不断拓展乡镇（街道）社工站站点一线社工的岗位总量和职业晋升空间。支持高等院校加强社会工作专业学位教育，强化优化专业建设和相关领域课程设置，鼓励一线社会工作者通过培训和考试提高专业能力，获得相应职业资格，建立分级培养机制和分类培训体系，想方设法提高社会工作专业人才总量和水平，为乡镇（街道）社工站从业人员队伍的持续优化提供强有力的人才支撑。②

二、充分调动从业人员的专业成长动力

相比于科班出身的社会工作者，乡镇（街道）社工站的"小白"从业

①　湖南省民政厅：《湖南省基层社会工作服务站项目三年行动方案（2021—2023年）》（湘民发〔2021〕26 号），2021 年 8 月 20 日。
②　民政部、国家发展和改革委员会：《"十四五"民政事业发展规划》（民发〔2021〕51 号），2021 年 6 月 18 日。

者需花费更多的时间和精力学习社会工作的价值理念、理论视角和方式方法，自身专业成长的意愿和行动至关重要。省、市、县三级民政部门和项目承接机构要千方百计调动乡镇（街道）社工站从业人员主动学习社会工作专业知识和技能、积极开展社会工作专业服务的动力，孜孜不倦地在专业成长之路上攻坚克难。从实际来看，仍然有一部分缺乏社会工作专业背景的从业人员，将乡镇（街道）社工站的工作岗位视为"家门口""有社保""有节假日"的"一份工"，认为专业学习和专业服务是浪费时间又"无用"的事，或将站点社工岗位视为考入机关事业单位的"中转站"，根本无心开展基层民政领域社会工作专业服务。各级民政部门应做好体制机制设计，从源头上确保项目承接机构招聘的乡镇（街道）社工站从业人员，是心怀"为民爱民"初心使命和社会工作专业认同的"有心人"。各级指导平台和项目承接机构要协助站点一线社工做好职业生涯规划，通过乡镇（街道）社工站的专业学习和专业服务，不断提升自身专业能力和综合素养，不断拓展自身社会关系和社会资本，在为民政服务对象等困弱人群服务的过程中实现人生价值、社会价值，并为未来的职业发展奠定坚实的能力基础和关系网络基础等。

三、不断提升从业人员的专业能力

当前，受人员薪资福利待遇、专业社会工作人才总量及站点地理位置和交通情况等诸多因素限制，一些地方把乡镇（街道）社工站从业人员的专业门槛设得相对较低。一些综合能力较强的首聘站点一线社工流失后，候补名单中的应聘者轮候上岗，或只能进一步放宽招聘条件重新招聘。为保障乡镇（街道）社工站从业人员的专业素质和综合能力在各级各部门新出台的乡镇（街道）社工站建设文件、标准中，要明确并稳步提升对各级乡镇（街道）社工站建设指导平台承接方、项目承接机构及其项目管理团队的专业资质和专业能力要求；要明确并稳步提升对站点一线社工的从业资质和社会工作专业继续教育要求；要畅通专业社会工作者的职业晋升通道，通过持证补贴、优秀人才奖励计划，以及选拔进入省、市、县三级社会工作督导、培训和评估专家库等方式，大幅提升专业社会工作者的薪资待遇；要搭建省域、市域和县域社会工作专业交流平台，引荐优秀乡镇（街道）社工站建设指导平台、项目承接机构和站点一线社工跨区域分享交流经验，进一步拓展优秀社会工作服务机构和专业社会工作者的职业发展平台。

特别需要指出的是，尽管限期持证已成为各地对乡镇（街道）社工站从业者的普遍要求，但持证并不意味着具备了专业服务能力，更不意味着专业服务的开展。持证从业人员在改善民生、助力社会治理等方面发挥了积极作用，但是他们主动、自觉发挥社会工作专业作用还不足，有的持证者很少用社会工作专业理念和方法去处理问题，有的即使用了社会工作方法也说不清楚。应建立健全社会工作持证从业者的专业评核制度，激活持证者的专业能力，为改善民生和创新社会治理作出更大贡献。在证书登记环节，用人单位与专业人员管理部门及本专业领域社会团体之间要达成共识，如在登记时设置一个较简单的、由用人单位审核并承认的"运用社会工作理论和方法解决问题情况"的报告，并经有关专家评价认可。在上岗工作阶段，要促成从业者之间的工作和经验交流，形成运用专业理念和方法的氛围。考虑到持证从业者学习社会工作专业的程度不同，本职工作不同，使用社会工作的角度和程度也不同，专业评核内容可以采用多样化、渐进深入的方法。如最基础的考核是让持证者说出自己实践中运用的社会工作理论、理念和方法，进一步则要求其能大致讲出运用社会工作理念和方法解决问题的关键点，再进一步则是讲述专业理论与方法同本土实践相结合的机制，更进一步是能就运用专业社会工作方法解决问题的实践进行概括，形成某种程度的经验等。①

第三节 推进纵深发展

乡镇（街道）社工站是民政全域在基层的综合服务平台，项目承接机

---

① 王思斌. 通过评核提高持证在岗社工的专业服务水平［J］. 中国社会工作，2022（22）：6.

构和站点一线社工是民政各业务口在基层的专业服务队伍。各业务口（如社会救助、老年服务、儿童福利、社区建设、志愿服务、慈善事业等）直接面向民政对象的服务，尤其是专业服务，可交由民政部门在基层的这个综合服务平台和这支专业服务队伍去落实，从而实现各级民政部门不同业务口服务资源和服务力量在乡镇（街道）社工站的归集。乡镇（街道）社工站将民政部门原来条块分割、各自发力的基层服务格局，转变为整合资源、集中发力的格局，统筹规划工作任务，优化配置服务资源，有助于提升基层民政服务的深度和广度。① 各级民政部门应鼓励和支持项目承接机构、站点一线社工争取其他政府部门及社会服务资源，更好地为民政服务对象等困弱群体服务；应鼓励和支持项目承接机构、站点一线社工推广"社工站+专项服务"的"通专结合"服务模式，在加强基本民生保障的同时，不断满足民政服务对象等困弱群体的发展性社会服务需求；应组织实施先发地区/乡镇（街道）社工站建设指导平台/项目承接机构/乡镇（街道）社工站点/站点一线社工结对帮扶后发地区/乡镇（街道）社工站建设指导平台/项目承接机构/乡镇（街道）社工站点/站点一线社工的"牵手计划"，推动省、市、县乡镇（街道）社工站更加均衡而充分地发展。

一、建立健全部门联动机制

乡镇（街道）社工站建设的专业化有赖于充足的服务资源投入和更高效的服务资源使用，应理顺民政系统内部、民政系统与相关职能部门，以及民政系统与基层政府的关系，形成民政部门内部和部门之间的联动，推进民政全域乃至民生全域社会工作服务。首先，民政系统内部应做好政府购买社会救助、养老服务、儿童福利、社区建设等相关领域专业服务的科学规划和统筹实施工作，将原本分散在各个业务口的资源集中到乡镇（街道）社工站综合服务平台，"集中力量办好事"；其次，各级民政部门、项

---

① 周金玲. 乡镇（街道）社工站建设湖南模式探析［J］. 中国社会工作，2021（7）：43-45.

目承接机构应联动司法、教育、人社、卫健、团委、残联、妇联等政府部门和群团组织，说服其将本部门（组织）基层服务项目交由乡镇（街道）社工站执行，并按照"政府购买、费随事转"的原则，将相关服务经费拨付给乡镇（街道）社工站和站点一线社工；再次，各级政府部门和群团组织应尽量盘活基层已有各类服务场所、设施设备，做好场地视觉化设计的兼容，避免因重复建设服务阵地而浪费资源，以便将更多经费直接投入村（居）民专业服务中；最后，各级民政部门应鼓励项目承接机构和站点一线社工链接志愿服务、社会组织、公益慈善等社会资源，联动更多社会力量参与民生服务。

湖南的乡镇（街道）社工站在开展服务过程中发现，不少民政服务对象普遍面临着因病致贫、因病返贫的风险，或患病无钱医治的困境。为系统地回应这一问题，省民政厅联合省卫生健康委及湘雅医院、省儿童医院等医疗机构，在长沙市、邵阳市等地试点开展乡镇（街道）社工站困境人群健康服务和慈善医疗救助"直通车"项目。通过医院医务社工与乡镇（街道）社工站社工的协同行动，主动发现有相关健康和医疗需求的困境服务对象，双方就患者的心理状态、家庭支持及诊断与治疗等情况及时沟通，制订个性化服务方案，为患者及家属提供心理支持、经济援助和能力建设，搭建起"乡镇（街道）社工站点—医院"互联互通的社会支持网络。省儿童医院社工部客服中心和慈善接待中心还设立了 3 条热线和 1 个微信服务群，专门对接乡镇（街道）社工站转介的患儿和家属，实时为其提供一对一的健康咨询、转诊、慈善救助等服务，并定期对转诊患儿进行健康随访，持续开展健康医疗服务。[①]"直通车"项目的实施，拓展了乡镇（街道）社工站的救助资源，畅通了困境人群的医疗救助渠道，精准高效地将就医资源传递到困境人群手中，切实满足了困境人群的健康和医疗服务需求，得到了各方肯定与支持，越来越多的医疗机构和县市区加入。

---

① 儿童健康服务及慈善医疗救助直通车开进基层社工站［EB/OL］. http：//mzt. hunan. gov. cn/mzt/xxgk/gzdt/mzyw/202103/t20210323_ 15041700. html.

二、推广"综合+专项"的"通专结合"服务模式

乡镇（街道）社工站建设的出发点和落脚点在于延长基层民政服务臂力，提升基层民政服务水平，其首要任务是加强基本民生保障兜底。且由于人员工资待遇、从业人员非专业出身，以及社会工作专业能力难以在短时间内大幅提升等现实原因，乡镇（街道）社工站服务的专业化需经历一个相对漫长的发展过程。各级民政部门在全面建设乡镇（街道）社工站，提供基本民生兜底保障服务的同时，要积极开发和大力推进社会工作专项服务项目，如针对留守儿童和困境儿童的关爱保护项目，针对留守妇女的能力建设和可持续发展项目，针对困境老人的社区互助养老项目等，推进基层民政领域社会工作服务不断向纵深发展。相比于乡镇（街道）社工站建设，专项社会工作服务有更多元的服务资源来源、更高的从业人员薪资待遇和专业资质要求、更简洁明了的服务目标和服务内容，从而确保专业服务的水平和成效。通过充分发挥专项社会工作服务项目的示范、引领、带动和支持作用，提升乡镇（街道）社工站建设的专业化水平，不断满足民政服务对象日益增长的美好生活需要。

益阳市资阳区通过积极争取中央、省和市级福彩公益金，配套本级财政预算和福彩公益金，撬动慈善资源等方式，购买社会工作综合服务和专项服务，在全面了解、掌握民政服务对象情况、扶危济困的基础上，针对有特殊需求的重点对象提供个性化服务，初步建成了"通专结合"的民政全域社会工作服务体系。

社会工作综合服务兜底民生。2018 年底，资阳全区 9 个乡镇（街道）实现乡镇（街道）社工站全覆盖，每个站点配备社工 2~3 名，协助民政办开展社会救助入户调查，留守儿童、留守老人和留守妇女情况摸底及系统信息录入，残疾人信息登记及"两项补贴"办理等各项工作。累计完成入户探访 2647 余户次、电话探访 24800 余人次，提供民政业务咨询 4275 余人次，办理老年人优待证 2150 余份，受理残疾人证咨询和办证 3172 余人次，低保、特困、留守人群等民政服务对象建档 102617 余人次，低保、特困、临时救助、志愿服务等民政系统信息录入 10 万余次，有力地充实了基

层民政力量，提升了基层民政服务的效率和质量；各社工站点还成立了志愿服务总队，累计发展志愿者 74344 人，开展志愿者培训 100 余次，提供志愿服务 423 余次。社工站还充分扮演资源链接的角色，将爱心个人、企业、团体、机关单位以及各类公益组织等物资、场地、专业和服务资源对接给有需要的民政服务对象，累计链接资源 127 次，折合人民币 283380元。乡镇（街道）社工站建设极大地缓解了基层民政"人"和"事"的冲突，疏通了制约基层民政高质量发展的难点和堵点。①

专项社会工作服务回应个性化、深层次需求。针对城区的高龄、孤寡、独居、残疾、失能等困境老人的供餐需求，资阳区乡镇（街道）社工站建设项目承接机构联合爱德基金会，实施"爸妈食堂"困境老人供餐专项服务，依托区政府食堂，通过专业配餐人员配餐、志愿者送餐，为辖区内 100 余名困境老人提供送餐服务，累计供餐 27260 人次。针对农村老人慢病高发且就医困难的问题，资阳区民政局向乡镇（街道）社工站建设项目承接机构购买老年人体质健康监测服务，组织医护人员定期上门为困境老人做全身体检，全面了解老人重点疾病患病情况，对重点人群定点定时管理，实时监测，形成健康档案，大大降低老人突发情况意外发生。资阳区民政局还依托乡镇（街道）社工站开展特困人员生活自理能力评估，并统筹辖区内医养资源为部分丧失和全部丧失生活自理能力的民政服务对象提供生活照料、日间托养和机构照顾服务，为有需要的困境老人提供居家适老化改造服务，安装"爱心门铃""智慧服务终端设备""爱心手环"等服务设备，并在三益街社区建成 500 余平方米的康复治疗中心，配备康复理疗师、医生、护士等工作人员，为有需要的失能困境老人及其家属提供康复建议、康复培训和康复治疗等服务。针对农村劳动力外流和撤点并校所带来的普遍留守和低龄寄读问题，资阳区构建起"社工+家长+社区+学校"的困境儿童四级支持网络，为困境儿童营造了更加友好的成长环境。如站点一线社工通过盘活村庄已有儿童活动场地，通过在社工站、学

---

① 周金玲，蒋芳，张琳琳. 民政全域社会工作服务体系建设记：以湖南省益阳市资阳区为例 [J]. 中国社会工作，2022（16）：36-37.

校新增儿童活动角等方式，为困境儿童提供学习、玩耍的场地和设施。又如依托这些服务场地举办"四点半"学校，为放学、放假后无人看管的困境儿童提供培训、课业辅导、兴趣培养和素质拓展等服务。站点一线社工还发起"云上的爱"困境儿童支持计划，由社工与儿童福利主任、村（居）志愿者定期上门走访，通过线上亲子教育课堂，引导父母与留守困境儿童定期线上交流，并开设"云上的爱"亲子教育咨询热线，及时回应困境留守儿童成长过程中的困惑和问题。①

三、实施"先发带后发"的"牵手计划"

由于各地经济社会发展水平、社会工作专业人才储备、民办社会工作服务机构数量和质量，以及党委政府支持重视程度等实际情况不一，各地乡镇（街道）社工站建设的成效存在较大差距。各地民政部门可参照民政部和国家乡村振兴局印发的《"十四五"时期社会工作服务机构"牵手计划"实施方案》（民发〔2021〕105 号），出台本省、市、县及乡镇（街道）社工站建设"牵手计划"，通过先发地区/乡镇（街道）社工站建设指导平台/项目承接机构/乡镇（街道）社工站点/站点一线社工结对帮扶后发地区/乡镇（街道）社工站建设指导平台/项目承接机构/乡镇（街道）社工站点/站点一线社工，推动各地乡镇（街道）社工站建设更加均衡而充分地发展，提升辖区内整体基层民政服务能力和专业化水平。

具体来说，省级民政部门可组织省内先发市州民政局、市级指导中心牵手帮扶省内后发地区市州民政局、市级指导中心；市级民政部门可组织市内先发县市区民政局、县级社工总站、项目承接机构帮扶后发县市区民政局、县级社工总站、项目承接机构；县级民政部门可组织先发乡镇（街道）社工站点、优秀站点一线社工帮扶后发乡镇（街道）社工站点、站点一线社工。省、市两级民政部门要鼓励乡镇（街道）社工站建设工作优良县市区的民政局、县级社工总站、项目承接机构，以及星级乡镇（街道）

---

① 周金玲，蒋芳，张琳琳．民政全域社会工作服务体系建设记：以湖南省益阳市资阳区为例［J］．中国社会工作，2022（16）：36—37．

社工站的站点一线社工，主动承担起推动行业发展的责任，积极与乡镇（街道）社工站建设进度相对较慢、建设成效相对较弱地区的县市区民政部门、县级社工总站、项目承接机构、乡镇（街道）社工站及站点一线社工"结对子"，对后者给予专业支持、经验输出、资源共享。在乡镇（街道）社工站各类示范创建和评先评优中，可将结对帮扶情况、产出和成效列为重要考核指标。

第四节 展示服务成效

乡镇（街道）社工站建设是一项系统而持续的工程，不仅包括从调研论证、顶层设计、项目动员、政府采购、启动实施、项目监管、专业支持到成效展示的循环往复、不断进阶的过程，也涉及省民政厅、市州民政局、县市区民政局、乡镇（街道）民政站办所、省级项目办、市级指导中心、县级社工总站、项目承接机构、站点一线社工，以及各级财政、人社、审计部门等多元参与主体。每个参与主体在不同的阶段都有其好的工作经验和做法。各参与主体，尤其是各级民政部门、乡镇（街道）社工站指导平台、项目承接机构和站点社工要走出"出了成效再总结"的思维误区，及时梳理、总结和反思每个阶段的工作及其经验教训。这些经验教训不仅可为后来者提供借鉴和警示，帮助其少走弯路，多快好省地推进乡镇（街道）社工站建设，同时也可作为日常工作汇报和迎接中期、末期评估考核的重要文本和痕迹资料。作为社会工作主管部门、乡镇（街道）社工站建设的主导部门，各级民政部门应及时总结乡镇（街道）社工站建设的服务经验，推广基层民政领域社会工作的服务成效，讲好民政"为民爱民"故事，不断提升社会工作的社会形象、职业地位和专业权威，为推进基层民政领域社会工作服务向纵深发展营造良好的社会氛围和社会环境。

做好乡镇（街道）社工站建设的服务成效展示，具体来说，要做好乡镇（街道）社工站服务资料和素材的收集工作。各级民政部门应鼓励和要求乡镇（街道）社工站各参与主体，尤其是乡镇（街道）社工站指导平台、项目承接机构和站点一线社工，自着手启动各项工作之时，就以照片、音频、视频、工作日记和服务文书等多种形式，将日常工作的情景、片段、感受和思考记录下来。确保每一项工作、每一个活动，从筹备、实施到总结反思的全过程，都有痕迹资料和宣传素材保存下来。要因地制宜、灵活采用多种宣传形式展示乡镇（街道）社工站服务成效。除常规的年度、季度、月度工作简报、宣传手册、展板、宣传视频外，还可采取"三句半"、情景剧、广场舞、小品及其他群众喜闻乐见的地方艺术形式，如花鼓戏、侗戏等，将乡镇（街道）社工站的各项工作和服务更加鲜活、立体、直观地呈现出来。要借助多种宣传媒介宣传乡镇（街道）社工站服务成效。除纸媒、网页、电视、广播等常规宣传媒介外，还可通过微信公众号、微博、抖音、小程序等多种新媒体，宣传推介乡镇（街道）社工站服务成效。各级民政部门、乡镇（街道）社工站建设指导平台、项目承接机构要加强与高校、基金会、出版社、报刊、媒体等各方的通力合作，将站点一线社工优秀事迹、乡镇（街道）社工站点典型服务案例、项目承接机构与乡镇（街道）社工站指导平台先进经验、市县民政部门建设模式等的梳理和书写列入年度工作计划，通过课题立项、优秀文案征集和内部刊物等方式，总结、梳理并形成文稿，在社会工作行业杂志、地方日报、地方卫视等平台进行专题、专刊系列报道，在出版社的大力支持下集结出版，不断扩大乡镇（街道）社工站建设的社会影响。

一、讲好站点一线社工故事

社会工作者是一个"以生命影响生命"的职业群体，社会工作者的专业成长和专业服务故事，能够很好地诠释社会工作的价值理念和初心使命。乡镇（街道）社工站点一线社工通过讲述自己与专业的故事，如从最初应聘乡镇（街道）社工站岗位社工时的满腔热情，到初入社工站工作岗位的迷茫与挫折，到逐渐胜任站点一线社工角色的欣喜，再到坚守社工岗位的坚定，充分体现了站点一线社工的个人情怀和专业使命，彰显了社会工作的价值优势和专业优势。乡镇（街道）社工站建设的相关各方要从专业支持和绩效考核两方面入手，培力站点一线社工进行生命故事和工作细节的日常记录，将站点一线社工在服务过程中细腻的情感变化，站点一线社工与服务对象的互动及其带来的持续而微妙的变化及时记录下来。这些记录不仅可以很好地展示站点一线社工"以生命影响生命"的过程，也为之后的案例书写、经验总结和行动研究提供细节支撑。

二、写好乡镇（街道）服务案例

一份专业的社会工作服务文书，不仅体现了作者的逻辑思维能力和写作能力，更考验着作者的社会工作理论功底、实务经验和专业技能，及其对社会工作专业、行业的认识、思考。社会工作专业文书要求站点一线社工具备良好的专业能力和综合能力，社会工作专业文书写作是提升站点一线社工专业能力的重要方式。站点一线社工自始至终记录和梳理服务案例的过程，是对感性服务活动理性再思考的过程。这一过程可以帮助站点一线社工很好地总结经验，为后续的服务提供参考和启示，帮助其不断优化服务内容和服务方式、提升服务的专业化水平。各级民政部门和乡镇（街道）社工站指导平台要督促、鼓励和支持项目承接机构和站点一线社工，加强对社会工作服务文书的重要性的认识。通过提供专题培训、配备专门督导等方式，"手把手教学""在写中学""在学中写"，不断提升一线社工的文书写作能力，使其可以从社会工作的专业理论视角和服务方法出发，做好乡镇（街道）社工站服务活动的计划、记录和总结，将一个个看似零散的活动过程和案例片段串联成"助人自助、社区互助和社会共助"的系统介入行动。

三、做好乡镇（街道）社工站行动研究

我国社会工作实务界与学界的隔阂长期存在。有学者认为，当前的社会工作实践不能称为专业社会工作服务。与之形成鲜明对比，社会工作实务界则普遍反映，现行的社会工作知识体系、教育模式不接地气，无法有力指导和胜任社会工作实践。行动与研究、行业与学界的脱轨严重阻碍了本土社会工作实务模式探索，也不利于本土社会工作知识生产和理论体系建构。社会工作行动研究很好地弥合了行动与研究、行业与学界的隔阂，

将本土社会工作实践转化为本土社会工作知识体系，进而更好地指导本土社会工作实践。乡镇（街道）社工站建设已成为我国社会工作实践的主要模式，尽管在探索过程中仍面临着重重问题，但它确实在兜底民生保障、拓展社会服务、完善社区治理方面发挥了重要作用，并生产出大量的本土社会工作实践知识，具有重要的实践和理论意义。各级民政部门应以开放包容的姿态，支持各方就乡镇（街道）社工站建设提出意见和建议，社会工作行业和学界则要以乡镇（街道）社工站建设为契机，携手开展社会工作行动研究，建设性地推动乡镇（街道）社工站的专业化发展。

附　录

湖南省乡镇（街道）社工站建设大事记

2017 年

● 1 月下旬，省民政厅人事（社会工作）处下发《关于提供基层民政力量情况调研报告和基础数据的通知》，要求各市州民政局组织县级民政部门填报《县（市、区）基层民政队伍现状统计表》，并深入开展本市州基层民政力量调研，提交《市（自治州）基层民政能力自评报告》，以推动全省上下着力破解基层民政力量不足这一制约民政事业转型升级的突出短板和重大问题，为民政事业又好又快发展提供人才保障和智力支持。

● 4 月下旬，根据省民政厅人事（社会工作）处开展"基层民政能力建设专题调研"的相关工作要求，湘潭市、怀化市在全域组织开展"基层民政工作问卷调查"。

● 4 月底，省民政厅人事（社会工作）处会同中南大学社会工作专家学者，赴湘潭市湘潭县、怀化市洪江市实地调研，通过听取汇报、座谈交流、实地考察等方式，广泛听取市县民政及财政、人社等相关部门，以及基层党委政府、民办社会工作服务机构、一线社工、民政服务对象意见等各方对基层民政工作的意见和建议，寻找破解当前基层民政能力不足的好办法。

● 5 月，省民政厅厅长办公会专题研究全省乡镇（街道）社工站建设问题，厅党组成员以及人事（社会工作）处、规划财务处、社会救助局、办公室、政策法规处等相关处室局负责人参与，就社工站建设的经费来源、人员配置、阵地建设等议题开展讨论。

● 6 月，省民政厅发出《关于开展基层民政能力建设和"十三五"民政规划实施情况联合调研的函》（湘民函〔2017〕58 号）至邵阳市、常德市、永州市、怀化市人民政府，会同省编办、省财政厅、省人社厅赴常德市津市市、常德市，永州市道县、东安县、冷水滩区、永州市，邵阳市邵阳县、邵阳市，怀化市等地，就全省基层民政能力建设和"十三五"民政规划实施情况开展联合调研，以联动省直相关单位协同推进乡镇（街道）社工站建设，为市县民政部门推动社工站建设理顺体制机制，确保乡镇（街道）社工站建设顶层设计的合理性、可行性以及实施过程的可操作性。

● 7月，省民政厅党组理论学习中心组专题学习《湖南省基层民政能力调研报告（2017年）》，再次研究并初步确定了乡镇（街道）社工站建设的目标任务、工作内容、经费投入、职责分工、进度安排和工作要求等事项。随后，省民政厅人事（社会工作）处根据厅党组研究结果，草拟了《湖南省乡镇（街道）社会工作服务站建设方案（征求意见稿）》和《湖南省乡镇（街道）社会工作服务站建设三年行动计划（征求意见稿）》，向省直相关部门和市县民政局征求意见和建议。

● 7月底，省民政厅下发《关于召开乡镇（街道）社会工作服务站建设专题研讨会的通知》，省民政厅主要负责人召集厅人事（社会工作）处、规划财务处、办公室、社会组织管理局、基层政权和社区治理处、监察室、社会救助局，长沙市、邵阳市、岳阳市、常德市、永州市、怀化市、娄底市、湘西自治州民政局相关业务负责人，以及上述市州所辖县市区民政局负责人代表各1名，召开社工站建设专题研讨会，就《湖南省乡镇（街道）社会工作服务站建设方案（征求意见稿）》和《湖南省乡镇（街道）社会工作服务站建设三年行动计划（征求意见稿）》中，有关建设资金来源及持续性、项目实施方式、实施步骤、驻站社工的资质要求与聘用方式、站点阵地建设、驻站社工后勤保障、站点职责，以及相关各方的任务分工等事项进行详细讨论。

● 8月中旬，依据《湖南省乡镇（街道）社会工作服务站建设三年行动计划（征求意见稿）》中省级福彩公益金支持社工站建设专项资金配套计划（第一个年度），省财政厅、省民政厅联合下发《关于下达2017年度省级福利彩票公益金支持开展政府购买服务项目资金的通知》，按每个社工站配备1名社工、配套人员经费4万元的标准，向县市区民政局预拨了半年的社工站建设经费，即1536个乡镇，每个社工站2万元，总计3072

万元。要求各地对照指标文件，专款专用，开展乡镇（街道）社工站建设。

● 9月上旬，省民政厅等六部门《关于实施"乡镇社会工作服务站建设三年行动计划"的通知》会签完毕，《湖南省民政厅关于印发〈湖南省乡镇（街道）社会工作服务站项目实施方案（试行）〉的通知》走完签发流程，准备正式印发。

● 9月15日，民政部、中央编办、财政部、人力资源社会保障部等四部门联合下发《关于积极推行政府购买服务 加强基层社会救助经办服务能力的意见》（民发〔2017〕153号），该文件为政府购买基层民政社会工作服务、提升基层民政经办能力提供了直接政策依据。省民政厅党组当即决定从社会救助专项经费中提取乡镇（街道）社工站建设经费。为此，省民政厅暂停发布已经完成签发程序的两个省级乡镇（街道）社工站建设文件，重新筹划从社会救助专项经费中列支乡镇（街道）社工站建设经费事宜，以确保建设经费的可持续性。

● 12月，"全省社会工作、志愿服务暨标准化工作推进会"在岳阳召开，市县民政部门分管人事（社会工作）副局长、市州民政局人事（社会工作）科负责人等共计150余人参加了会议。会上，省民政厅分管社会工作副厅长就全省乡镇（街道）社工站建设进行了整体部署，要求各地筹划出台本级乡镇（街道）社工站建设方案，落实购买资金，加强正面宣传。省民政厅人事（社会工作）处处长就全省乡镇（街道）社工站建设的背景、项目性质、政府采购（购买主体、承接主体、服务内容、购买机制、经费保障）、服务协议（协议签订、协议内容、协议周期）、驻点人员（人员招聘、培训与督导）、项目监管与风险防控（加强组织领导、明确职责分工、严格监督管理），以及社会组织培育等事项进行了详细解读和说明。会议期间，省民政厅人事（社会工作）处还专门组织部分市县民政部门参会同志开展乡镇（街道）社工站建设专题座谈。此次会议明确要求市县民政部门将乡镇（街道）社工站建设作为下年度社会工作业务口的重点工作推进。

2018 年

● 1 月 16 日，省民政厅委托采购代理机构在"湖南政府采购网"发布"全省乡镇社工站业务培训、督导和评估采购项目公开招标公告"，对省级乡镇（街道）社工站建设培训、督导和评估服务进行公开招标。

● 2 月 8 日，省民政厅委托采购代理机构在"湖南政府采购网"发布"全省乡镇社工站业务培训、督导和评估采购公开招标中标公告"，通过公开招标确定省级乡镇（街道）社工站建设培训、督导和评估服务承接机构。

● 4 月 19 日，省民政厅等六部门下发《关于推进政府购买服务 加强基层民政经办服务能力的实施意见》（湘民发〔2018〕10 号）。该意见明确了乡镇（街道）社工站建设的主体资金"列入财政预算"，由县级民政部门从当年社会救助专项（困难群众救助资金和城乡医疗救助资金 2 个专项）资金总量中以不高于 2% 提取。同时要求"市县民政、财政部门应当从本级福彩公益金中安排资金，专项用于政府购买乡镇（街道）社工服务项目"，并鼓励"社会资金支持乡镇（街道）社工服务"，为市县民政部门提取乡镇（街道）社工站建设资金提供了直接依据，解决了制约乡镇（街道）社工站可持续发展的根本性问题。规定了乡镇（街道）社工站的实施方式为"政府购买服务"，其中购买主体为"市州、县市区人民政府，由同级民政部门具体负责组织实施"，承接主体为"在民政部门依法登记成立或经国务院批准免予登记的社会组织，按事业单位分类改革应划入公益二类或生产经营类的事业单位法人，以及依法在工商管理或行业主管部门登记成立的企业、机构等社会力量"。该意见还明确了购买内容、购买方式、购买流程和购买要求等事项，为各级民政、财政、组织、人社等部门开展乡镇（街道）社工站项目的政府采购提供了明确指引，有效预防了政府采购过程中可能出现的各类风险；对各级民政、财政、组织、人社等部门在乡镇（街道）社工站建设中的角色和职责予以明确，建立健全了乡镇（街道）社工站建设的横向联动机制，营造了良好的制度环境。

● 4 月上旬，省民政厅下发《关于举办学习贯彻习近平新时代中国特色社会主义思想专题研修班的通知》，于 5 月上旬组织省民政厅各处室局、直属二级单位负责人，以及市州民政局长和"五化民政"创建县民政局长赴复旦大学学习。研修班上，省民政厅主要负责人专门就全省乡镇（街道）社工站建设工作进行了全面部署，要求各处室局、直属二级单位负责人和市县民政局长按照湖南省民政厅等六部门《关于推进政府购买服务 加强基层民政经办服务能力的实施意见》（湘民发〔2018〕10 号），推动本级乡镇（街道）社工站建设，并围绕为什么要通过政府购买服务的方式充实基层民政力量，以及怎样做好政府购买基层民政领域社会工作服务，设计了一系列专题学习和实地参访课程。此次高级研修班首次将乡镇（街道）社工站建设列入全省民政重点工作，为全面启动全省乡镇（街道）社工站建设定调。

• 5 月 17 日，省民政厅召开"全省乡镇（街道）社工站建设视频推进会"，市县两级民政部门主要负责人、乡镇（街道）社工站建设分管领导，以及社会工作、社会救助、规划财务等相关业务口负责人等共计 600余人参会。会上，省民政厅分管社会救助工作副厅长作动员讲话，要求各级民政部门切实提高政治站位，切实增强责任感、紧迫感，落实《关于推进政府购买服务 加强基层民政经办服务能力的实施意见》（湘民发〔2018〕10 号）的各项工作要求。要充分认识到建设乡镇（街道）社工站是民政部门践行"四个意识"的具体行动，是全面深化民政改革的务实创新，是全面建设"五化民政"的生动实践，是加强基层民政能力的现实所需；要准确把握乡镇（街道）社工站建设的工作任务、工作机制、工作标准，扛实政治责任，切实完成建站任务；要加强组织领导、强化统筹协调、规范资金监管、严明工作纪律，加快推进全省乡镇（街道）社工站建设，全面提升基层民政能力，不断满足群众日益增长的美好生活需求。随后，省民政厅人事（社会工作）处处长再次就乡镇（街道）社工站建设的背景、性质、政府采购、服务协议、驻点人员、项目监管与风险防控等具体事项进行了说明。省财政厅社保处处长到会指导。此次视频推进会的召开，标志着湖南省乡镇（街道）社工站建设的正式启动。

• 5 月 28 日，省民政厅印发《湖南省乡镇（街道）社会工作服务站项目实施方案（试行）》（湘民发〔2018〕16号）。该文件针对市县民政部门提出的实际困难和问题，进一步细化了省、市、县、乡四级民政部门和项目承接机构各自的具体职责，以及上级民政部门对下级民政部门、县级民政部门对项目承接机构的指导、监督责任，下级民政部门对上级民政部门、项目承接机构对县级民政部门的行政交代，确保各级民政部门和项目承接机构各司其职，且环环相扣，高效、有序运转。该文件明确了乡镇（街道）社工站的建设标准。在硬件设置方面，务必保障基本的办公场地和办公物品，并尽可能配备个案咨询室、小组活动室等专业功能室。在制度建设方面，要有合理的组织架构和内部责任分工，规范的运行流程和标准以及人员、财务、志愿者、服务场所使用、文书档案管理等制度。在人员配备方面，确定了年龄和学历红线，以保证站点工作人员的基本素质和能力，并明确了同等条件下具有社会工作专业背景优先、本地户籍优先。在标识统一方面，对社工站的挂牌样式和内容进行了明确。最后，列明了乡镇（街道）社工站的实施步骤，包括由县级民政部门制订年度计划、落实购买经费、实施政府采购，由承接机构开展驻站服务，由省厅委托第三方评估机构开展绩效评估5个方面。该文件针对县市区普遍反馈的不知道如何拟定服务协议的问题，特别对服务协议的签订方、内容和周期等进行了说明。

● 6月，省民政厅下发《关于举办全省乡镇（街道）社工站项目专题培训班的通知》，启动"全省乡镇（街道）社工站建设民政系统专题轮训"。于6月20日至30日分三批次，对全省14个市州、122个县市区民政部门社工站建设相关负责同志进行专题轮训。培训内容包括全省乡镇（街道）社工站建设的实施背景和总体要求，由省民政厅社会工作相关处室负责同志授课；政府购买服务的政策规定、工作流程与注意事项，由省财政厅社保处相关负责同志授课；政府购买服务项目的招标文件与服务协议设计，由省民政厅人事（社会工作）处具体负责省本级培训、督导和评估服务采购的同志授课；省本级乡镇（街道）社工站项目业务培训、专业督导与绩效评估服务的基本情况和主要内容，由省本级乡镇（街道）社工站培训、督导和评估服务承接方授课。培训期间，省民政厅还专门组织乡镇（街道）社工站建设专题座谈会，由省民政厅人事（社会工作）处、省级培训、督导和评估服务承接机构，财务专家和先行先试市县民政局主要负责人组成顾问团，逐一解答与会市州、县市区民政部门相关负责同志关于乡镇（街道）社工站建设的疑问，有效消除了各级民政部门的疑虑，提升了市县民政部门推进乡镇（街道）社工站建设的工作积极性和主动性。

● 9月，省民政厅印发《湖南省乡镇（街道）社工站服务内容参考》，为市县民政部门、社工站建设承接机构和站点一线社工拟定服务协议、设计服务内容和开展服务活动提供明确指引，帮助各方迅速找到工作切入点，展开各项工作和服务。

● 9月，省民政厅下发《关于定期报送乡镇（街道）社工站项目实施进度的通知》，要求各县市区民政局于每月第一个工作日填写《湖南省乡镇（街道）社工站项目实施进度监测表》并报送至市州民政局，各市州民政局于每月第二个工作日汇总本市州进度监测表并报送至省民政厅（含纸质版与电子版）。一方面，这两份表格直观地呈现了各市县乡镇（街道）社工站建设的进度、力度，省民政厅每月汇总全省乡镇（街道）社工站建设情况，发布建设情况通告，营造出"不能拖全省后腿"的工作氛围；另一方面，两份进度监测表详细地指引着市县民政部门、项目承接机构和站点一线社工有序推进各项工作。

● 9月，省民政厅联合省级乡镇（街道）社工站建设评估服务承接机构，编写《湖南省乡镇（街道）社工站服务文书套表》，不仅为站点一线社工提供了活动设计、开展和记录的样本，统一了文书的样式和编号、存档的规则，也为各级民政部门、财政部门开展绩效评估提供了可横向比较的痕迹资料。

● 10月，省民政厅联合省级乡镇（街道）社工站建设督导服务承接机构，编写《湖南省乡镇（街道）社工站视觉化设计指引手册》，对社工站选址，社工站LOGO、户外标牌、路口指示牌、一站式窗口吊牌、立牌、门牌/去向牌、贴标、旗帜、手提袋、信封、名片、胸章、太阳伞、展架等，以及社工帽子、马甲、工作牌等，还有社工站室内设计，如基本色调，一站式社工站、两室型社工站的功能分区、办公用品样式及摆放、墙面喷绘与展示等进行了统一规定，对各个标识的样式、大小、材质、字体和色调等提供详细参数，为各县市区民政局、乡镇（街道）民政站办所、项目承接机构和站点一线社工开展社工站阵地建设提供明确指引。

• 11 月至 2019 年 3 月，"全省乡镇（街道）社工站建设新进社工岗前培训"十期培训班陆续开班，2500 余名站点一线社工接受培训。培训内容包括全省乡镇（街道）社工站建设顶层设计与实施思路，社会工作价值理念与理论视角，基层民政工作领域与具体内容，社会工作实务方法与运用，基层民政领域社会工作服务设计、开展与宣传总结，以及省级乡镇（街道）社工站培训、督导和评估服务内容介绍。此轮一线社工岗前培训不仅邀请到省内外资深社会工作实务工作者分享专业服务开展与文书撰写，还邀请了省民政厅社会救助局、儿童福利处、社会事务处、基层政权和社区建设处相关领导就基层民政领域社会工作服务的开展进行专题授课。通过岗前培训，站点一线社工对乡镇（街道）社工站的工作性质、服务内容、服务方式和工作进度等有了初步的认识。

• 11 月，省民政厅下发《关于举办乡镇（街道）社工服务站项目推进会议暨县市区民政分管局长培训班的通知》，分片区在长沙市、常德市、衡阳市举办"全省乡镇（街道）社工站建设推进会暨县市区民政局长培训班"，各市州民政局分管副局长及业务负责人、县市区民政局分管副局长参会。此次会议主要针对各地社工站建设积极性有高有低、建设进度有快有慢的情况，重申社工站建设的工作要求，进一步提高市县民政部门对社工站建设重要性和紧迫性的认识。会上，各市县民政部门分管领导首先汇报了本地区社工站建设的进度及其过程中遇到的困难与问题，省民政厅随后对各地建设情况进行了通报，并再次强调了全省社会工作发展形势和思路方向、乡镇（街道）社工站服务项目政策要求和实施思路。会后，省民政厅下发《全省乡镇（街道）社工站项目推进会情况通报》，有力地推进了后发市县的社工站建设进度。

2019 年

• 2 月，省民政厅印发《2019 年民政工作要点》（湘民发〔2019〕2

号），这是自 2018 年 6 月湖南省启动乡镇（街道）社工站建设以来，省民政厅首次将乡镇（街道）社工站建设纳入年度重点民政工作，明确要求各市、县市区民政局，厅机关各处室局、直属各单位合力"推进乡镇（街道）社工站全覆盖，确保项目服务成效和可持续发展，不断增强基层民政管理服务能力。探索建立乡镇（街道）社工站+社区社工室、农村留守儿童之家、社区日间照料中心、敬老院、慈善超市等民政服务窗口的'1+N'体系，打造社会救助、儿童福利、养老服务、社区建设等民政领域社会工作发展的湖南模式"。

• 5 月，省民政厅印发《2019 年度五化民政建设评估指标》（湘民函〔2019〕13 号），首次将乡镇（街道）社工站建设纳入"五化民政"建设评估指标，要求"五化民政"相关市县民政局全面建成乡镇（街道）社工站，同时要积极开展单项创新实验，对获得"五化民政建设单项创新工作先进县（市区）"的县市区，省民政厅将"在工作试点、项目建设、资金分配上给予重点支持"。

• 6 月，省民政厅慈善事业促进和社会工作处下发《关于开展全省乡镇（街道）社会工作服务站项目中期实地评估工作的通知》，于 7 月 1 日至 12 日组织评估团队，对全省 30 个县市区乡镇（街道）社工站项目开展末期评估。被评估市县民政部门有关负责人、乡镇（街道）有关人员、项目承接机构负责人、财务人员及站点一线社工代表接受评估。

• 9 月，省民政厅慈善事业促进和社会工作处下发《关于开展全省乡镇（街道）社会工作服务站项目末期实地评估工作的通知》，选取 20 个县市区乡镇（街道）社工站项目开展末期评估。被评估市县民政部门有关负责人、乡镇（街道）有关人员、项目承接机构负责人、财务人员及站点一线社工代表接受评估。本年度省级乡镇（街道）社工站实地评估主要考核社工站建设资金保障、采购程序合法性、驻站人员招聘和管理、项目资金规范化使用等情况。

2020 年

• 3 月，全省乡镇（街道）社工站建设写入湖南省委 2020 年一号文件《中共湖南省委 湖南省人民政府关于抓好全面小康决胜年"三农"领域重点工作的意见》，明确提出要"深入实施湖南社工'禾计划'——乡镇（街道）社会工作服务站项目"。

• 5月，省民政厅等14部门印发《关于加强社会工作专业岗位开发与人才激励保障的实施意见》（湘民发〔2020〕15号），规定对于具有公益服务、社会福利职能及相关职能的事业单位，在现有专业技术岗位总量下，采取整合、调整等方式，增加社会工作专业技术岗位。对于老年人福利机构等以社会工作服务为主的事业单位，专业技术岗位一般不低于单位岗位总量的70%，应将社会工作专业岗位明确为主体专业技术岗位。对于医院、学校、殡仪服务机构等需要开展社会工作服务的事业单位，要将社会工作专业岗位纳入专业技术岗位管理范围；要合理确定社会工作者的薪酬待遇。对聘用到事业单位的正式工作人员，按照国家有关规定确定工资待遇。对以其他形式就业于基层党政机关、群团组织、事业单位、城乡社区、社会组织和企业的社会工作专业人才，由用人单位综合考虑确定薪酬标准，并为其办理社会保险和公积金。同时，还鼓励对获得社会工作职业资格的社区工作者给予职业津贴，支持社区工作者参加社会工作职业资格评价和学历教育等。

• 6月，省民政厅办公室下发《关于启用全省乡镇（街道）社工站服务项目管理系统的通知》（民办函〔2020〕10号），正式启用"全省乡镇（街道）社工站服务项目管理系统"。该系统包括管理端口、机构端口和站点端口，各级民政部门可通过该系统管理端口下发工作通知，指导督促下级民政部门及本辖区项目承接机构、社工站点做好服务记录上传工作；项目承接机构通过该系统机构端口及时上传自项目启动以来的项目年度计划、月度工作总结、中期总结报告、末期总结报告等资料；乡镇（街道）社工站点和站点一线社工通过该系统站点端口上传自站点启动以来的需求调研报告、服务计划书、活动文书等资料；省级乡镇（街道）社工站建设评估服务承接方负责管理系统的日常维护和进度监测。与之对应，省民政厅同步下发了管理系统使用手册（民政部门、项目承接机构和社工站点三个版本）。该管理系统是对全省乡镇（街道）社工站建设开展过程评估的重要抓手，是提升乡镇（街道）社工站建设规范性和专业性的有效路径和重要载体。

- 6月，针对全省乡镇（街道）社工站实地评估中发现的问题、困难和潜在风险，省民政厅组织省级乡镇（街道）社工站建设培训服务承接机构，量身定制全省乡镇（街道）社工站建设项目承接机构负责人能力提升培训班、项目承接机构财务负责人专题培训班和骨干社工能力提升培训班，以工作坊、实地参访交流、圆桌会议等多种形式，提升项目承接机构的行政管理和服务管理能力，不断规范其财务行为；增强骨干社工的综合能力和专业服务能力，提升社工站专业服务水平。省民政厅联合省级乡镇（街道）社工站建设评估服务承接机构，编制《湖南省乡镇（街道）社工站项目经费管理指引》征求意见稿，对乡镇（街道）社工站项目经费的开支范围和标准、预算编制、预算执行管理、资金管理、会计核算、资产管理和处罚规定等内容予以明确，并提供乡镇（街道）社工站项目预算表和项目申请调整预算审批表样表，为县级民政部门项目资金监管和项目承接机构项目资金使用提供明确指引。

- 10月，"民政部加强乡镇（街道）社会工作人才队伍建设推进会"在长沙举行，省民政厅下发《关于召开加强乡镇（街道）社工人才队伍建设推进会的通知》，组织市县乡三级民政部门主要负责人、市县民政部门社会工作职能科（股）室负责同志，以及项目承接机构负责人和乡镇（街道）社工站一线社工，全程收看"加强乡镇（街道）社会工作人才队伍建设推进会"视频会议。这次会议在长沙的顺利召开，进一步增强了各级各部门对社工站建设的认可，进一步坚定了全省民政系统、项目承接机构和站点一线社工对社工站建设的信心，为推进全省乡镇（街道）社工站建设高质量发展奠定了坚实基础。

- 11月，省民政厅慈社处下发《关于举办学习贯彻民政部"加强乡镇（街道）社会工作人才队伍建设推进会"精神会议暨全省基层社工站服务项目专题培训班的通知》，要求乡镇（街道）社工站建设相关各方学习贯彻民政部"加强乡镇（街道）社会工作人才队伍建设推进会"会议精神，进一步发挥好基层社工站在提升民政经办服务能力、推动社会治理创新和乡村振兴战略实施中的积极作用。此次专题培训班标志着湖南省乡镇（街道）社工站全面建站工作的基本完成和专业化发展的开端。

• 12月，省民政厅下发《关于开展全省乡镇（街道）社会工作服务站项目 2020 年度第三方评估工作的通知》，由省级乡镇（街道）社工站建设评估服务承接机构组建专业评估团队，于 2020 年 12 月 15 日至 26 日赴35 个县市区开展实地评估。与第一轮评估不同，此轮评估重点考察项目承接机构的服务成效和资金使用情况，以及县市区民政局对服务成效、资金使用的监管情况，目的在于提高乡镇（街道）社工站建设的专业服务成效和资金使用规范性。

2021 年

• 1月，省民政厅下发《2020 年度实地评估县市区乡镇（街道）社工站项目财务问题整改督查方案》，对存在较大财务风险、人事风险或其他法律风险的县市区所在市县民政局、项目承接机构下发整改通知，要求市县民政部门督促项目承接机构开展问题核查和财务整改，并提交整改落实情况报告。

• 3月，湖南省民政厅、省卫生健康委、省儿童医院启动"湖南省基层社工站儿童健康服务和慈善医疗救助直通车"项目，首批在长沙、邵阳、岳阳、娄底 4 个市州 10 个县区的乡镇（街道）社工站试点实施，全面畅通儿童健康服务的绿色通道。

• 4月，省民政厅组织实施首批"全省乡镇（街道）社工站专家联系点建设"项目，邀请国内知名社会工作专家学者全程跟踪指导联系点所在县市区乡镇（街道）社工站建设，并开展参与式行动研究，以帮助各地解决乡镇（街道）社工站建设中存在的专业人才不足、专业服务不深等问题，因地制宜打造一批可复制、可推广的"民政+社会工作"品牌项目，切实提升各地基层民政服务能力和理论研究水平，构建更广泛适用的社会工作服务实践模式与理论范式。

• 5月，省民政厅通过政府购买服务委托第三方专业机构，实施"湖南省社会工作督导团队建设项目"，启动全省首批本土社会工作专业督导人才培养工作，致力于打造一支专业素养高、专业能力强的本土社会工作专业人才队伍，推进湖南省社会工作服务专业化、职业化发展。

• 6月，省民政厅下发《关于举办全省慈善社工业务工作会议暨慈善业务培训班的通知》，各市州民政局分管副局长、慈善事业促进和社会工作科负责人参会。会上，14个市州逐一汇报了本市州乡镇（街道）社工站建设的基本情况、困难瓶颈及建议，省民政厅分管社会工作副厅长就进一步推动乡镇（街道）社工站纵深发展作了重要部署，省民政厅慈善事业促进和社会工作处主要负责同志就乡镇（街道）社工站服务提质升级、全面迈向社工站2.0服务作了具体指导，为下一个三年全省乡镇（街道）社工站建设的发展指明了方向。

• 6月，省民政厅委托省级乡镇（街道）社工站建设评估服务承接机构组建专家组，赴有关市县区实地开展整改"回头看"和财务督导工作，促进社工站规范化管理再提质、再升级。专家组深入乡镇（街道）社工站点，按照标准化的"回头看"流程，通过存档资料查阅、听取介绍、深度访谈、电话回访等方法，从"市县级民政部门、社工机构"两个维度对有关整改事项进行综合评估。专家组还围绕财务风险、法律风险和用工风险三个方面，对14个县市区民政部门和社工机构进行了风险防控的专题督导。

• 8月，省民政厅出台《湖南省基层社会工作服务站项目三年行动方案（2021—2023年）》（湘民发〔2021〕26号），进一步将乡镇（街道）社工站明确为"各级民政部门促改革强基础提质量的重点工程，是为基层民政事业服务的综合性平台，是提升基层社会治理和社会服务水平的有效载体"，要求各级民政部门"发挥社会工作贴近基层一线、具有专业方法、善于整合资源等方面的优势，建立'社会工作+慈善事业+志愿服务'协同机制，打造'社会工作+民政业务'服务品牌"。该文件还在进一步厘清专业服务、事务性服务与行政性审批事项之边界的基础上，对乡镇（街道）社工站具有社会工作专业背景的从业人员占比、专业服务市场占比等提出了具体考核要求。该文件的出台标志着湖南省乡镇（街道）社工站建设开启专业化新征程。

●8月，省民政厅召开"湖南省基层社工站项目推进视频会"，解读《湖南省基层社会工作服务站项目三年行动方案（2021—2023年）》。省民政厅党组书记、厅长出席会议并讲话，厅机关各处室局有关负责人在主会场参加会议，各市州和县市区民政部门相关负责人、基层社工在当地分会场参加会议。会议指出，全省各级民政部门要深入学习贯彻习近平总书记关于民政工作和民生工作的重要指示精神，深化思想认识，提高政治站位，深刻认识、准确把握基层社工站项目的重要意义，总结经验、守正创新，巩固深化过去三年全省在社工机构培育、社工人才培养、社工制度完善、社工服务体系建设等方面的实践成果和有益探索，充分发挥基层社工站在基层治理体系和治理能力现代化建设、乡村振兴战略实施和湖南"五化民政""四个先行区"建设中的重要作用。此次推进会首次将乡镇（街道）社工站明确定位为民政全域在基层的综合服务平台，鼓励各业务口将各类专项服务和创新项目资源归集到乡镇（街道）社工站，为乡镇（街道）社工站建设高质量发展提供了政策依据和资源支持。

●11月，省民政厅下发《关于开展湖南省基层社工站项目2021年度第三方评估工作的通知》，委托省级乡镇（街道）社工站建设评估服务承接机构组织专业评估团队，于2021年11月29日至12月10日对全省10个市级指导中心进行了全面评估，同时抽取了20个县市区开展乡镇（街道）社工站建设实地评估。与前两轮评估不同，此轮评估重点考核"市州民政局—市级指导中心""县市区民政局—县市区社工总站"在乡镇（街道）社工站建设的行政管理和专业支持当中发挥的作用，并以《湖南省基层社会工作服务站项目三年行动方案（2021—2023年）》为蓝本，重点考核了乡镇（街道）社工站建设工作优良县、乡镇（街道）星级社工站、社区（村）星级社工室的创建情况。

●12月，省民政厅联合省内数家优秀民办社会工作服务机构，编制《湖南省乡镇（街道）社工站专业服务清单》和《湖南省乡镇（街道）社工站负面工作清单》，逐一列明了"社会救助、养老服务、儿童关爱、社区治理"四大领域的各项基础工作、专业服务和负面工作，以进一步厘清基层民政站办所（社会事务办）与乡镇（街道）社工站的职责边界，为乡镇（街道）社工站开展专业服务提供空间。

2022 年

• 5 月，省民政厅出台《湖南省乡镇（街道）"星级"社工站评审指南》，从提升乡镇（街道）社工站建设的规范化、职业化、信息化、专业化和社会化的角度，对市县民政部门、项目承接机构和乡镇（街道）社工站点的相关工作进行指导，以推进全省乡镇（街道）社工站建设高质量发展。

• 5 月，湖南省民政厅、湘西州民政局和湖南李丽心灵教育中心启动"湘西州乡镇社工站'开绘啦'儿童社会工作服务"项目。该项目是湖南省乡镇（街道）社工站服务专业化、标准化建设的重要尝试。项目从乡镇社工站实际情况与儿童需求出发，研发出一套以绘本为载体的心理健康服务工具包，从对象招募筛选、服务筹备、服务开展、成效评估、文书归档等方面实现社会工作服务全流程标准化，并将通过集中培训及陪伴式督导让一线社工全面掌握儿童社会工作专业服务技巧。

• 7 月下旬，"湖南省基层社工站服务项目能力提升培训班（第一期）"在永州市蓝山县开班。省民政厅党组书记、厅长作题为《"禾计划"助力基本民生服务水平和基层社会治理能力提升》的视频授课，省民政厅分管社会工作副厅长出席开班仪式并作动员讲话。培训班还邀请广东、湖南等地社会工作领域的专家学者和实务人才，针对老年人与未成年人关爱保护、社区治理创新、星级社工站点建设等内容进行了详细解读，以提升和加大县乡两级对基层社工站项目的指导水平与支持力度，增强基层社工站点的政策落实能力、专业服务能力和资源链接能力。

• 8 月，省民政厅与华东理工大学达成战略合作，由华东理工大学社会工作专家学者连点督导全省乡镇（街道）社工站建设实践，并会同社工站建设项目承接机构、站点一线社工开展行动研究，产出湖南省乡镇（街道）社工站建设学术期刊专题论文和书籍。

• 10 月，湖南省民政厅下发《关于开展 2022 年乡镇（街道）星级社工站评审工作的通知》，拟通过乡镇（街道）社工站自评申报，县级民政部门初审推荐，市级民政部门实地复核，省级民政部门专家组终审，评选出首批乡镇（街道）星级社工站。

● 11月，"夕阳陪伴、银发守护"社区行动项目在益阳市启动。该项目由湖南省民政厅、益阳市民政局和深圳市老龄事业发展基金会联合资助，旨在支持乡镇（街道）社工站项目承接机构和站点一线社工开展老年人专项社会工作服务，具体包括救助服务、适老化环境改造、照顾安排、危机干预、家庭辅导、精神慰藉和防诈反诈宣传等内容。

后 记

2014 年，我从中山大学社会工作专业研究生毕业后，毅然来到位于大湘西地区的怀化市工作，入职怀化市民政局社会工作岗位。彼时湖南的社会工作发展尚未形成气候，怀化市的社会工作基础则更为薄弱，可以说是"白手起家"。难能可贵之处在于，满怀社会工作专业理想又初出茅庐的我，在这里遇到了高度重视社会工作专业人才、大力支持社会工作专业发展的"伯乐"。怀化市民政局大家庭里的领导和同事，为我施展专业特长提供了非常好的环境。他们不仅在工作上给予我无私帮助，在生活上也是关怀备至，让我得以在这座举目无亲的山城安顿身心，心无旁骛地践行专业理想。

我在怀化的社会工作成长之路始于民政部、湖南省民政厅联合发起的"社会工作专业人才支持'三区'计划"。所谓"三区"，就是边远贫困地区、边疆民族地区和革命老区。2014 年 7 月，我接到怀化市民政局的紧急工作任务，全省第二批"三区计划"正在申报，请我撰写项目申报书，务必为怀化争取到两个"三区计划"立项。我深感责任重大，一方面，怀化市的社会工作实务尚属空白，市县两级都还未配套财政性资金开展社会工作服务，能否申请到民政部和省民政厅联合资助的"三区计划"，决定着怀化市的社会工作实务能否起步，实现"从零到一"的突破；另一方面，湖南省第二批"三区计划"拟立项总数为 10 项，全省有 14 个市州、122个县市区，怀化想拿下其中两项，也着实有些"雄心壮志"。思考再三，我决定从农村社区留守人群和城市社区困境人群两个角度切入，连续熬了好几个大夜，交出总字数超 7 万字的两份项目申请书。功夫不负有心人，这两个项目均被省厅立项，不仅填补了怀化市社会工作的实务空白，也开启了怀化市社会工作发展的逆袭之旅。

2014 年 9 月，我跟随市民政局基层政权和社区建设口分管领导和同事深入芷江侗族自治县，为"三区计划"农村社区试点项目选点，又在人事（社会工作）口分管领导和同事的带领下，在主城区鹤城区选择城市社区困境人群服务点，并同步邀请湖南工商大学、怀化学院社会工作专业师生参与项目实施。两个试点项目均于2014年10月落地开展服务，成效良好。在开发社会工作实务项目的同时，我们还举办了"怀化市社会工作高级研修班"，组织市直相关单位分管领导和业务负责人、县级民政部门分管领导和业务负责人，赴中山大学社会学与人类学学院、民政部社会工作人才培训基地广州从化仙娘溪村社会工作服务项目点学习。此次研修班极大地推动了市直相关部门对全市社会工作发展的关注和支持，极大地提振了县级民政部门开展社会工作及专业人才队伍建设的士气，为"三区计划"的项目化运作奠定了良好基础。参加培训的通道侗族自治县民政局社会工作股负责人杨小佳力邀中山大学张和清教授及其绿耕团队赴通道开展少数民族地区农村社会工作服务，更是成就了日后"三区计划"通道洞雷项目校地合作的佳话。

2015年9月，在高校社会工作专业师生历经一年的"游击战"之后，"三区计划"终于有条件进入项目化运作阶段。我作为怀化市民政局社会工作业务的具体负责人员，全程组织实施了两个"三区计划"的政府采购，具体包括预算编报，采购代理机构和采购方式确定，采购文件制作，服务协议拟定和签署等各项工作。怀化成为全省率先通过政府购买实现"三区计划"项目化运作的市州，工作经验得到省厅认可。2016年10月，我基于怀化市民政局购买"三区计划"服务的经验，撰写题为《政府购买社会工作服务研究》的课题报告，获民政部2016年"全国民政政策和理论研究"优秀奖。

2017年1月，湖南省启动"基层民政能力专题调研"。经过多轮调研和多方论证，最终决定以政府购买基层民政领域社会工作服务的方式，组织实施湖南省乡镇（街道）社工站建设。我作为全省民政系统为数不多的社会工作科班人士，参与全省乡镇（街道）社工站建设，具体负责社工站建设的调研论证、制度设计、政策制定、项目动员以及省级社工站培训、督导和评估服务（2018—2020年度）的项目设计、政府采购、实施监管等工作。在此过程中，我通过日常业务指导、工作会议、主题培训、专题研讨会、评估座谈和实地调研等方式，与各级民政部门、其他各级相关政府部门、社工站建设指导平台、社工站建设承接机构及站点一线社工等各方深入交流，得以全过程、全方位了解乡镇（街道）社工站建设。

2020 年 9 月，在湖南省民政厅、怀化市民政局的支持下，我回到中山大学攻读社会学（社会工作方向）全日制博士学位。读博期间，我作为湖南省乡镇（街道）社工站建设连点专家、省级评估专家和长沙市星级社工站建设连点专家，持续参与全省乡镇（街道）社工站建设，紧紧跟随社工站建设相关各方的脚步继续专业成长之路。2021 年 7 月，我基于湖南省乡镇（街道）社工站建设的经验，撰写题为《双向互动的政府购买社会服务模式研究——以湖南省乡镇（街道）社工站为例》的课题报告，获民政部 2021 年"全国民政政策和理论研究"三等奖、湖南省民政厅"2021 年课题研究成果"二等奖，该报告成为本书的雏形和重要组成部分。

乡镇（街道）社工站建设是在民政部的统一部署下，由省级民政部门统筹规划、市级民政部门协同推进、县级民政部门组织实施的系统民生服务工程。本书围绕各级民政部门"怎么建社工站"这一主题，以湖南为例详细论述了省、市、县、乡四级民政部门在乡镇（街道）社工站建设的顶层设计、项目动员、政府采购、启动实施、项目监管、专业支持和可持续发展等全过程中的角色分工、职责任务和具体做法，为各地各级民政部门和其他相关各方推进社工站建设提供了指引，为学界全面了解政府部门在公共服务供给中的行动逻辑、动员机制和具体策略提供了一个内部视角。

本书的写作受到湖南省民政系统、社会工作行业和教育界积极推进乡镇（街道）社工站建设经验的启示。感谢湖南省民政厅、湖南省委社会工作部、怀化市民政局、怀化市委社会工作部的大力支持，感谢我的硕士、博士生导师、中山大学社会学与人类学学院罗观翠教授、雷杰副教授、张和清教授、涂炯教授，以及博士同学林佳鹏等师友的无私帮助，感谢家人、朋友的陪伴。本书得以出版，还要特别感谢中国社会出版社的邀请，感谢湖南唯实公共服务评估中心主任李焱林的组织与协调，以及本书责任编辑张迟老师十分认真细致的工作。作为一名青年学者，我在专业上还需不断成长，在思想上还需不断淬炼，本书观点如有不到之处，请各位专家学者、领导同行多多包涵。本书是"湖南省乡镇（街道）社工站建设专家联系点项目""怀化市高层次人才培养计划"的阶段性成果。

周金玲

2023 年 9 月于康乐园

2024 年 5 月修改